国富论
Econexplorer
探究国民财富的奥秘

黄河三角洲高效生态经济区发展报告 2015

魏　建　李少星◎主编

GUANGXI NORMAL UNIVERSITY PRESS
广西师范大学出版社
·桂林·

黄河三角洲高效生态经济区发展报告. 2015
HUANGHE SANJIAOZHOU GAOXIAO SHENGTAI JINGJIQU FAZHAN BAOGAO

图书在版编目（CIP）数据

黄河三角洲高效生态经济区发展报告. 2015 / 魏建，李少星主编. —桂林：广西师范大学出版社，2016.5
ISBN 978-7-5495-8296-9

Ⅰ. ①黄… Ⅱ. ①魏…②李… Ⅲ. ①黄河－三角洲－生态经济－区域经济发展－研究报告－2015
Ⅳ. ①F127.52

中国版本图书馆 CIP 数据核字（2016）第 125865 号

广西师范大学出版社出版发行
（广西桂林市中华路 22 号　邮政编码：541001
网址：http://www.bbtpress.com）
出版人：张艺兵
全国新华书店经销
山东新华印务有限责任公司印刷
（山东省济南市高新区世纪大道 2366 号　邮政编码：250104）
开本：787 mm × 1 020 mm　1/16
印张：16.5　　字数：250 千字
2016 年 5 月第 1 版　　2016 年 5 月第 1 次印刷
定价：55.00 元

编写组

主　　编：

魏　建　山东大学山东发展研究院副院长、教授、博士生导师
李少星　山东大学山东发展研究院副教授、博士、硕士生导师

副 主 编：

万俊斌　山东大学山东发展研究院讲师、博士、硕士生导师
侯麟科　山东大学山东发展研究院讲师、博士、硕士生导师
李爱军　山东大学山东发展研究院讲师、博士、硕士生导师

成　　员：

王　瑞　山东大学经济研究院博士研究生
赵　阳　中泰证券股份有限公司战略规划部、博士
范玉波　山东社会科学院助理研究员、博士生
辛　纳　山东师范大学经济学院讲师、博士
刘小鸽　山东大学经济研究院博士研究生
吕玉霞　山东大学经济研究院博士研究生
苗　妙　山东大学经济研究院博士研究生
於勇成　山东大学经济研究院博士研究生
呼延芳　山东大学经济研究院硕士研究生
吴　凡　山东大学经济研究院硕士研究生
冯中秋　山东大学经济研究院硕士研究生
梁绍勇　山东大学经济研究院硕士研究生
何一婧　山东大学经济研究院硕士研究生
王道平　山东大学经济研究院硕士研究生
陈　志　山东大学经济研究院硕士研究生

序言

韩寓群
（山东大学山东发展研究院院长、理事长）

2015年是我国实施国民经济和社会发展第十二个五年规划的收官之年，也是谋划全面建成小康社会决胜阶段总体思路的关键一年。党的十八届五中全会通过了《中共中央关于制定国民经济和社会发展第十三个五年规划的建议》，深刻分析了十三五时期我国所面临的国内外复杂形势和经济社会发展中存在的突出问题，明确了指导思想和任务目标，创造性地提出了六大原则和五大发展理念，为各项工作和各地实践提供了基本指针，为如期全面建成小康社会奠定了坚实基础。

到2015年的11月23日，黄河三角洲高效生态经济区获国务院批复已整整6年。6年间，黄河三角洲的地区生产总值由2009年的5015亿元增长到2014年的8512亿元，公共预算财政收入由227亿元跃升到615亿元，进出口总额由102亿美元增长到291亿美元，三次产业结构比重由7.9:64.3:27.9调整为7.3:58.8:33.9，经济社会发展和对外开放均取得较大进展。按目前的发展态势估算，“黄河三角洲高效生态经济区发展规划”所确定的各项目标将能较好地完成。从上个世纪八九十年代开始实施综合开发的黄河三角洲，到今天不仅为环渤海地区和山东省经济发展提供了广阔空间，也已经成为区域发展中不可替代的重要动力，更在探索和引领高效生态经济模式方面做出了先导性贡献。展望十三五乃至更长时间，她更将因深入贯彻落实“四个全面”战略布局而焕发出勃勃生机。

然而，我们也要看到，尽管各级地方政府、企业家和全社会做出了不懈的努力，黄河三角洲高效生态经济区的发展在一些方面仍然存在不少问题和矛盾，比如，资源、环境与生态依然严峻的问题，经济结构不合理的问题，县域经济发展不平衡的问题，某些领域的改革推进不够的问题，以及区际与区域内部竞争压力加大的挑战等。这些问题和矛盾都需要我们在发展的过程中，加强对经济发展新常态的研究和判断，坚持以提高发展质量和效益为中心的发展思路，领会和应用好创新、协调、绿色、开放、共享的发展理念，以更富勇气、更富智慧的措施，采取更加有力的行动加以解决。从这个意义上讲，借助科研机构力量，开展持续跟踪研究就显得尤为必要。

由山东大学山东发展研究院编写的《黄河三角洲高效生态经济区发展报告》已经连续出版了4年，取得了良好的社会反响。2015年的发展报告继续采用了集体研究、分专题编写的组织形式，对黄河三角洲高效生态经济区建设的总体情况、新常态下黄河三角洲转型路径、循环经济的运行效率、特色县域经济、县域比较、上市公司、企业家能力提升等几个问题进行了深入调研和分析，希望能对各地实践产生较好的指导作用。当然，这些报告只是一个讨论的平台，仍然希望关注区域经济和黄河三角洲建设的各方面领导、专家和热心人士提出批评和建议，更好地推动黄河三角洲发展。

前 言

2015年是我国地方各级总结“十二五”规划实施成就、谋划“十三五”时期总体发展思路的重要一年。“十三五”时期是我国全面建成小康社会的决胜阶段，国内外发展环境和主要任务将发生很大改变。展望未来，建设黄河三角洲高效生态经济区的机遇与挑战并存，必须继续深化相关理论和应用对策研究，为我国开展高效生态经济的体制机制探索、优化区域经济空间布局提供基础支撑。

针对当前黄河三角洲经济社会发展中存在的突出问题和矛盾，结合中央和山东省提出的“十三五”期间总体思路和重大行动计划要求，山东大学山东发展研究院成立了以魏建教授、李少星副教授为负责人的课题组，根据教育部“区域发展报告”专项课题要求编写了《黄河三角洲高效生态经济区发展报告（2015）》，以新常态下的区域发展为主题，对黄河三角洲建设动态、转型发展路径、循环经济的运行效率、特色县域经济、县域比较、上市公司、企业家能力提升等重点问题进行研究，希望能对各级政府、企事业单位、社会大众等有所帮助。课题组成员包括万俊斌博士、侯麟科博士、李爱军博士、范玉波助理研究员、赵阳博士、辛纳博士以及博士研究生王瑞、刘小鸽、吕玉霞、苗妙、於勇成，硕士研究生呼延芳、冯中秋、梁绍勇、吴凡、何一婧、王道平、陈志等。

本报告共分七章。各章节的具体分工为：第一章，魏建、王瑞；第二章，魏建、赵阳；第三章，李爱军、何一婧、王道平；第四章，李少星、呼延芳；第五章，侯麟科、魏建、吕玉霞等；第六章，万俊斌、陈志；第七章，万俊斌、陈志。报告的总体思路、研究报告统稿、定稿工作由魏建完成；文字、图表的校对工作由冯中秋和梁绍勇完成。限于时间和精力，错漏之处在所难免，敬请各位读者不吝赐教！

山东大学山东发展研究院
“黄河三角洲高效生态经济区发展报告（2015）”课题组
2015 年 12 月 5 日

摘 要

《黄河三角洲高效生态经济区发展报告（2015）》针对黄河三角洲经济社会发展中存在的突出矛盾和问题，结合中央和山东在十三五期间的总体思路，进行了七个方面的专题研究。

第一章“黄河三角洲高效生态经济区发展总报告”主要对 2014 年黄河三角洲地区经济发展运行状况、产业发展、基础设施建设、生态建设与环境保护、城镇化发展等方面进行了系统回顾与总结，分析了当前面临的主要问题与挑战，并提出了“十三五”时期黄河三角洲国家战略实施的基本思路。

第二章“新常态下黄河三角洲高效生态经济区转型发展路径研究”基于新常态下区域经济发展的新趋势、新要求，剖析了黄河三角洲在新常态下面临的机遇和挑战，总结了黄河三角洲区域经济转型发展的方向和重点，并就加快新常态下区域经济转型提出了政策建议。

循环经济一直是黄河三角洲高效生态经济区的重要发展特色之一。第三章“黄河三角洲循环经济的运行效率研究”分析新常态下黄河三角洲循环经济发展的特点，总结发展循环经济、转变发展方式的途径，并有针对性地提出提高运行效率的建议。

第四章“黄河三角洲特色县域经济发展研究：以乐陵市为例”结合中央关于十三五期间要重点发展特色县域经济的总体要求，辨析了特色县域经济发展的理论基础，对黄河三角洲发展特色县域经济的意义进行了剖析，并以乐陵市为例，构造了县域经济发展评价体系，提出乐陵经济发展的思路和相关的政策建议。

第五章“新常态下黄河三角洲高效生态经济区县域发展对比研究”在对比博兴、乐陵和阳信的经济社会发展状况的基础上，总结了三者“十三五”期间的发展优势与存在的挑战，提出了“十三五”期间的发展目标和定位，并有针对性地总结了不同地区的发展重点。

第六章“新常态下黄河三角洲地区上市公司发展报告”基于2014年黄河三角洲地区上市公司的发展状况，对区内上市公司的经营状况进行了多方面的分析，总结了这一年黄河三角洲地区上市公司发展中存在的问题，并有针对性地提出了对策性建议。

第七章“新常态下黄河三角洲地区企业家能力提升研究”借助企业转型升级、企业家能力的内涵及提升方式的相关理论，以魏桥集团和国强集团的转型升级发展为案例，分析了企业家能力在企业转型升级中发挥的作用，总结了在企业转型升级中，政府应该协助企业家提升哪些方面的能力，并具体提出了政府应该采取的相关措施。

最后是附录部分，包含2010—2014年黄河三角洲地区经济社会发展的主要统计指标和上市公司主要数据，便于各位读者查阅使用。

目录

/ 第一章 /

黄河三角洲高效生态经济区发展总报告

魏建　王瑞*

2014年是《黄河三角洲高效生态经济区发展规划》实施的第5年。5年来该地区坚持以规划为引领，抢抓机遇，奋发有为，强力推进，区域建设取得了阶段性重要成果，主要体现在：高效生态经济取得长足发展，基础设施逐步完善、承载能力进一步增强，社会发展、生态建设与环境保护等各领域发展成效显著。“黄三角”与“蓝色经济”成为全省科学发展的强大引擎。

第一节 经济运行概况

一、经济运行总体平稳，区域竞争压力加大

2014年“黄三角”实现地区生产总值8512.0亿元，占全省的比重为14.3%，经济增速持续下降至9.3%，比2013年低1.3个百分点，但仍高出全省0.6个百分点。[①]两个主要城市滨州与东营分别实现生产总值2227亿元、3430.5亿元，两二市贡献了“黄三角”近三分之二的产值。与其他三大战略区域[②]相比，蓝色经济区经济规模最大，黄三角最小。但2014年数据显示，

* 魏建，山东大学山东发展研究院副院长，教授、博士生导师；王瑞，山东大学经济研究院博士研究生。

① 如未作特殊说明，本章所有数据均来自2014年山东省统计手册、黄三角各地区2015年政府工作报告、2014年统计公报、山东省统计年鉴2015。

② “黄三角”与其他三大战略简称为“一黄一蓝一圈一带”，即黄河三角洲高效生态经济区、山东半岛蓝色经济区、省会城市群经济圈、西部经济隆起带。

黄河三角洲的增速要高于蓝色经济区和省会城市经济圈，仅比西部隆起带低 0.5 个百分点（见图 1-1）。

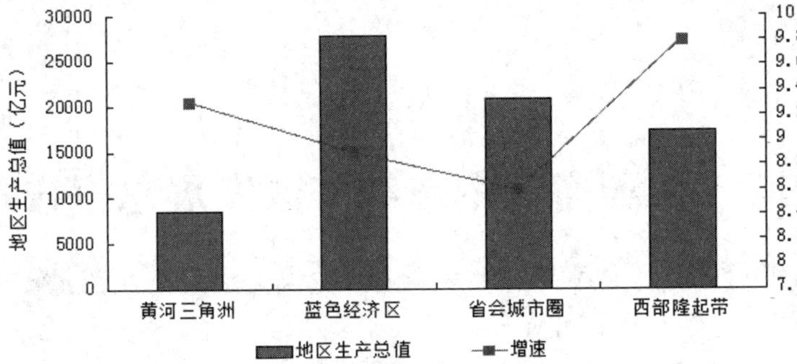

数据来源：山东统计手册 2014。

图 1-1 2014 年山东省“四大区域”地区生产总值及增速

分县市区来看，2014 年黄河三角洲地区 19 个县市区中（垦利县数据缺失），地区生产总值超过 200 亿元的有 12 个，超过 500 亿元的有 4 个，其中邹平市实现地区生产总值 780 亿元，而阳信县仅实现 132.9 亿元，前者是后者的近 6 倍。从增速上来看，有 6 个县市超过 10%，河口区增速最快，为 13%（见图 1-2）。

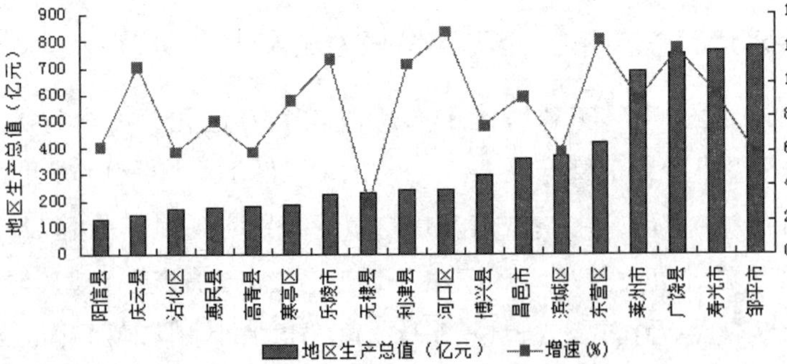

数据来源：根据各地政府工作报告、统计公报整理。
注：垦利县数据缺失。

图 1-2 “黄三角”部分县市区 2014 年地区生产总值及增速

从"黄三角"地区生产总值占全省的比重来看，2014 年为 14.3%，低于 2013 年 14.6% 的水平。这说明随着"一圈一带"规划的落实，山东中西部地区经济发展速度加快，"黄三角"面临更大的区域竞争压力。

二、需求总量持续扩大，增速进一步下滑

2014 年"黄三角"地区完成固定资产投资总额 6030.3 亿元，比 2013 年增加 15.6%；地区生产总值增速下降加快，比 2013 年增速低 5 个百分点。分地区来看，2014 年东营市完成规模以上固定资产投资 2708.2 亿元，增长 16.1%，高于全省平均 15.8% 的增速，位列全省第三名；其中，地方完成投资 2430.82 亿元，增长 17.1%。滨州市全年完成固定资产投资总额 1748.86 亿元，增长 15.3%。

投资总量扩大的同时，投资结构也发生了积极变化。2014 年东营第一、第二、第三产业分别完成投资 74.15 亿元、1661.39 亿元、972.66 亿元，分别增长 13.2%、14.1%、20.0%。一、二、三产业完成投资占全部投资的比重由去年同期的 2.8∶62.4∶34.8 转变为 2.7∶61.3∶35.9，总体呈现出第一、第二产业比重下降，第三产业比重提升的发展态势。2014 年滨州市工业技术改造投资 584.88 亿元，增长 18.0%，占全部投资的比重为 33.4%；高新技术产业投资 370.61 亿元，增长 8.2%，占全部投资的比重为 21.2%；民间投资 1525.48 亿元，增长 10.6%，占全部投资的比重达 87.2%。

消费方面，2014 年"黄三角"地区社会消费零售总额增长 12.6%，与山东平均水平持平，比 2013 年低 1.2 个百分点，增速下降趋势明显。分地区来看，东营市实现社会消费品零售总额 659.06 亿元，比上年增长 12.6%。滨州市实现社会消费品零售总额 738.51 亿元，增长 12.2%。

城乡居民消费水平进一步提高。2014 年东营市城镇居民人均消费性支出 21925 元，增长 12.0%；农民人均生活消费支出 8580 元，增长 9.8%。滨州市城镇居民人均消费性支出 18583 元，增长 8.0%，其中，交通和通信支出、家庭设备用品及服务支出增长较快，分别增长 13.9% 和 13.2%；农民人均消费支出 8701 元，增长 10.8%，其中交通和通讯消费支出增长 15.8%，衣着消费支出增长 12.5%，文化教育娱乐消费支出增长 11.7%（见

表 1-1）。

表 1-1 2014 年东营市与滨州市城乡居民人均消费情况

项目	东营市				滨州市			
	城镇居民		农民		城镇居民		农民	
	绝对值（元）	比上年增长（%）	绝对值（元）	比上年增长（%）	绝对值（元）	比上年增长（%）	绝对值（元）	比上年增长（%）
消费支出	21295	12	8580	9.8	18583	8	8701	10.8
食品	6389	–1.7	2526	4.5	—	—	—	—
衣着	2816	–3.2	529	–10.2	—	—	—	12.5
交通通讯	4108	29.5	2640	55.8	—	13.9	—	15.8
教育文化娱乐服务	2606	24.2	718	20.1	—	—	—	11.7

资料来源：根据东营市与滨州市 2014 年统计公报整理。

从国际贸易来看，2014 年“黄三角”实现进出口总额 290.9 亿元，其中出口额为 155.8 亿元。从增速来看，增速由 2013 年的 15.3% 下降为 2.9%，降幅较大；与全省 4.0% 的平均水平相比，低 1.1 个百分点，更低于西部隆起带 5.3% 的增速。从利用外资来看，2014 年“黄三角”实际到账外资 12.3 亿美元，比 2013 年增加了 10.1%。

总体上来看，黄三角地区需求对经济的拉动能力进一步下降，投资依旧是主要的动力来源，受国内外环境及区域竞争压力的影响，这种态势将持续下去。

三、产业结构稳步调整，二产主导的格局尚未改变

2014 年黄三角地区三次产业增加值分别实现 628.6 亿元、5002.7 亿元、2880.7 亿元，增速分别为 4.1%、10.3%、8.4%，产业结构由 2013 年的 7.5:59.8:32.7 调整为 7.3:58.8:33.9，第三产业比重进一步提高。分地区看，

滨州市结构调整取得积极进展。三次产业结构调整为9.7:50.3:40.0，服务业增加值增长7.2%，占地区生产总值的比重提高1.1个百分点。东营市三次产业结构由2013年的3.6:69.5:26.9调整为3.6:68.4:28.0。

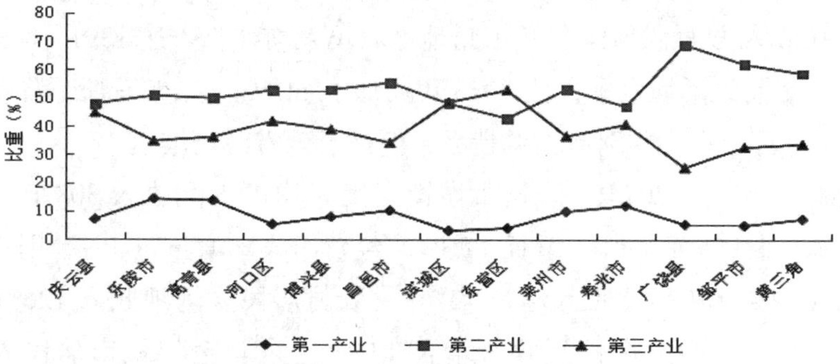

数据来源：根据各地区统计公报、政府工作报告整理。

图 1-3 2014 年“黄三角”及部分地区三次产业结构

总体上来看，尽管第三产业比重不断提高，但二产比重依旧最高，黄三角地区整体还处于工业化进程中，只是不同地区处于不同的工业化阶段，这一点从所属县市产业结构可以看出。除了东营区与滨城区两个市属区之外，其他地区均是二产主导，而且相对发达的地区如广饶、寿光、莱州这一比重也相对较高（见图1-3）。

四、政府财力与居民收入水平进一步提高

2014年黄三角地区共实现公共财政预算收入614.亿元，比2013年提高11.6%，增幅有所提升，比山东省增速高1.4个百分点，增速下降态势有所回转。分县市来看（庆云、沾化、垦利数据缺失），除惠民县、阳信县外，其他地区财政预算收入均超过10亿元，其中莱州、邹平、寿光均超过50亿元，分别实现52.1亿元、55.6亿元、79.2亿元。

财政收入提高的同时，财税结构进一步优化。东营市2014年实现市级公共财政预算收入206.24亿元，比上年增长12.2%。其中，税收收入160.81亿元，增长13.2%，占公共财政预算收入的比重为78.0%，比2013

年提高 0.7 个百分点；非税收入 45.42 亿元，增长 8.9%。滨州市全市财政总收入完成 290.47 亿元，增长 4.8%。公共财政预算收入 187.15 亿元，增长 10.0%，其中税收收入 142.23 亿元，增长 10.9%，占财政收入比重为 76.0%，收入质量进一步提高。①

居民收入方面，2014 年黄三角地区农民人均纯收入达 13912 元，高于全省 11882 元的平均水平，比 2013 年增加了 11.6%，增幅有所下降但高出全省 0.4 个百分点，与财政增幅持平，但高于全省经济增速。

分地区来看，2014 年滨州市城镇居民人均可支配收入 30870 元，增长 8.8%，其中工资性收入增长 12.3%，经营净收入增长 16.9%，财产性收入增长 11.7%，转移性收入增长 13.7%；农村居民人均纯收入 12691 元，增长 11.7%，其中财产性纯收入增长 17.2%。东营全年城市居民人均可支配收入 36940 元，比上年增长 8.7%；农民人均纯收入 14456 元，增长 11.2%。表 1-2 是“黄三角”及部分地区 2014 年城乡居民人均收入情况。

表 1-2 2014 年“黄三角”及部分地区居民人均收入和增幅

地区	城镇居民可支配收入		农民人均纯收入	
	绝对量（元）	增幅（%）	绝对量（元）	增幅（%）
庆云县	18700	13	12100	13.3
乐陵市	—	—	12164	11.8
高青县	25190	11	11315	13
寒亭区	—	—	14767	11.6
莱州市	35977	7.4	18060	9.8
寿光市	31810		16065	11.5
滨州市	30870	8.8	12691	11.7
东营市	36940	8.7	14456	11.2
黄三角	—	—	13912	11.6
山东	29222	8.7	11882	11.2

数据来源：根据各地政府工作报告、统计公报整理。

① 参见东营市、滨州市 2014 年经济和社会发展统计公报。

第二节 产业发展及支撑情况

一、高效生态经济快速发展

高效生态农业发展迅速。“黄三角”已建成全国重要的优质粮棉、特色果蔬生产加工出口基地和生态养殖基地。沾化冬枣、黄河口大闸蟹等成为知名品牌。寿光市成为闻名全国的“北方大菜园”，设立了“中国寿光蔬菜价格指数”，建立了全国唯一的蔬菜分子育种平台，蔬菜年销量达600万吨。庆云县中澳集团肉鸭综合生产能力位居全球前列，首创的“公司+标准化农场+农户”的订单式发展经验入选联合国扶贫开发案例。莱州市聚力打造“种业硅谷”，建设登海种业等省级以上良种繁育科技平台14家，新品种繁育水平领先全国。2014年，东营市加快发展现代农业，实施了124个重点项目，完成投资74.8亿元；粮棉夺得丰产，农业园区和龙头企业加快发展，优势产业不断壮大，农产品质量安全水平稳步提升；完成河道治理等一批水利工程。“渤海粮仓”科技示范工程扎实推进。滨州市突出科技引领，“渤海粮仓”示范区发展到15.5万亩，黄河三角洲（滨州）国家农业科技园区建设取得新进展，沿黄现代农业示范区成功创建省级示范区。农机深松耕作和机采棉示范区进一步扩大。高青县以打造绿色农产品安全先行示范区为抓手，以“两园五基地”建设为载体，进一步完善现代循环农业高青模式，被授予“2014中国畜牧行业优秀模式”。

工业平稳增长。2014年黄三角地区规模以上工业增加值比2013年增加10.2%，规模以上工业主营业务收入实现27721.9亿元，比2013年增长8.7%。主导产业由大到强快速发展。石油装备制造业由大到强。“黄三角”目前发展成为全国规模最大、产业集中度最高和科研能力最强的石油装备制造产业基地，研发、制造、服务、内外贸一体的石油装备制造产业体系逐步完善，产值占到全国45%。交通装备制造业由大到强。研发设计、加工制造等关键技术整体水平不断提高，产业规模持续壮大，业内规模以上企业200多家。潍坊潍柴重机引进系列大功率中速船用柴油机生产工艺和装备，功率范围快速延伸至12000马力，是我国唯一拥有船舶动力全系列化中速机产品的企业。乐陵金麒麟集团汽车刹车片年产销量达3000万套，占据国内市场的半壁江山。

主要地区工业发展迅速。2014年东营市加快推进新型工业化，坚持改造提升主导产业与培育壮大新兴产业“双轮驱动”，实施了341个重点项目，完成投资737.3亿元，淘汰一批落后产能，高新技术产业比重达到34.6%，提高1.1个百分点。滨州市工业转调步伐加快，技改投入585亿元，增长18%，预计高新技术产业产值占比达到25.9%，争创省级创新平台22个。积极化解过剩产能，钢铁、电解铝产能列入工信部符合行业规范条件名单。

服务业取得新的进展。滨州市加快现代服务业发展。2014年新增国家4A级景区4个、3A级景区4个，新增省级旅游强镇5个。电子商务发展迅速，在全省率先发展“中国淘宝村”6个。东营市出台加快服务业发展的政策措施，实施了30个重点项目，完成投资118亿元，加快企业剥离非主营业务，服务业增加值增长9.2%，比重提高1.1个百分点。莱州市服务业发展提档扩量。中心商务区开工建设，朗湖国际城市综合体、万通小商品市场等重点服务业项目加快推进；莱州农商行获批设立市外金融机构11家，其中正在筹建4家；引进市场化运作模式，成功举办国际石材展、第六届中国月季花展；大基山晋级国家4A级景区；中韩“海上丝绸之路”城市帆船拉力赛影响扩大；全年实现服务业增加值252亿元，增长9.5%。2014年庆云县高标准编制全县旅游发展各项规划，海岛金山寺三期、庆云宫等景区建设进展迅速，吉祥园、沃森农业科技示范园全面开放，全年接待游客和旅游总收入均增长18%以上。

二、科技支撑能力不断增强

近年来，随着科技政策不断出台，人才引进加快，黄三角地区科技实力不断增强，有力地支撑了经济的高效发展。

各类科技创新平台取得新的进展。2014年滨州市新获批省级重点实验室2家，省级示范工程技术研究中心3家，省院士工作站5家；新批准组建市级（企业）重点实验室6家、工程技术研究中心24家、产业技术创新战略联盟3家、国际科技合作研究中心4家、创新型企业11家、创新型（试点）企业16家。截至2014年底东营市拥有工程技术研究中心50家，其中国家级工程技术研究中心1家，省级示范工程技术研究中心5家；拥有院士工作站13家，博士后工作站9家；拥有省级企业重点实验室4家，国际科技合作基地2家。全市孵化设施总面积达到60万平方米，累计孵化科技型小微企业907家。

科研投入不断增加，高新技术产业稳步发展。2014年，东营市R&D经费79.6亿元，R&D经费占地区生产总值比重为2.45%，比2013年增加0.23个百分点。规模以上工业高新技术产业实现产值4698.98亿元，增长13.4%，占规模以上工业总产值的比重为34.6%，比年初提高1.1个百分点。滨州市规模以上工业高新技术产业产值1705.36亿元，增长11.2%，占规模以上工业产值比重为25.9%，高新技术企业发展到70家（见表1–3）。

表1–3 2014年“黄三角”部分地区规模以上高新技术产业产值情况

地区	绝对量（亿元）	比上年增加（%）	占规模以上工业产值比重（%）
滨州市	1705.36	11.2	25.9
东营市	4698.98	13.4	34.6
莱州市	510	—	31.2
乐陵市	219.58	18.17	28.89
寿光市	693.4	11.9	39.5

资料来源：根据各地政府工作报告及统计公报整理。

技术改造力度不断加大。2014年滨州市工业技术改造投资584.88亿元，增长18.0%，占全部投资的比重为33.4%。高新技术产业投资370.61亿元，增长8.2%，占全部投资的比重为21.2%。莱州市实施重点技改工程86项，完成技改投资46亿元。乐陵市完成技改投入60亿元，11个项目列入省重点技改导向计划，25个列入省技术创新计划。

品牌发展战略成效显著。莱州市悦龙橡塑公司参与完成的科研成果获得国家科技进步特等奖，“悦龙橡塑”成功创建中国驰名商标，“明波水产”、“鲁宇重工”、“自立幕墙”成为山东省著名商标。高青县黑里寨拖把、唐坊鱼竿获国家集体商标认定，扳倒井入选 2014“亚洲品牌 500 强”。东营市现有中国名牌产品 5 个、山东省名牌产品 128 个，国家级服务标准化试点单位 1 个、省级服务标准化试点单位 11 个，标准化良好行为企业 92 家，采用国际标准 168 项，国家级农业标准化示范区 9 个，东营市农业地方规范 59 项；全市企业参与制订、修订国家标准 52 项、行业标准 389 项，备案企业产品标准 637 项，登记企业产品执行标准 4126 项，企业标准覆盖率达到 98.5%。

三、港区经济发展良好

“黄三角”各市依托港口和铁路交通干线，大力发展临港物流和现代加工制造业，产业集群式发展态势更加明显。2014 年以来，东营港经济开发区高点定位，科学谋划，全力打造北部沿海经济隆起带，汇聚起了推动经济发展的强大动力，实现了全区经济优质高效发展。全区全年实现固定资产投资 120 亿元，同比增长 62%；完成地方公共财政预算收入 5.1 亿元，较上年同期增长 54.54%；实现规模以上工业产值 280 亿元，同比增长 130%；外经贸工作不断加强，进出口总额实现 5381 万美元，同比增长 24.53%；实际利用外资达到 1610 万美元，均超额完成年度目标任务；全区银行贷款余额达到 101.73 亿元，比去年同期增长 124.6%。[①]2015 年上半年，全区固定资产投资、规模以上工业总产值、公共财政预算收入分别同比增长 36%、46%、42%；工业用电同比增长 25%；开发区连续 3 年被评为“中国化工园区 20 强”，今年首次进入前十强，比去年前移了 7 位。[②]

2014 年，滨州市委、市政府作出了“举全市之力开发建设北海”的战略部署，把北海开发建设摆在了前所未有的制高点。首先是谋划新定位。从 2014 年 4 月份开始，在市政府批复的《滨州北海经济开发区城市总体规划(2011–2030)》的基础上，委托新加坡裕廊国际工程有限公司编制了北海新区总体发展规划、生态科技城概念性总体规划。另外，水利总体规划、综合交通规划、给水排水规划等专项规划以及各园区发展规划也在加快编制中。港

① 东营港经济开发区提升发展质量 打好“四大”攻坚战 [EB/OL]. 东营网, http://news.dongyingnews.cn/system/2015/01/31/010510900.shtml.
② 东营打造环渤海区域中心港 [EB/OL] 大众日报数字报, http://paper.dzwww.com/dzrb/content/20150910/Article125002MT.htm.

口发展定位上，将滨州港定位为偏重特色临港产业发展的“产业港”，并结合港口航道特点和滨州粮油产业实力雄厚的实际，大力推进农产品物流、粮油食品加工及商贸展示业发展，力争成为全国第一个生态农业绿色港；产业发展定位上，充分认识北海土地资源后发优势，将科技、人才、产业链、循环体等理念融入产业发展，追求北海的可持续发展。其次，搭建新平台。根据港产城一体化发展需要，2014 年北海新区规划了临港产业园区、生态科技城、循环经济园区、现代渔业园区四大产业园区作为发展平台。在一系列举措下，经济发展取得了可喜的成绩。相关数据显示，2014 年北海经济开发区实现地方财政收入 4.48 亿元，同比增长 25%，增幅居全市首位；规模以上工业增加值累计增速 49.83%，增幅居全市首位；固定资产投资完成 140 亿元，同比增长 3.7%；地区生产总值预计完成 17.5 亿元，同比增长 31.3%。①

莱州临港产业区规划了总面积 100 平方公里的南北两个起步区，积极发展现代物流、机械制造等产业。2014 年，莱州滨海开发快速推进。起步区建设实现突破，完成起步区土地收储 20 平方公里，开工主干道路 8 条、建成通车 3 条，水、电等基础设施配套基本完成，具备了项目落户条件；正式启动起步区招商，在谈在建过亿元项目 11 个，总投资 120 亿元的卓达新型建材产业园一期工程开工建设；“五大组团”开工过亿元项目 71 个，完成投资 100 亿元；港口吞吐量突破 4000 万吨，朱旺港集装箱运输达到 15 万标箱，莱州—昌邑输油管线正式投运；滨海大道莱州段率先通过省交通运输厅行业审查，北起步区、开发区部分路段完成整形。滨海区域对莱州长远发展的支撑和拉动作用日趋明显。②

潍坊市滨海发展保持强劲势头。滨海区率先推行“三张清单”“三制三零三全”管理模式，2014 年新增配套园区 24.5 平方公里，新开工过亿元项目 108 个，国家住宅产业化基地、通用航空产业园成功落户，14 个县市区工业园一期配套基本完成，滨海区各项主要经济指标增幅保持 20% 以上，9 个生态小镇规划编制完成。

---

① 北海新区：谋划新定位发展新目标 [EB/OL]. 滨州新闻网，http://news.sinabz.com/xq/bh/2015-02-09/9977.html.
② 2015 年莱州市政府工作报告。

第三节 基础设施建设

一、港口建设

2014年，东营市加快港北防波堤和三个突堤建设，疏港铁路正式奠基，兴港公路通车。东营港城起步区建设快速推进。广利港疏港道路实现路基贯通。2015年8月19日，山东省人民政府正式批复东营港口岸新建的4个码头对外启用，共涉及9个泊位(其中6个液化品泊位、3个散杂货泊位)。至此，东营港口岸的开放泊位数增加到15个。据统计，2015年1月至7月，东营港进出境船舶138艘次、货物30.96万吨、价值14.1亿元，分别同比增长7.6倍、6.2倍和10.4倍。

滨州市把滨州港建设作为追赶超越、提质增效的动力引擎，举全市之力加快推进。17公里的西防波堤主体完工，具备开挖深水航道条件；园区内道路等基础设施建设加快，共完成投资17亿元，相当于过去十年全部投资的三分之一。2015年6月26日，滨州港正式通航运营。截至9月份已经陆续完成17艘船的装卸，完成吞吐量23万余吨。其中，散杂货21万余吨，套管11000吨，集装箱800标箱，玉米15900吨，实现收入120余万元。

莱州港方面，2014年港口吞吐量突破4000万吨，朱旺港集装箱运输达到15万标箱，莱州—昌邑输油管线正式投运，滨海大道莱州段率先通过省交通运输厅行业审查，北起步区、开发区部分路段完成整形。

2014年，潍坊港加大基础设施建设，改善港口通航及疏港条件，大力提升港口经营管理水平，多元建港取得重大进展。潍坊港务有限公司挂牌成立，3个万吨级泊位实现对外开放，鲁辽陆海货滚甩挂运输大通道航线实现首航，与营口港、大连港的深化合作正在加快推进，5万吨级航道一期工程开工，重点推进17个5万吨级泊位、2个2万吨级客货滚装泊位建设，实现了港口的扩能转型升级和吞吐量的稳步提升。潍坊港航局的数据显示，2014年潍坊港完成货物吞吐量2603万吨，比上年同期增长12%；集装箱吞吐量17.3万标准箱，同比增长181%。

二、公路、铁路、机场等交通设施建设

公路、铁路方面，“德大铁路”全线贯通，“广寿铁路”开通运营，“黄大铁路”工程顺利推进，“寿济路”改建工程部分路段竣工通车，“益羊铁路”城区段完成改线，“济青高铁”完成初步选址工作。滨海大道莱州段率先通过省交通运输厅行业审查，北起步区、开发区部分路段完成整形。滨州市在“济滨东高速”滨州段建设进度全线领先，完成投资 15.95 亿元，占总投资的三分之一；“秦滨高速”埕口至沾化段、“长深高速”高青至广饶段前期工作顺利推进；滨州港二期工程按期推进。

道路改造与建设。滨州市新建、改建农村公路 7258 公里，修缮危桥 33 座 861 延米。全市城际公交开通工作全部完成，城际公交线路通车里程达 442 公里，日发班次 500 个。庆云县新建改建渤海路、建设街等城区道路7条，改造乡村道路230余公里，引入出租车竞争机制，新增出租车100辆，群众出行更加便捷。莱州市新硬化改造县乡路、农村公路、村内大街 705 公里，新建桥梁 54 座。

机场方面，胜利机场调整优化了航线航班，国产大飞机试飞基地建设全面开工。

三、水利、能源设施建设

2014 年以来，滨州市持续加大农田水利基本建设力度，资金投入再创历史新高。全市累计完成投资 19.2 亿元，比上年增加 7.3 个百分点；完成各类水利工程 512 处，动土石方 9065 万立方，清淤沟渠 1965 公里，新打、维修灌溉机井 305 眼，恢复和改善灌溉面积 115 万亩。其中“小农水重点县”工程完成投资 1.79 亿元，铺设管道 1054.6 公里，衬砌末级渠系 48.8 公里，建成节水灌溉面积 15.69 万亩，在建设标准、工程质量、后期管理和效益发挥上均好于往年；田间排涝工程，完成清淤疏通田间渠系 1446 公里，完成路域水系综合治理 213 公里，新建“四位一体”标准化方田 2.5 万亩，解决和改善 10.6 万人口的农村饮水安全问题。此外，2014 年 5 月 19 日，水利部将滨州市确定为第二批“全国水生态文明城市建设试点”城市。同

年 12 月 17 日，《滨州市水生态文明建设试点实施方案》顺利通过了水利部审查。①

寿光市全面实施“大水务”战略，扎实推动“南水北调”续建配套工程、弥河综合整治、中小河流治理等水资源综合利用工程，全面推进“中国－以色列示范水城市”建设，统筹解决好地表水开发、客水利用和水资源长效管理问题。庆云县以创建现代水利示范县为目标，开工建设庆云引水专线、刘贵扬水站等水利工程，加快“小农水”重点县项目建设，确保良性运行。莱州市超前研究实施了南水北调配套、“小沽河”调水复线等一批水利工程，保障了大旱之年供水安全。高青县实施现代水网工程，累计开挖疏浚河道 500 公里，初步构建形成旱能浇涝能排的水网体系。乐陵市丁坞水库全面开工，实施了碧霞水库至龙泉水厂管道复线建设、村内管网改造提升、龙泉水厂二期扩建等工程，城乡安全供水一体化实现全覆盖，管理体制进一步规范，乐陵市继2010年之后再次获批为全省“小农水”重点县，河道治理、危桥改造等工程扎实推进。

能源设施建设取得新进展。华电莱州电厂二期工程纳入国家发改委批复的山东省 2014—2016 年火电建设规划。滨州市完成农村电网 2128 个村变压器、4060 公里线路改造。

第四节 生态建设与环境保护

一、财政保障力度加大②

2014 年山东省财政筹集资金 2 亿元，支持黄河三角洲高效生态区生态环境保护。在大气污染防治方面，安排 7520 万元，支持该区各地开展重点行业挥发性有机污染物（异味）治理、重点工业企业脱硝脱硫及工业烟粉尘治理、大企业园区堆场无组织排放的扬尘污染治理，以及“黄标车”提前淘汰等。

① 2014 滨州水利大事记 确定为全国水生态文明城市 [EB/OL]. 滨州新闻，http://binzhou.dzwww.com/bzhxw/201502/t20150204_11846191.htm.
② 山东去年筹集 2 亿元治理“黄三角”环境 [EB/OL]. 山东频道，http://sd.people.com.cn/n/2015/0126/c166192-23686217.html.

重点流域污染治理方面，安排 1.03 亿元，支持该区小清河、马踏湖等重点流域水污染防治。省财政采取因素法切块下达资金，由各市自主用于人工湿地生态修复等公益性项目建设，并重点支持对化学需氧量、氨氮、总氮、总磷等主要污染物有直接减排效益、前期工作成熟、地方积极性高的项目。

在推动农村环境保护方面，安排 2655 万元，支持区域内各地开展农村饮用水源地保护、生活污水和垃圾处理、畜禽养殖污染防治、重金属污染防治等工作，进一步改善全省农村生活生产环境。

二、生态建设成效显著

2014 年，滨州市紧抓生态环境建设。秦台河治理完成一期工程，水质明显改善；生活垃圾焚烧发电项目投入运营；市污水处理厂 3 万吨扩建工程试运行；8 个乡镇（街道）获得“国家级生态乡镇”称号。寒亭区完成西浞河治理、虞河下游湿地生态修复和潍河治理工程，峡山灌渠城区中段改造工程正在积极推进，“一街五路”雨污分流管网改造和 2 家污水处理厂一级 A 升级改造工程顺利完成。

空气质量得到改善。2014 年，高青县林木覆盖率提高 1 个百分点。空气质量良好以上天数达到 305 天，良好率 84.5%，居全市第一。寒亭区坚持铁腕治污、高压监管，“三八六”环保行动[①]取得重要阶段性成果，全区空气质量改善位列潍坊市第二名。寿光市在 15 个镇街区全部安装 PM2.5 监测设备，空气优良天数比上年同期增加 16 天，重度污染以上天数减少 15 天。

林木覆盖率进一步提升。2014 年，乐陵市新增乔木 4 万余株，新增绿地 7.5 万平方米，绿化覆盖率达到 31%。寿光市完成农圣公园、益羊铁路防护林带等绿化工程 31 项，新增改建城市绿地 480 公顷，实施成片造林 4 万亩，全市林木覆盖率达到 25.3%。庆云县植树造林 2.7 万亩，林木覆盖率达到 38.8%。

① “三八六”环保行动，是指潍坊市 2013 年提出的环保战略行动。举全市之力，利用三年时间，组织开展“三八六”环保攻坚行动，围绕三个目标、打响八大战役、强化六项保障，确保到“十二五”末实现环境质量进一步好转，把潍坊建设成为全省、全国流域治理示范区和大气污染防治先行区。

三、环境整治力度加大

2014 年，东营市开展生态环境整治提升年行动，实施 119 项治理工程，取缔“土小”污染企业 270 家，清理整顿环保违规项目 511 个，淘汰“黄标车”、“老旧车”2.5 万辆，完成节能减排年度任务，环境质量得到改善。寒亭区对海龙等 3 家企业累计实施停产治理 117 天，倒逼 3 家重点企业投资 2.4 亿元完成了锅炉烟气除尘、脱硫脱硝和扬尘治理等 13 项污染治理工程，拆除 6 台 20 吨燃煤锅炉，既基本消除了空气异味，又实现了社会效益和经济效益的“双赢”。

寿光市扎实开展“三八六”环保行动，实施 169 个环境治理项目，关停整改环境污染企业 105 家，推进晨鸣、鲁清实施脱硫、脱硝等减排工程 42 项，新建、改造污水处理厂 9 处，建成 LNG、CNG 加气站 6 座，淘汰黄标车 15238 辆，封闭自备井 498 眼，垃圾焚烧发电一期、领航生物污泥制肥等项目建成投用。莱州市严格环保执法，对达不到环保要求的 13 座镁石矿山全部依法关停封堵、42 座窑炉依法关停或拆除。

第五节 城镇化建设

一、相关规划编制完善工作有序开展

2014 年，寒亭区编制完成了城乡统筹发展规划、新型农村社区规划和 3 个街道的总体规划，启动部分市政基础设施、商业网点专项规划。寿光市城市总体规划修编通过评审。高青县南部城区控制性详细规划编制完成。2015 年 1 月，滨州市新型城镇化规划通过评审。2015 年 7 月，《东营市新型城镇化规划（2015—2020 年）》由东营市新型城镇化工作领导小组办公室和山东省城乡规划设计研究院、东营市城市规划设计研究院联合编制完成，已经省城镇化工作领导小组办公室组织专家评审通过，并经东营市城乡规划委员会 2015 年第二次成员会议审议通过。

二、城镇化建设稳步推进

东营市稳妥推进新型城镇化，城镇化率达到64%。东营市加快中心城规划建设，严格规划审批执行，实施了47个城建项目、110项工程，生态新城等片区开发加快推进，科技馆等建成投用，11个片区改造稳步推进，东城商贸城综合整治基本完成，西城改造成效显著。

滨州市新型城镇建设步伐加快，2014年启动省、市级示范镇1000万元以上项目68个，完成投资36亿元，8个乡镇（街道）获得“国家级生态乡镇”称号，滨城区三河湖镇、惠民县胡集镇、李庄镇等12个镇列入全国重点镇，10个省级示范镇全部通过省“百镇建设示范行动”考核，邹平县韩店镇、魏桥镇进入全省前20名。寿光市扎实推进小城镇和“美丽乡村”建设，完成小城镇建设投入30亿元；羊口镇和侯镇进入“全省百镇建设”示范镇十强，被评为国家重点镇；新建农村社区12个，完成农村危房改造610户；牛头镇村成为全省首批传统村落，三元朱村被评为国家4A级旅游景区。高青县落实扩权强镇政策，有序推进小城镇建设，青城镇、常家镇被列入全国重点镇。

三、城镇化试点工作有序开展

2014年12月29日，国家发改委、中央编办、财政部等11部委下发《关于印发国家新型城镇化综合试点方案的通知》，德州市被列为综合试点，标志着该市新型城镇化试点工作进入了实质性推进阶段。这为乐陵市和庆云县未来城镇化发展带来新的机遇。

认真落实国家城镇化试点工作的同时，山东省也积极开展省级试点工作。2015年3月，山东省住房和城乡建设厅、山东省发展和改革委员会等部门联合下发《关于公布省级新型城镇化综合试点地区名单的通知》，确定了19个城市（镇）列为省级新型城镇化综合试点地区，其中黄三角地区有广饶县、寿光市、邹平县三个县及广饶县大王镇、莱州市沙河镇、邹平县魏桥镇三个建制镇。[①]

① 省住建厅等11部门.关于公布省级新型城镇化综合试点地区名单的通知[EB/OL].http://www.sdjs.gov.cn/art/2015/5/4/art_165_46018.html.

同时，省财政厅还按照国家级试点市、县2000万元，省级试点市1800万元、试点县1200万元、试点镇500万元的标准，给予一次性补助。试点地区通过先行先试、以点带面，进一步加大市、县、镇三级新型城镇化体制机制创新力度，探索形成具有山东特色、可复制、可推广的城镇化经验和模式，推动全省城镇化健康发展。①

第六节 民生与社会事业

一、千方百计扩大就业，促进创业

各地区就业人数进一步提高。2014年，滨州市新增城镇就业5万人，农村劳动力转移就业10.5万人；东营市新增城镇就业4.5万人，农村劳动力转移就业4.1万人，新增省级创业服务园区3个，胜利“大学生创业园”投入运行；高青县实现城镇新增就业3041人，转移农村劳动力就业8708人，发放创业小额担保贷款4817万元，大学生就业率达98.1%；寒亭区建设了1处创业孵化示范基地，城镇新增就业3988人，农村劳动力转移就业4340人，城镇登记失业率为2.74%；乐陵市新增城镇就业6950人、农村劳动力转移就业9550人，发放小额担保贷款2600万元；寿光市城镇新增就业1.1万人，农村劳动力转移就业9000多人，成为省创业先进城市和劳动关系和谐城市；庆云县全年新增城镇就业4500人，农村劳动力转移就业5400人（见表1-4）。

表1-4 2014年黄三角部分地区城乡居民就业情况 单位：人

	滨州市	东营市	高青县	寒亭区	寿光市	乐陵市	庆云县
新增城镇就业	50000	45000	3041	3988	11000	6950	4500
农村劳动力转移就业	105000	41000	8708	4340	9000	9550	5400

数据来源：根据各地2015年政府工作报告整理。

二、民生社会事业财政支出不断增加

近年来，“黄三角”各地区不断加大民生投入。相关数据显示大部分

① 山东省拨付资金1.8亿元推进新型城镇化试点[EB/OL].中青原创，http://sd.youth.cn/2015/0416/1113029.shtml.

地区民生支出占公共财政支出的比重均在 60% 以上（表 1-5）。具体来看，滨州市始终把增进民生福祉作为政府工作的落脚点，公共财政用于民生支出 164.5 亿元，占财政支出的 61%。高青县全年民生重点项目支出 13.88 亿元，占到财政总支出的 71%。寒亭区全年教育、卫生等民生投入 10.7 亿元，增长 5.9%。乐陵市全年用于社会事业民生支出 16 亿元，占总支出的 79%。寿光市财政用于民生事业的投入达到 54 亿元，占财政总支出的 65%。莱州市全年民生支出 27 亿元，同比增长 20%，高于公共财政预算收入增幅 8 个百分点。庆云县全年民生投入突破 10 亿元，占公共财政支出的 71.3%。

表 1-5 2014 年“黄三角”部分地区民生支出及占公共财政支出比重

	滨州市	高青县	寒亭区	乐陵市	寿光市	莱州市	庆云县
绝对量（亿元）	164.5	13.88	10.7	16	54	27	>10
占比（%）	61	71	—	79	65	—	71.%

数据来源：根据各地 2015 年政府工作报告整理。
注：因各地统计口径不一致，彼此不具有可比性。

三、公共服务水平进一步提升

养老事业快速发展。2014 年，滨州市被确定为全国养老服务业综合改革试点市；东营市启动政府购买养老服务试点；高青县 7000 余名 80 岁以上老人享受高龄补贴，社会化养老服务实现破题，建成农村养老互助幸福院 29 处，3 处社会化养老项目顺利推进；寒亭区新建 6 处社区老年人日间照料中心、7 处农村幸福院。

住房保障能力进一步提升。2014 年，滨州市开工建设保障性住房 8306 套，加续建共完成 9167 套；东营市建设各类保障性住房和棚户区改造安置房 2.1 万套；高青县建成保障性安居房 656 套，超额完成淄博市下达任务；寒亭区完成棚户区改造 320 户；莱州市开工建设保障性住房 220 套；庆云县大力实施安居工程，建设保障性住房 1941 套，改造农村危房 830 户。

医疗卫生事业取得新突破。滨州市在全省率先实现乡镇住院“起付线以上全报销”制度并覆盖全市，3.3 万名患者得到实惠，住院次均费用和个人付费分别下降23%、54%；新建标准化村级卫生室443处，市公共卫生中心全面建成，市人民医院、中心医院晋升三级甲等医院。高青县扎实推进县级公立医院综合改革试点工作，降低了群众就医负担；进一步深化医院托管模式，带动全县医疗服务水平快速提升，淄博市中心医院高青院区、县中医医院均通过二级甲等医院评审。寿光市完成167处农村卫生室建设改造，人民医院门诊病房大楼和羊口分院建成启用，妇幼保健院公立医院改革启动，为基层增补60种常用药品并实行零差率销售。

第七节 改革与机制创新

一、农村改革稳步推进

东营市加快农村产权制度改革，在全省率先完成农村土地承包经营权确权登记颁证工作，农村土地流转积极有序推进。高青县农村产权制度改革稳步推进，全县农村土地承包经营权确权登记颁证工作基本完成，农村集体建设用地和宅基地使用权发证率达96%，农村土地承包经营权抵押融资成功破题。

2014年，寒亭区完成258个村的土地承包经营权确权登记和221个村的集体资产股份制改革；齐鲁农村产权交易中心获省政府批复，首笔土地承包经营权抵押贷款成功办理；组建了齐鲁农村产权交易中心寒亭分中心，在潍坊市率先建立起了区、街、村（居）三级农村产权交易网络。

二、行政管理体制改革有序进行

2014年，滨州市大幅精简行政审批事项，市直保留行政许可229项、非行政许可21项；东营市大力推进行政管理体制改革，精简市级行政审批事项119项，食品药品工商质监、卫生计生体制改革全面完成，自然保护区管理体制进一步理顺；高青县全面推行联合审批和重点项目联审代办"一站式"服务，精简行政审批服务事项412项，取消行政事业性收费37项，行政审批规范化管理工作列入全省改革试点；寿光市深化行政审批制度改革，编制完成行政审批事项目录，累计办理各类行政审批服务事项2万多件，全面完成权力清单、服务清单和负面清单梳理审核并对外公布，压减行政审批事项 156 项，压减比例达到 42%。

三、其他领域的改革开展顺利

工商登记制度改革效果显现。东营市改革工商登记制度，2014 年新增私营企业 6360 家，增长 91%，各类市场主体达到 10.3 万户。高青县认真落实工商登记便利化改革，2014 年新增各类市场经营主体 1200 余家。寒亭区 2014 年全区新登记各类市场主体 1109 户，注册资本 17.64 亿元，分别增长 15.2% 和 162.9%。

滨州市创新财政投资模式，争取上级财政投资 1 亿元参股“市创投基金”；组建环海管道燃气输配气公司，“气化滨州”取得新进展；积极推进城乡建设用地增减挂钩、未利用地开发、工矿废弃地复垦，盘活存量土地 1.1 万亩，供地 1.8 万亩，确权用海 8.5 万亩。东营市出台深化教育领域综合改革意见，稳步推进办学体制、考试招生等改革；继续深化医药卫生体制改革，第二批县级公立医院综合改革试点扎实推进。

第八节 面临的主要问题与挑战

一、资源、环境与生态问题依然严峻

节能空间进一步压缩。黄三角地区重化工业为主的经济结构使得节能任务更为艰巨。尽管各地积极采取措施，节能减排等工作取得一定的成绩，但距高效生态的目标还有很大距离，节能空间进一步压缩。从表 1–6 可以看出，作为“黄三角”的主要城市，东营与滨州两市 2010 年以来，万元地区生产总值能耗呈递减趋势，节能效果较为明显，但大部分年份两地市能源消耗下降水平要低于全省均值。在这种情形下节能的任务将更为艰巨。

表 1-6 2010—2014 年山东省及东营市、滨州市万元地区生产总值能耗情况

地　区	2010	2011	2012	2013	2014
	比 2009 年上升或下降（±%）	比 2010 年上升或下降（±%）	比 2011 年上升或下降（±%）	比 2012 年上升或下降（±%）	比 2013 年上升或下降（±%）
全省总计	–4.39	–3.77	–4.55	–4.48	–5.00
东营市	–4.26	–3.82	–4.21	–3.89	–3.56
滨州市	–4.16	–3.78	–4.56	–4.21	–3.05

数据来源：山东省统计年鉴 2015。

环境问题更为突出。2015 年环保部组织完成了 2014 年度各省、自治区、直辖市和八家中央企业主要污染物总量减排核查工作，其中，滨州几乎所有新项目被叫停。[①]原因是该市减排约束性指标中，水污染物氨氮、大气污染物二氧化硫和氮氧化物均没有完成减排。表 1-7 显示，2014 年除东营市二氧化硫排放量有小幅下降之外，两市其他污染物排放量均有大幅度上升。减排任务不能按时完成，一方面影响到后续经济项目的批复，另一方面也是最为直接的影响就是对环境造成的极大破坏，这显然也不符合“黄三角”高效生态的要求。

表 1-7 2014 年东营市、滨州市部分污染物排放情况

地区	二氧化硫排放量（吨）	比上年上升或下降（吨）	烟（粉）尘排放量（吨）	比上年上升或下降（吨）
东营市	50163	–4497	9058	1499
滨州市	143669	59696	97853	72360

数据来源：山东省统计年鉴 2015。

污染型企业数目众多，违法现象依旧存在。目前，山东省省控及以上重点监控企业中黄三角地区重点废水监管企业 95 个，重点废气监管企

① 环保部. 滨州几乎所有新项目被叫停（第 2 页）[EB/OL]. 齐鲁财富网, http://www.qlmoney.com/content/20150617-47078-2.html.

业 123 个，分别占全省的 14%、12.9%。污染企业数目众多给监管造成很大困难。部分企业违法现象依旧存在。2014 年山东省环保厅调查发现东营瑞海实业有限公司、东营晟亚工贸有限公司、东营利亨化工有限公司、东营海泉绝缘材料有限公司、东营昱科工贸有限责任公司、东营春泉化工有限责任公司等 6 家企业环评未批先建并投产，并且部分企业先后被发现非法排污。如东营市冠森绝缘制品有限公司因排放恶臭气体、未按规定设置排污口、不正常运行锅炉脱硫除尘设施等问题多次被处理处罚，本次检查再次发现其排放恶臭气体；东营易恒化工有限责任公司、东营市华义工贸有限责任公司因非法排污被处理处罚，后者在本次检查时处于停产整改中。①

二、经济结构不合理的格局尚未改变

在国家战略的带动下，黄三角地区石化和化工产业迅速发展，使得该地区重化工业在经济结构中的比重过大，对高效生态的定位是一个严重的挑战。目前，仅东营、滨州、潍坊、莱州四大临港产业区已经形成石化、盐化等几个千亿级产业集群。

东营市石化产业形成从油头到化尾的循环产业链。原油一次加工能力达到 4000 万吨，约占全省的 40%。2013 年东营市轮胎产业产值也超过千亿元，产能达到 1.7 亿条，占全国产能的四分之一；另外，该市 2013 年石油装备产业实现产值 836 亿元，约占全国的三分之一，成长为全国最大的石油装备制造业基地。潍坊市依托中化弘润石化、中海油石化盐化一体化等项目，培育形成千亿级石化盐化产业链。较高的重工业比重对能源消耗、环境等均有不利影响。

此外，一些产业布局也不尽合理。2014 年山东省环保厅的一次调查发现，东营市 26 家化工石化企业中有 11 家不在规划园区；东营昱科工贸有限责任公司、东营易恒化工有限责任公司距离居民区过近，分别只有 200 米和 150 米。②

① 环保部建议东营优化产业布局 [EB/OL]. 经济导报数字报 ,http://paper.dzwww.com/jjdb/data/20140217/html/4/content_3.html.

② 环保部建议东营优化产业布局 [EB/OL]. 新闻频道－和讯网 ,http://news.hexun.com/2014-02-17/162197301.html.

这些都给环境监管和环境风险防范带来不利影响。

三、区际与区域内部竞争压力加大

目前，山东同时实施两大国家战略，且省政府又出台了“一圈一带”的区域发展规划。“黄三角”在面对省外重要区域竞争的同时，又面临省内其他区域的竞争。这种情形下，区域之间争资金、争项目的态势将更为剧烈。国家战略的政策优势将不复存在。

区域内部来看，以沿海开发为例，由于海岸线跨多个地区，而很多相邻县市在发展战略上趋于相同，使得不合理的竞争加剧。以滨州北海新区为例，该区域与无棣县西港园区、沾化县滨海乡相邻，形成了竞争发展的状况。这种情形下，上级政府如何统筹产业规划与布局显得尤为重要。

四、县域经济发展不平衡

受地理区位、资源禀赋、经济基础以及改革开放力度等诸多因素的影响，山东区域经济发展不平衡的矛盾一直比较突出。这一点在黄三角地区表现得也较为明显。

表 1-8 2014 年“黄三角”地区按地区生产总值排名的较靠前与靠后的县（市）比较

地区	地区生产总值（亿元）	公共财政预算收入（亿元）	城镇居民可支配收入（元）	农民人均纯收入（元）
庆云县	150	5.3	18700	12100
沾化区	169.6	10.3	30236	12784
惠民县	177	8	27000	11560
广饶县	755	40	32966	15240
寿光市	762	79.2	31810	16065
邹平市	780.08	56.6	30080	14200

数据来源：根据各地政府工作报告及统计公报整理。

2014 年，黄三角地区生产总值过 700 亿的县区有三个，最高的邹平市达 780.08 亿；但不足 200 亿元的也不少，庆云县只有 150 亿元，还不到邹平市的五分之一。从公共财政预算收入来看，过 50 亿的有三个县，寿光市最高达79.2亿元，而庆云县只有5.3亿元，前者是后者的近15倍（以上数据排列不包括垦利县与阳信县，见表格1–8）。当然，县域发展的不平衡不仅表现在总量指标上，还表现在经济结构、城市化、基础设施建设、社会事业发展等方面，且差距越来越大。

五、某些领域的改革亟待进一步深化

依托国家战略政策优势，一批重大改革事项实现了新的突破，但对照国务院批复精神和省委、省政府全面深化改革的部署，仍有一定差距。特别是在加快政府职能转变、简政放权、创造国内领先的营商环境等方面，引领示范作用还不够强；推进《规划》实施更多地倚重政府主导作用，综合运用经济、行政、法律手段的办法不够多。

第九节 “十三五”时期“黄三角”战略实施的思路

一、积极开展国家战略实施的阶段性评估工作

2015年是“黄三角”国家战略实施的近期目标年，也是十二五的结束年，开展战略实施的第一阶段评估恰逢其时。首先，要认识到评估的重要性。评估作为检验区域规划实施情况的基本途径，有利于督促规划的实施，也有利于发现规划实施过程中存在的问题，尤其是随着形势的变化，可以调整规划方案，以适应新的状况，更好地发挥规划的作用。其次，在中期评估试点基础上更进一步探索符合国家战略实施和山东省情的评估模式，为“蓝色”战略评估及“一圈一带”规划评估做好经验性准备。最后，根据评估结果，适时调整规划方案，优化政策资源配置，指导后一个五年战略的实施。并且要加强动态监测，建立规划实施情况跟踪评价与督促检查的长效机制，重大问题及时向省委、省政府报告。

二、要更加重视生态环境保护

建立并逐步推行城市环境总体规划制度，将生态环境质量逐年改善作为区域发展约束性要求，保障区域资源永续利用，经济社会持续发展。一

要严守生态红线。尽快完成近岸海域水环境功能区划的报批工作，加快划定饮用水源地保护区、自然保护区和生态功能保护区等重点区域生态红线，强化盐碱、滩涂等未开发用地集约高效利用，推进重要功能性湿地保护与恢复，有序实现河湖、海洋等生态系统休养生息。二要改善环境质量。完善对主要入海河流的“治用保”体系，力争2015年消除主要入海河流劣V类水质断面。严格落实全省大气污染防治规划，重点加强工业污染源治理、机动车排气控制、城市环境综合整治等。总结推广连片整治的经验，深化农村环境综合治理。三要加强联防联控。进一步完善生态环保执法联动机制，深化行政边界地区环境执法协同配合，实施共同防治、共享信息、联合执法，妥善解决边界环境污染纠纷，持续改善区域环境质量。

三、适应新常态，转变经济发展的传统思维

首先要破除发展的速度情结。新常态下，发展追求的是多重目标，是一个由量向质转变的过程。这个过程必然要求处理好经济发展、社会进步、生态环境保护之间的关系。这种情形下如何统筹发展、协调发展，对政府调控能力是一个严峻的挑战。其次，竞争方式要转变，多领域的合作要进一步加强。一直以来地区之间的竞争表现为要素争夺、市场分割保护以及招商引资的竞争。在当前，市场一体化进程加快、要素充分流动、资本相对充裕的背景下，竞争应更多地转向营商环境的创造与维持，未来的竞争也必将是政府服务经济能力的竞争。此外，在非经济领域，诸如社会矛盾处理、跨区域生态治理等方面要求政府之间要实现高效、有序的合作。对市场主体而言，要意识到传统上依靠负外部性，实现“低成本、高收益”的模式已不可复制。未来，企业将在环境、生态等方面有较高的成本增加，这是一个不可逆转的发展态势，尤其对一些传统行业（对环境、生态有较高要求）利润空间将进一步压缩。外部环境的变化，也必然会要求企业改变之前的盈利模式。

四、强化改革创新，健全率先发展新机制

一是加快行政管理体制改革。以转变政府职能、简政放权和建立权力

清单制度为重点，加快推进行政审批制度改革，进一步释放生产活力。深入落实县域经济科学发展试点工作，扩大县（市）、经济强镇的经济管理权限，为提高全省县域经济发展整体实力提供示范。二是进一步完善现代市场体系。加快清理制约市场化进程的区域性规章制度，探索实行负面清单制度，健全社会信用体系，促进投资贸易便利化。认真落实中央和省委关于鼓励支持民营经济发展的系列政策措施，坚持发展大中小微企业并举，努力打破“玻璃门”、“弹簧门”和“旋转门”等隐性壁垒，增强非公有制经济活力和创造力。进一步完善“黄三角产权交易中心”，着力构建统一的商品市场、服务市场和要素市场。三是强化投融资机制创新。改进政府资金支出方式，运营好区域产业投资基金，撬动社会资本，提高政府资金使用效益。大力发展多层次资本市场，积极推进区内企业上市，发行企业债、短期融资债券，扩大直接融资规模。稳步开展新型农村合作金融试点，深化农村信用社改革，积极发展村镇银行、小额贷款公司等新型金融组织。运用好国际金融合作平台，争取世界银行、亚洲开发银行等国际金融组织和外国政府的优惠贷款，重点投向基础设施、特色产业和生态环保等领域。四要在土地海域管理体制改革上走在前列。落实与国土资源部签署的战略合作协议，以资金投入、项目管理、工程管护为重点，推进东营、滨州未利用地开发管理改革试验区建设，创新“飞地经济”发展模式。规范运营耕地占补平衡指标交易市场，抓紧组建建设用地指标调剂流转市场和土地抵押融资债券市场。探索建立海域储备制度，实行差别化的海域供给政策，争取国家再批复一批集中集约用海片区。

五、围绕高效生态，强化产业升级

坚持高端高质高效产业发展方向，切实在我省产业转型、提质增效上当好“领头雁”和“排头兵”。一要加快优化产业布局。深入落实“黄三角”“四点四区一带”生产力布局，建立产业布局引导和管控机制，健全区域经济利益分享和补偿机制，完善重大项目信息共享和发布制度，有序推动企业、项目向符合功能定位的区域集中布局。二要加快集群集聚发展。深入实施大企业、好项目带动战略，推行“园中园”和“一区多园”，引导相关产业和服务机构加速向园区集聚，继续培育一批高效生态特色产业园。三要加快创新驱动步伐。继续鼓励高新技术产业发展，增加技术改造投资；深入实施人才强省战略，大力发展职业教育，抓好潍坊国家级职教创新发展试验区建设，加快培养一批产业发展急需的高技能人才。

/ 第二章 /

新常态下黄河三角洲高效生态经济区转型发展路径研究

魏建 赵阳*

第一节 新常态下区域经济发展的新趋势新要求

一、经济新常态内涵及主要特征

习近平总书记2014年5月在河南考察时首次提出“新常态”的概念，并强调“我国发展仍处于重要战略机遇期，我们要增强信心，从当前我国经济发展的阶段性特征出发，适应新常态，保持战略上的平常心态”。2014年7月，习近平总书记在党外人士座谈会再提“新常态”，提出要“正确认识我国经济发展的阶段性特征，进一步增强信心，适应新常态，共同推动经济持续健康发展”。2014年11月，习近平总书记在APEC工商领导人峰会开幕式上首次全面、系统地阐释了中国经济新常态，就新常态的主要特点、发展机遇、战略举措等重要问题进行了深入的分析和论述。

经济新常态主要呈现“速度变化、结构优化、动力转化”三大特点：即经济增速从高速增长转向中高速增长，经济发展方式从规模速度型粗放增长转向质量效率型集约增长，经济结构从以增量扩能为主转向调整存量、做优增量并存的深度调整，经济发展动力从传统增长点转向新增长点。

---

* 魏建，山东大学山东发展研究院副院长，教授、博士生导师；赵阳，中泰证券股份有限公司战略规划部，博士。

经济新常态是中央在深入分析当前国内外宏观经济新形势的基础上，深刻揭示我国经济发展处于增长速度换挡期、结构调整阵痛期、前期刺激政策消化期“三期叠加”阶段作出的重大战略判断。这一战略判断，为我国未来一段时期研判国家经济形势和制定宏观经济政策提供了很好的思想指导。

科学认识当前形势，准确研判未来走势，必须历史地、辩证地认识我国经济发展的阶段性特征，准确把握经济发展新常态：消费方面，模仿型排浪式消费阶段基本结束，个性化、多样化消费渐成主流；投资方面，基础设施互联互通和一些新技术、新产品、新业态、新商业模式的投资机会大量涌现；进出口贸易方面，我国低成本比较优势发生了转化，高水平引进来、大规模走出去正在同步发生；产业组织方面，新兴产业、服务业、小微企业作用更凸显，生产小型化、智能化、专业化将成产业组织新特征；要素驱动方面，人口老龄化日趋发展，农业富余人口减少，要素规模驱动力减弱，经济增长将更多依靠人力资本质量和技术进步；竞争方面，市场逐步转向质量型、差异化为主的竞争；环境资源方面，环境承载能力已达到或接近上限，必须推动形成绿色低碳循环发展新方式；风险方面，经济风险总体可控，但化解以高杠杆和泡沫化为主要特征的各类风险仍将继续；宏观调控方面，既要全面化解产能过剩，也要通过发挥市场机制作用探索未来产业发展方向。

这些趋势性变化说明，我国经济正在向形态更高级、分工更复杂、结构更合理的新常态演化，认识新常态，适应新常态，引领新常态，是当前和今后一个时期我国经济发展的大逻辑。

二、新常态下区域经济发展的新趋势

经济新常态下，区域经济发展要把全方位开放格局与打通对外通道建设结合起来，把内外平衡健康发展与引进来走出去结合起来，形成协同互动、优势互补、相互促进、共同发展的空间经济新格局，为我国经济社会发展提供更长期、更持久的动力。

（一）从优化经济发展空间格局看，在统筹我国东部、中部、西部、东北四大综合区域的空间竞争与合作的基础上，更加注重人地协调发展，统筹优化开发、重点开发、限制开发和禁止开发四类主体功能区的空间开发重点和秩序，从更大空间范围内整合区域资源、促进分工协作和优势互补；更加注重引导各地区找准主体功能区定位和自身优势，适应其自身国土空间的资源禀赋和自然属性，把人口调节、经济发展与国土空间开发有机结合起来；更加注重新型城镇化建设，抓好新型城镇化综合试点和中小城市综合改革试点；更加注重特殊地区发展建设，组织制定环渤海、泛珠三角等区域合作规划和意见。

（二）从均衡－不均衡区域发展理论看，由过去多点布局实施重点区域带动，转向更加注重各区域的协同推进和统一市场的建立，强调“全国一盘棋”，统筹经济圈和经济带等经济区域的协同互动；更加注重突出区域发展重心，强调立足实际，放眼国际，重点实施“一带一路”、京津冀协同发展、长江经济带三大战略，着力建立区域经济关联，极大地开拓了区域经济发展的全球化和国际化视野，大幅度提升我国区域经济发展的开放意识和开放水平；强调以处理好政府和市场关系为核心，打破地区封锁和利益藩篱，打破由于行政分割长期形成的行政区经济，转变政府推动经济发展的思维方式，促进形成适应市场经济要求的经济区经济，建立健全全国统一开放竞争有序的市场体系，建成既有分工又有合作、利益共享的区际关系。

（三）从动力机制看，由过去争取政策、布局项目、扩大投资，转向更加积极主动地深化改革扩大开放，更加注重区域交流与合作，打破各种形式的市场分割和地区封锁，从体制上冲破阻碍要素合理流动的区域壁垒，充分发挥市场在资源配置中的决定性作用，激发市场和社会活力，全面提高资源配置效率，使改革新红利更多转化为发展新动力；更加坚持以问题为导向，勇于突破创新，从制约经济社会发展的突出问题改起，以改革创新培育经济发展新动力。

（四）从产业发展看，更加注重产业优化布局，落实重点产业布局调整和产业转移的指导意见，加快产业有序转移，引导产业集聚发展；更加注重创新驱动发展战略，深入落实加快发展生产性服务业促进产业结构优化升级的指导意见，制定加快发展生活性服务业的政策意见，积极发现和培育新的经济增长点。

（五）从可持续发展看，更加注重资源环境约束，持续推进节能减排和生态环境保护；更加注重节能减排预警调控，实施园区循环化改造、循环经济示范城市（县）建设等示范工程；更加注重环境污染第三方治理试点建设，抓好生态补偿示范区、生态文明先行示范区建设；更加注重节能环保产业发展，实施重点生态建设和治理工程，加快推进全国碳排放权交易市场建设，开展低碳发展试点示范。

三、新常态下区域经济发展的新要求

经济发展进入新常态，是我国经济发展阶段性特征的必然反映，是30多年高速发展的必然结果，是经济规律、社会规律、自然规律作用的客观体现。全面认识新常态、主动适应新常态、积极引领新常态，既要坚定信心、保持定力，抓住用好新常态蕴含的新机遇，又要高度重视面临的风险和挑战，趋利避害、顺势而为，促进科学发展、可持续发展、包容性发展。新常态下，推动区域经济发展，必须树立全新的战略思维：

1. 打破规模速度情结，更加注重质量效益导向。

经济发展增速换档是世界经济发展的普遍规律，尤其是经济发展由高速增长向中高速换挡再向低速换挡更是经济发展的常态。新常态正成为我国经济发展阶段性特征的基本面。面对经济发展增速换挡、方式转型、结构调整、动力转换，需要客观看待、冷静理性，保持战略平常心。推动经济有质量有效益可持续的发展，要摆脱“速度情结”和“换挡焦虑”，以发展质量效益倒推速度，要求速度必须服从质量效益、服从结构调整，既要走出高速纠结，又要保持合理的增长，让经济运行处于合理空间。要自觉地强化质量效益导向，切实把握好速度、质量和效益的平衡点，既抓住时机加快转调提升质量效益，又要保持一定发展速度，努力确保经济运行在合理区间。要全力推动转型发展，着力调整优化产业结构，推进农业“全链条”提升、加速工业“中高端”迈进、突出服务业“新业态”培育，坚持向结构调整要增长、要质量、要效益，促进产业提质增效升级。要充分发挥企业家队伍才能，加强产权和知识产权保护，依靠人力资本和技术进步推动经济增长，努力做到“调速不减势、量增质更优”。

2. 跳出区域条块分割，更加注重协调协同发展。

经济新常态下，打破地区封锁和利益藩篱，突破以前点状、块状的区域发展模式，推动区域协同发展，已经是大势所趋。应把深化跨区域合作、促进协同发展作为现阶段我国区域发展战略的重点。通过深化大范围、跨区域的经济合作和协同发展，打破阻碍产品和要素自由流动的行政壁垒，不断完善区域分工、优化空间布局、增进优势互补，从而提高资源配置效率，释放经济发展的潜力。

实施区域发展总体战略，要以促进区域协调发展为主线，以缩小地区间发展差距和促进基本公共服务均等化为目标，以改革开放和逐步建立区域协调发展长效机制为保障，着力培育新的区域经济增长极，着力扶持老少边穷地区加快发展，着力促进经济布局、人口分布和资源环境相协调，努力构筑区域经济优势互补、主体功能定位清晰、国土空间高效利用、人与自然和谐相处的区域发展格局。应鼓励各地方在互利共赢的基础上，积极探索建立跨区域合作机制，借鉴京津冀协同发展的政策和经验，加强跨区域合作机制的顶层设计，在深化财税体制改革、构建利益共享机制，协同推进重大基础设施建设、生态环境保护、公共服务一体化等重点项目，为经济平稳健康发展注入新的活力。

3. 破除惯性思维束缚，更加注重释放改革红利。

不同的经济增长方式会形成不同的物质利益和分配格局，在粗放型经济增长方式中形成的物质利益和分配格局会对经济增长方式的转变产生多种多样的阻力。尽管中国经过多年的经济快速增长，已经在一定程度上具备了转变经济增长方式的物质基础和条件，但旧的增长观念和发展思路仍然有较大的影响。因此，保持经济健康可持续发展，要更加坚定地打破惯性思维的束缚、冲破思想观念的障碍、突破利益固化的藩篱，坚持全面深化改革，为经济社会发展注入强劲动力。

深化改革扩大开放，使改革新红利更多转化为发展新动力，要牢牢把握社会主义市场经济的改革方向，使市场在资源配置中起决定性作用；要深化行政审批制度改革，继续推进简政放权，让市场更加有效规范地发挥作用；要加快项目核准制度改革，放宽市场准入，增强市场竞争力；要深化财税金融改革，把投融资体制改革作为重头戏，创新重点领域投融资机制建设，为市场增添新助力；要以结构改革推进结构调整，深化国企改革，发展混合所有制经济。

4. 摆脱传统路径依赖，更加注重科技创新驱动。

旧的粗放型经济增长方式片面追求增长速度，经济发展的主要驱动力来自廉价劳动力、土地、矿产等基本生产要素的投入，主导产业是劳动密集型产业。这是进入工业化轨道的一个首选路径，历史上工业化的国家初期大都如此，因此大都会产生“路径依赖”。在经济新常态下，中国需要摆脱旧模式的窠臼和旧路径的依赖，以“创新驱动增长”取代传统的“投资拉动增长”，打造创新驱动新动力。

实施创新驱动发展战略，要大力培育创新主体，完善企业牵头的产学研协同创新机制，加大对企业创新发展的扶持，引导市场主体联合创新。要加强创新平台建设，加快建设科技企业孵化器，积极建设国家自主创新示范区，形成多点支撑的发展格局；支持新型研发机构发展，推进校地协同创新联盟建设，加强国际创新合作；大力开展引资引技引智，集聚高端创新资源要素。要营造良好创新生态环境，深化科技体制改革，建立完善市场导向的创新驱动体制机制；加大科技创新投入，促进科技与金融、产业深度融合；加强知识产权保护和科技成果转化；实施人才培养引进工程，搞好产业领军人才和服务创新团队的引进和支持。要切实增强创新驱动发展的意识和思维，加强学习型区域、学习型组织建设，学会运用创新理论，提高推进创新驱动发展的能力。

5. 扭转破坏生态老路，更加注重生态文明建设。

传统工业化的迅猛发展在创造巨大物质财富的同时，也付出了十分昂贵的生态环境代价，教训极为深刻。我国许多地方没有处理好经济发展同生态环境保护的关系，以无节制消耗资源、破坏环境为代价换取经济发展，导致能源资源严重短缺，生态环境承载能力基本接近极限。资源环境约束已不允许再盲目追求高速度，必须顺应人民群众对良好生态环境的期待，推动形成生态文明建设新常态。

生态文明建设作为“五位一体”重要组成部分的新战略观，科学破解了经济发展和环境保护的“两难”悖论，提出了保护生态环境就是保护生产力、改善生态环境就是发展生产力的先进理念，是中国特色社会主义事业健康、融合、持续、繁荣发展的“新常态”。

构建美丽中国新思维，找准生态文明建设新路径，实现永续发展新觉醒，要树立生态文明建设战略新思维，确立经济发展与环境保护的辩证思维，正确处理好经济发展同环境保护的关系，走可持续发展之路；要有文明系统构建的整体思维，将生态文明建设融入经济建设、政治建设、文化建设和社会建设的各方面和全过程；要有生态保护的“底线思维”，建立生态红线，不可突破资源环境可承载力；要开拓生态文明制度建设新路径，做到源头严防、过程严管、后果严惩，依法从严治理；要培养生态文明意识，建立制度化系统化大众化的生态文明教育体系，形成生态文明建设新风尚。

第二节 新常态下黄河三角洲区域发展面临的机遇与挑战

作为山东省区域经济发展战略的重要组成部分，黄河三角洲高效生态经济区发展首先具有山东省的共性，也有地方的个性，是共性与个性的统一。我们既要准确把握区域经济发展新常态的普遍性特征、规律和要求，也要科学认识新常态下黄河三角洲高效生态经济区的典型特征，把“黄三角”区域经济发展纳入山东省，乃至全国区域经济发展的整体框架之下，坚持问题导向，深入分析黄河三角洲高效生态经济区经济发展与新常态要求不相适应的地方，敏锐捕捉该地区经济发展在新常态下的新机遇、新优势和新动力。

一、山东区域经济发展有关情况

区域经济发展不平衡，是山东省情的一个明显特征。新常态下，山东区域经济发展面临诸多机遇和挑战。要想实现山东发展的凤凰涅槃，必须把促进区域协调发展放在重要位置，坚定不移地实施好“两区一圈一带”发展战略，下好全省转型发展的一盘棋。对有关山东区域经济发展脉络的梳理，有助于认清、总结区域发展战略的实施情况、成效及经验。

1. 构建起“两区一圈一带”区域发展总体格局。

山东省东、中、西部区域间发展水平差距较大，不平衡现象十分明显，这一特征也是全国经济发展状况的缩影。通过对山东省内各市区的历年竞争力的评估发现，地区经济发展不平衡已逐渐成为制约山东竞争力提高的一大障碍。针对区域发展过程中逐渐显现的发展不均衡现象，自 2008 年以来，省委、省政府逐渐意识到加强分类指导、统筹协调发展，是完善区域战略格局、增强长期发展后劲的必然选择。因此，确定了高点定位、多点支撑、重点带动的“一线三点”强省建设工作思路，把争取国家战略引领和突出山东特色发展紧密集合。国务院先后于 2009 年 11 月和 2011 年 1 月批复了《黄河三角洲高效生态经济区发展规划》和《山东半岛蓝色经济区发展规划》，蓝黄两大区域建设上升为国家战略，为山东加快经济转型发展、培育新的增长极、增强可持续发展能力，提供了重大机遇。

（1）为充分利用山东半岛海洋资源优势，积极推进山东半岛蓝色经济区建设。围绕构建现代海洋产业体系，集中推进了“四区三园”和 18 个海洋特色产业园等园区建设；制定出台了全国第一个海洋产业发展指导目录——《山东省海洋产业发展指导目录（试行）》，推动现代海洋产业迅速发展，形成主营业务收入过 10 亿元的海洋优势产业集群 85 个，其中，50 亿 -100 亿元的 25 个，过 100 亿元的 21 个；规划确定的青岛海洋国家实验室等国家级重大科技创新平台建设顺利推进，科技创新能力显著提升；实施了《泰山学者蓝色产业领军人才团队支撑计划》，引进了一批高端人才。

（2）积极推进黄河三角洲高效生态经济区建设。集中推进了四大临港产业区和8个海洋特色产业园等园区建设；高效生态产业步入快速发展轨道，形成了主营业务收入30–100亿元的企业33家，过100亿元的企业14家；中国石油大学科技园及其“生态谷”等4个国家级创新平台基本建成；完成了“黄三角”发展规划中期评估工作，形成了中期评估报告，以省政府文件报送国家发改委。蓝黄“两区”建设绩效考核、重大课题研究等重点工作全面完成，宣传推介成效显著。2014年以来，蓝黄“两区”各项主要经济指标增幅均高于全省平均水平。

（3）2013年8月，山东省委、省政府立足于补齐“短板”，完善区域布局，顺应6400万中西部人民的热切期盼，先后出台实施了《西部经济隆起带发展规划》与《省会城市群经济圈发展规划》，“一圈一带”建设取得良好开端。省委、省政府成立了由省委、省政府主要领导任组长的省区域发展战略推进工作领导小组，在蓝黄“两区”建设办公室的基础上，组建了省区域发展战略推进办公室，出台了《“一圈一带”发展规划重点任务及重大政策分工落实方案》，设立了20亿元“一圈一带”专项资金，筹集52.4亿元支持区域内交通基础设施建设，召开了省会城市群经济圈第一次党政联席会议，动员媒体对“一圈一带”规划建设情况集中进行报道；各市相继出台实施意见，成立领导小组和办公室，召开动员大会进行部署，济南、莱芜两市组建了济莱协作区建设领导小组及办公室；省直各部门在产业发展、社会保障、城乡建设、交通运输、环境保护、财税政策等方面出台了一系列支持措施。至此，逐渐形成了“两区一圈一带”区域战略全覆盖，开创了独具特色的区域发展新局面。

当前，山东省依托山东半岛蓝色经济区、黄河三角洲高效生态经济区、省会城市群经济圈和西部经济隆起带在内的一系列区域发展战略，深入推进“两区一圈一带”建设，形成了支撑区域经济发展的多重合力。2014年青岛西海岸新区获国务院批复，聊城、菏泽和东平县纳入中原经济区，已开始享受国家中部地区政策，为部分地区重点发展提供了有效保障。“两区一圈一带”区域发展战略的实施对推进山东省经济文化强省建设发挥了举足轻重的作用，取得了明显成效，正逐渐成为推动全省科学发展的战略依托和强大引擎。

2.“两区一圈一带”区域发展战略实施取得积极成效。

自蓝黄“两区”建设上升为国家战略以来，在省委、省政府的领导和国家有关部委的大力支持下，全省各级各部门坚持以“规划”为引领，抢抓机遇，奋发有为，强力推进，蓝黄“两区”建设取得了阶段性重要成果。现代海洋和高效生态经济取得长足发展，科技创新能力明显增强，基础设施支撑作用持续放大，生态文明建设成效显著，呈现出战略效应集中释放、综合实力快速提升和发展格局不断优化的良好态势，成为全省科学发展的强大引擎。2013 年，蓝黄“两区”实现生产总值 28015 亿元、公共财政预算收入 2283 亿元、固定资产投资 19083 亿元，分别比 2010 年增长 36.5%、68.1% 和 79%，年均增速分别高于全省 0.8 个、0.5 个和 0.8 个百分点。我省推进蓝黄“两区”建设和统筹区域协调发展的经验做法，得到了习近平总书记、李克强总理等中央领导同志的充分肯定，被中组部、国家发改委确定为全国区域经济科学发展典型范例。

（1）现代海洋经济跨越式发展。2013 年，全省海洋生产总值突破 1 万亿元，比 2010 年增长 41.4%，总量和增速均位居全国前列，占生产总值的比重由 17.6% 提高到 18.3%。现代海洋产业体系基本建立，主营业务收入过 10 亿元的海洋优势产业集群达到 131 个，其中 50–100 亿元的 25 个，过百亿元的 21 个；海洋装备制造业、现代海洋化工业、海洋生物产业、现代海洋渔业和水产品精深加工业以及海洋运输物流和文化旅游业发展都处在全国领先地位。

（2）高效生态经济加速发展。“黄三角”高效生态产业体系基本建立，主营业务收入 30–100 亿元的企业达到 33 家，过百亿元的企业 14 家，高效生态农业、石油装备制造业、交通装备制造业、轻工纺织业以及现代物流和生态旅游业五大优势主导产业均逐步实现了“由大到强”。

（3）园区集聚承载功能明显提升。把园区培育作为重要突破口，立足特色优势，加快产业聚集，现已培育形成 37 家现代海洋特色产业园，“黄三角”已培育形成23家主营收入过50亿元的高效生态特色产业园区，聊城千亿产业园区、临沂循环经济园区、枣庄市台儿庄文化产业园等中西部地区重点园区建设都取得了新进展。

（4）重大基础设施支撑作用稳步增强。按照“统筹规划、适度超前”的原则，加大交通、水利、能源等基础设施建设，基本建立了综合交通体系、水利保障体系和能源供给体系“三个体系”。交通方面，青岛港董家口港区30万吨级矿石码头和东营港、滨州港、日照港多个万吨级泊位建成投产，海天—青岛铁路和博兴—广饶、小营—滨州港2条地方铁路建成，滨州—德州、烟台—海阳高速公路实现通车，东营机场完成4D级改造工程。水利方面，南水北调东线一期工程山东段全部开工建设，胶东调水主体工程基本完工，千里海堤工程加快推进。能源方面，华电莱州一期、华能威海、宁东—青岛输电工程和日照—东明、黄岛—潍坊等输油管道建成投产，国电蓬莱风电并网发电。

（5）改革开放取得较大进展，科技创新能力不断提高。着力破解体制机制障碍，持续扩大对外开放，释放了蓝黄“两区”经济发展的动力和活力。同时，以“三个一批”为抓手，积极打造全国现代海洋、高效生态领域科技和人才发展高地。目前已基本建成16个国家级科技创新平台，青岛蓝色硅谷核心区建设全面启动并列入《全国海洋经济发展“十二五”规划》，潍坊滨海科教创新园区成为全国第一个在地级市开展的“国家职业教育创新发展试验区”，2013年成功引进了19个蓝色产业高端人才领军团队。

（6）区域发展空间有效拓展，区域融合发展已迈出新步伐。坚持陆海统筹，积极推进土地、海域资源的集中开发和节约利用，实现了未利用地开发、集中集约用海以及“飞地经济”发展的“三个突破”。在区域融合发展方面，建立了“两区一圈一带”各区域联席会议制度，形成了跨区域重大事项集体研究、重点工作协调会商的良好工作机制；以交通、通讯、户籍管理、公共服务、资源配置“五个同城化”为抓手，率先突破区域限制，形成济莱协作区，建设全省区域一体化发展的先行示范区；德州庆云与天津红桥共建红云高新技术产业开发区初见成效，青岛保税港区在乐陵设立功能区，创新了区域融合新模式；注重加强和京津冀、长三角、环渤海地区的合作，主动承接北京教育医疗文化、科研机构、企业研发中心等机构的功能向山东转移，积极争取纳入国家“21世纪海上丝绸之路”、“丝绸之路经济带”战略。

（7）生态文明建设成效显著。牢固树立绿色、低碳、循环发展理念，统筹推进经济社会发展和生态环境保护，较好地实现了能耗排放的持续降低、生态功能的持续提升以及环境质量的逐步优化。近年来，全省新设立4家国家级海洋公园和5个国家级海洋特别保护区，完成成片造林、沿海防护林166万亩、湿地修复38万亩；未利用地开发扎实推进，累计安排补助资金14.7亿元，支持了29个未利用地开发项目，总开发面积89.5万亩，截至2014年6月，已竣工9个项目，完成开发42.2万亩。

3.“两区一圈一带”区域发展战略实施积累的经验。

我省通过实施“两区一圈一带”区域发展战略，深化了对区域经济发展规律的认识和把握，积累了一些有益的经验。比如，“面上推开、点上突破、融合互动”思路的提出，建立了高效的协调推进机制，出台的系列改革举措，一些先行先试的经验等。需要对此进行系统地分析归纳，凝练地总结出几条可资借鉴、并在新常态下区域经济发展实践中继续坚持的宝贵经验。

（1）加强领导、健全机制是坚强保障。省委、省政府对推进实施“蓝黄”两大国家战略高度重视，总揽全局，高点定位，科学谋划，精准指导。成立了高规格的领导小组，设立了11个由省领导同志任组长的重点工作协调推进组；制定出台了蓝黄“两区”规划实施意见，编制实施了蓝色经济区7市区域规划和54个蓝黄“两区”专项规划；积极争取、加强衔接，与国土资源部等20多个部委和单位签订了战略合作协议；制定出台了一系列支持蓝黄“两区”建设的政策意见，设立了20亿元的省级专项资金；建立了体现蓝黄“两区”特色的统计指标体系，开展了规划中期评估和年度绩效评价考核，逐步健全了领导、规划、政策、协调、考核等“五大工作推进体系”。各级各部门以昂扬向上的精神状态和勤奋敬业的工作作风，积极作为、狠抓落实，协同推进蓝黄“两区”建设。实践证明，省委、省政府的坚强领导，各级各部门的密切协作，协调高效的推进机制，形成蓝黄“两区”建设的强大合力。

（2）改革创新、先行先试是不竭动力。改革是红利，区域发展战略也是红利。各级各部门围绕建设国家海洋经济改革开放先行区和全国重要的高效生态经济示范区，在行政区划、经济新区、金融财税、科技支撑、市场体系、土地管理、县域经济、开放型经济等方面，推出了一系列改革新举措，着力构建加快科学发展的体制机制，激发了各类市场主体创新创业的热情，增强了蓝黄“两区”发展的内生动力。实践证明，实施区域发展战略，关键要解放思想、锐意改革，主动作为、敢闯敢试，创造出更多可复制能推广和富有山东特色的区域发展经验。

（3）提质增效、转型升级是主攻方向。蓝黄“两区”把深入实施高端高质高效产业发展战略作为构建现代产业新体系的总抓手，围绕产业链拉长、价值链高端、财税链提升，进一步明确重点，优化布局，调整结构。山东半岛蓝色经济区重点发展现代海洋渔业、海洋生物、海洋装备制造、海洋运输物流等特色产业；黄河三角洲高效生态经济区着力发展高效生态农业、石油装备制造、现代物流和生态旅游等产业集群，培育了一批特色产业发展高地，在转方式、调结构方面取得了积极成效。实践证明，实施区域发展战略，必须按照“凤凰涅槃、腾笼换鸟”的要求，把质效双优摆在中心位置，敏锐把握经济转型发展大势，遵循产业发展规律，立足比较优势，加强科技创新，增强核心竞争力，打造区域经济发展的“升级版”。

（4）面上推开、点上突破是成功之路。省委、省政府统筹谋划生产力布局，重点推进蓝色经济区“四区三园”和黄河三角洲“四大临港产业区”建设，迅速拉开蓝黄“两区”开发建设的总体框架。各市县根据《规划》确定的战略定位、目标任务，有序推进优势产业培育、特色园区建设、未利用地开发、科技创新等重点工作。实践证明，实施区域发展战略，必须统筹做好全面推进与重点突破相结合的文章，强化顶层设计和配套联动，抓住关键环节，集中力量打好攻坚战，形成以面促点、以点带面、协同推进的整体效应。

（5）错位竞争、融合发展是有效途径。蓝黄“两区”《规划》的实施是一个有机整体，区域内各市在产业、科技、资源和人才等方面都有鲜明的特点优势和很强的互补性。省委、省政府积极引导各地立足资源禀赋和产业基础，培植各具特色的产业体系；同时，更加注重统筹协调，做到规划政策统筹衔接、基础设施统筹建设、重大项目统筹布局、要素资源统筹配置、生态环境统筹保护。实践证明，实施区域发展战略，既要实行差异化发展政策，推动错位发展，又要以资源要素为纽带，促进不同地区间的融合发展，强化区域协调联动。

（6）生态优先、绿色发展是基本遵循原则。蓝黄“两区”坚持环保优先，强化节能减排和生态建设。蓝色经济区重点加强对海岸线的修复、保护和监管，大力推进集中集约用海，加快建设各类功能区和自然保护区，海洋生态文明示范区建设卓有成效；黄三角地区牢牢把握高效生态主线，走资源节约型、环境友好型发展之路，加快建立资源开发保护长效机制，积极开展生态补偿试点，成为全国重要的循环经济发展示范区。实践证明，实施区域发展战略，必须正确处理好经济发展与资源环境的关系，实现遵循经济规律的科学发展、遵循自然规律的可持续发展。

二、黄河三角洲高效生态经济区发展有关情况

自 2009 年 11 月黄河三角洲高效生态经济区发展规划批复以来，“黄三角”高效生态产业体系基本建立，高效生态经济加速发展。2014 年，实现地区生产总值 8512.0 亿元，占全省比重为 14.3%，经济区内两个主要城市滨州和东营分别实现生产总值 2227 亿元、3430.5 亿元，占“黄三角”总产值的近三分之二。2014 年全年，完成固定资产投资总额 6030.3 亿元，比 2013 年增加 15.6%。同时，产业结构稳步调整，2014 年三次产业增加值分别为628.6亿元、5002.7亿元和2880.7亿元，增速分别为4.1%、10.3%和8.4%，产业结构由 2013 年的 7.5:59.8:32.7 调整为 7.3:58.8:33.9，第三产业比重进一步提高，但二产主导的格局并未改变。截至目前，“黄三角”高效生态经济区内主营业务收入 30 亿 –100 亿元的企业达到 33 家，过百亿元的企

业14家，高效生态农业、石油装备制造业、交通装备制造业、轻工纺织业、现代物流和生态旅游业等五大优势主导产业逐步实现了“由大到强”，迅速发展。

1. 高效生态农业由大到强。

目前，“黄三角”已建成全国重要的优质粮棉、特色果蔬生产加工出口基地和生态养殖基地，沾化冬枣、黄河口大闸蟹等成为知名品牌。寿光市成为闻名全国的“北方大菜园”，设立了“中国寿光蔬菜价格指数”，建立了全国唯一的蔬菜分子育种平台，蔬菜年销量达600万吨。庆云县中澳集团肉鸭综合生产能力位居全球前列，首创的“公司+标准化农场+农户”的订单式发展经验入选联合国扶贫开发案例。莱州市聚力打造“种业硅谷”，建设登海种业等省级以上良种繁育科技平台14家，新品种繁育水平领先全国。

2. 石油装备制造业由大到强。

“黄三角”目前发展成为全国规模最大、产业集中度最高和科研能力最强的石油装备制造产业基地，研发、制造、服务、内外贸一体的石油装备制造产业体系逐步完善，产值占到全国的45%。东营科瑞集团成长为全国单体最大的石油装备制造企业，营业收入由2009年的15亿元增加到2013年的110亿元，与220多家国际公司建立合作关系，陆地9000米石油勘探装备技术全球第一。

3. 交通装备制造业由大到强。

研发设计、加工制造等关键技术整体水平不断提高，产业规模持续壮大，业内规模以上企业200多家。潍坊潍柴重机引进系列大功率中速船用柴油机生产工艺和装备，功率范围快速延伸至12000马力，是我国唯一拥有船舶动力全系列化中速机产品的企业。乐陵金麒麟集团汽车刹车片年产销量达3000万套，占据国内市场的“半壁江山”。

4. 轻工纺织业由大到强。

造纸行业以林浆纸、苇浆纸一体化为重点，推行循环经济模式，降低能源资源消耗，走出了一条转型发展之路。晨鸣集团跻身全球纸业10强，年纸品生产能力突破800万吨，23个产品填补国内空白，企业经济效益主要指标连续10多年保持全国同行业首位。纺织行业装备工艺改造步伐明显加快，质量效益和行业综合竞争力快速提升。邹平魏桥创业集团着力打造全球纺织航母，成功开发了纯涤强捻纱等特种用途纱线和阻燃腈纶等新型纤维面料，2013年销售收入比2010年翻了一番，连续两年入选世界500强。

5. 现代物流和生态旅游业由大到强。

现代物流业蓬勃发展，建成一批特色物流园区和集散存储加工配送中心，投入运营了广饶物流园、博兴京博物流等现代物流基地。深入实施“黄三角”冷链物流科技示范工程，建设了涵盖农产品生产基地、加工企业、冷链物流、终端消费等环节的物联网管理平台，建立了农产品产销对接系统和质量安全监控追溯系统，促进了三次产业融合发展。生态旅游业突破性增长，建成国家A级旅游景区210处，生态农业游、乡村休闲游和黄河口风景游成为区域性旅游热点。

6. 依托四大港口，临港产业区快速崛起，对地区经济形成带动作用。

目前，“黄三角”各市依托港口和铁路交通干线，大力发展临港物流和现代加工制造业，产业集群式发展态势逐渐明显。东营、滨州、潍北、莱州四大临港产业区已进驻中海油等企业1300多家。东营港经济开发区总投资超过1000亿元，生产总值比2009年翻了四番，财政收入增长了10倍。莱州临港产业区规划了总面积100平方公里的南北两个起步区，积极发展现代物流、机械制造等产业，目前在建的过亿元项目50多个，黄金百吨加工基地等项目建成投运。

三、黄河三角洲高效生态经济区区域经济发展存在的主要问题

1. 规划导向效应亟待进一步发挥，持续推进力度亟待进一步加大。

有的地方还没有彻底摆脱传统观念和路径依赖，比较看重国家战略“金字招牌”带来的政策优惠，而对于如何按照《规划》确定的方向目标，做好与本地实际结合的文章还不够，视野不够开阔，办法不够多，在实现工作指导重大转变上还应下更大气力。《规划》确定的一些约束性指标，有的还没有得到很好地落实，有的落实进度较慢，全面完成《规划》目标还需要付出更大努力。同时，鉴于目前黄河三角洲高效生态经济区建设已进入攻坚克难、纵深推进、发挥效益、形成示范的新阶段，面对新形势、新任务和新格局，有的地方和部门对蓝黄“两区”建设的长期性、艰巨性认识不够充分；与《规划》实施初期相比，推进区域战略实施的劲头有所放松，主动进取的意识有所淡化；特别是在经济转型发展、重大政策事项落实等方面，迎难而上的闯劲不足，爬坡过坎的勇气不够。

2. 产业结构不合理，产业升级步伐亟待进一步加快。

从横向看，产业布局相对分散，聚集度不高，区域间产业同构、竞争同质问题不同程度地存在；从纵向看，龙头企业带动力不够强，大企业嵌入式分布的特征依然比较明显，产业链条偏短，关联度不高。从科技创新看，不少企业研发投入不足，缺乏核心技术和自主知识产权，精深加工比例偏低，高附加值产品不多，科技成果转化能力不强，需要加快建立健全以企业为主体、市场为导向、产学研相结合的技术创新体系。

同时，在国家战略的带动下，黄三角地区石化产业迅速发展，该行业在地区经济结构中的占比较大，对高效生态提出严重挑战。目前，仅东营、滨州、潍北、莱州四大临港产业区已经形成石化、盐化等几个千亿级产业集群。据统计，东营市石化产业形成从油头到化尾的循环产业链，原油一次加工能力达到 4000 万吨，2013 年东营市轮胎产业产值也超过千亿元，产能达到 1.7 亿条，占全国产能的四分之一。另外，该市 2013 年石油装备

产业实现产值836亿元，约占全国的三分之一，成长为全国最大的石油装备制造业基地。潍坊市依托中化弘润石化、中海油石化盐化一体化等项目，培育形成千亿级石化盐化产业链。较高的重工业比重对能源消耗、环境等均有不利的影响。

3. 综合交通体系亟待进一步完善。

目前，各地交通基础设施建设相对滞后问题尤为突出。黄河三角洲高效生态经济区内重大交通基础设施，虽然建设起步较早但标准不够高，网络密度较大但运输能力不强，运输方式齐全但衔接不够紧密，网络骨架初具但发展不够平衡；客货运量较大但结构不尽合理。这与区域一体化发展和扩大对外合作的要求相比，综合交通运输体系建设的任务仍十分艰巨。

4. 重点领域改革亟待进一步深化。

依托国家战略政策优势，一批重大改革事项取得了新的进展，但对照国务院批复精神和省委、省政府全面深化改革的部署，仍有一定差距。特别是在加快政府职能转变、简政放权、创造国内领先的营商环境等方面，引领示范作用还不够强；推进《规划》实施更多地倚重政府主导作用，综合运用经济、行政、法律手段的办法不够多。

5. 资源、环境与生态问题依然严峻。

黄三角地区石化等重污染型产业比重较高的现实，对构建高效生态经济区构成巨大挑战。目前，山东省省控及以上重点监控企业中黄三角地区重点废水监管企业95个，重点废气监管企业123个，分别占全省的14%、12.9%，污染企业数目众多给监管造成很大困难。同时，据2015年环保部组织完成的对2014年度各省、自治区、直辖市和八家中央企业主要污染物总量减排的核查结果显示，滨州几乎所有新项目被叫停，原因是该市减排约束性指标中，水污染物氨氮、大气污染物二氧化硫和氮氧化物减排均没有完成。高效生态经济区建设对节能空间的进一步压缩以及重化工业为主的经济结构对节能任务的挑战，使资源、环境与生态问题日益凸显。

6. 区域融合亟待加强，协调联动发展效应还不够大。

《黄河三角洲高效生态经济区发展规划》实施以来，省级层面建立了党政联席会议制度，许多城市间也签订了合作框架协议，对话协调机制基本形成。但在具体工作中，各城市间在发展规划、生产力和重大基础设施布局等方面衔接不够。比如，部分沿海港口存在功能重合、无序竞争的现象；资金、技术、土地等生产要素在不同行政区域间流通不够顺畅，统一开放、竞争有序的现代市场体系尚未完全形成；核心城市龙头辐射带动作用不够明显，各城市间分工协作不够紧密。

（1）区域一体化带来被“边缘化”的挑战。“长三角”“京津冀”给山东带来了借势发展、实现转型的机遇，同时也带来了异常严峻的挑战和必须直接面对的发展压力。京津冀都市圈作为新的经济重心和新型城镇化重点区域，已经得到中央政策的高度倾斜，将产生极大的极化和吸引效应。苏沪浙一体化发展越来越深入，要素整合的力度和利用效率越来越高，制度领先优势越来越突出。未来长三角扩容和京津冀一体化取得实质性突破后，黄河三角洲高效生态经济区甚至整个山东省都将面临两大经济圈的“双向挤压”，在区域经济辐射带动格局中，既难以接受珠三角经济圈的直接辐射，也难以分享长三角经济圈的直接带动作用，而京津冀一体化仅将山东省的德州市纳入其中，大部分被排除在外，一度形成了自成体系且相对封闭的“山东板块”现象。在环渤海经济圈特别是天津滨海新区大开发中，又面临资源被“抽离”的风险，处于被国内主要经济区边缘化的尴尬境地。

（2）区域协调联动效应难度较大。“黄三角”同时面对省外重要区域和省内多方面竞争。目前，山东省内部已基本形成包含黄河三角洲高效生态经济区、山东半岛蓝色经济区、省会城市群经济圈以及西部隆起带四大板块的发展格局。其中，山东半岛蓝色经济区的一体化进程较快，其他三个地区由于起步较晚，一体化进程相对滞后。这种态势在整体上制约着山东省省域经济的一体化进程，更对整个区域协调联动效应的发挥形成较大制约。这种情形下，区域之间争资金、争项目的态势将更为剧烈，国家战略的政策优势将不复存在。此外，以沿海开发为例，由于海岸线跨多个地区，而很多相邻县市在发展战略上趋于相同，使得不合理的竞争加剧，部分沿海港口存在功能重合、无序竞争的现象；资金、技术、土地等生产要素在不同行政区域间流通不够顺畅，统一开放、竞争有序的现代市场体系尚未完全形成。核心城市龙头辐射带动作用不明显，各城市间分工协作不紧密等问题较为突出。

7. 市场配置资源作用还不够好。

探索建立秩序良好、交易成本低下、运转良好的市场经济体系是“新常态”背景下制度改革、完善和细致化的重要内容。但是黄三角地区甚至整个山东省向来都以稳健保守著称，领先改革和自主创新的能力都偏弱，市场配置资源决定性作用以及政府职能的发挥受到各种挑战，改革背景下的营商环境亟需优化。

（1）放松政府管制所面临的挑战。放松政府管制并不意味着放任市场发展，而是对政府提出了更高的监管要求。更好的维护市场秩序，发挥市场在资源配置中的决定性作用，要求政府监管的方式、方法都要发生改变。一直以来，包含黄三角经济区的整个山东省大多处于“强政府、弱社会”的状态，形成了政府强势的态势，政府长期形成的工作理念与工作方法，在短期内无法改变，造成相对滞后的状态。

（2）金融改革的挑战。整个山东省的金融发展环境相对滞后，新常态下金融改革面临的挑战主要来自三个方面：一是山东以重化工为主的产业结构和以国有经济为主的经济结构制约了现代金融业的发展和现代金融体系的建立；二是区域性和地方性的制度体系产生了明显的金融抑制；三是地方决策者对金融业的发展缺乏战略与执行。

（3）深化国有企业改革的挑战。随着企业规模的不断扩大和国内外市场环境的深刻变化，机制不活、职责不清、墨守成规、反应迟缓的大企业病逐步显现，国有企业遇到了前所未有的困难和挑战：一是省管企业产业布局问题，黄三角地区传统产业比重大，石化、煤炭、钢铁等资源类企业效益不佳，特别是近期资源型企业产品价格大幅下滑侵蚀企业利润；二是国资结构在分布上还不太适应现在形势的需要，能源、原材料、重工业领域以及高污染、高排放企业比较多，新型绿色环保型企业较少，面临严重的环保、民生压力。随着全国自上而下推行国有企业改革的各级政策出台，黄三角地区面临深化国有企业改革的挑战。

四、新常态下黄河三角洲高效生态经济区面临的新机遇

新常态下，黄河三角洲高效生态经济区区域经济发展中既存在消极不利因素，更蕴含着各种积极变化因素，两者交织并存，机遇大于挑战。全面了解和充分把握新常态下我国区域经济发展的新动态、走势和格局，有助于挖掘黄三角地区经济发展的新优势，抢抓新机遇，实现顺势而为、乘势而上。只有发现、捕捉、把握新常态下的新机遇，才能推动黄河三角洲高效生态经济区区域经济转型发展。

1. 抢抓重大区域战略部署的机遇。

区域经济一体化加深给黄三角地区经济发展带来重大机遇。无论国家层面重点实施的“一带一路”、京津冀协同发展、长江经济带、山东半岛蓝色经济区几大战略，还是省级层面确立的“一圈一带”等，都对加快黄三角经济区尽快融入国家重大区域经济战略，尽快形成融合发展提供了重大机遇。国家有关重大区域战略部署的出台，力图从更大空间范围内整合区域资源、促进分工协作和优势互补，改变了原来各区域之间竞相通过出台区域规划上升为国家战略而带来的区域规划碎片化和盲目攀比现象。加大地区经济、社会开放水平，抓住合作发展机遇，对于黄三角地区而言具有重要意义。

（1）区域合作带来的体制改革机遇。

长期以来，以地方政府之间相互竞争构成的行政区经济成为区域增长的主要模式。随着区域一体化的进程不断加快，区域合作的要求愈来愈强烈，传统的行政区经济模式阻碍了一体化的发展。一直以来，山东省区域内部一体化进程缓慢，在很大程度上受制于行政区经济模式，随着合作的广度和深度不断扩展，给山东破除体制障碍提供了良好的机遇，黄三角高

效生态经济区作为重点发展地区，也将迎来巨大的体制改革机遇。

（2）区域合作要求基础设施一体化推进的机遇。

行政区经济的一个主要弊端是地方政府的短视性，导致那些能带来区域公共收益产品提供的匮乏。以基础设施建设为例，在地方政府各自为政的体制下，那些跨区域的大型基础设施的建设如山东沿海高等级公路等相对迟缓，这在很大程度上制约了区域一体化的进展，也影响黄三角高效生态经济区与其它经济区的融合发展。当前，国家和省级层面大力推动区域合作发展，将在新的框架下推进区域公共产品供给的方式，对黄三角地区而言，是很好的机遇。

（3）区域合作带来产业结构与布局的重新调整。

产业结构与布局的重新调整是与产业转移密切相关的机遇。多区域合作由于扩大了市场的范围，大大突破了原区域在地域上的限制和经济条条框框的制约，形成了新的产业规模化与地域化。其结果必然带来产业结构的重新调整和产业布局的重新安排，使生产力的布局趋于更加科学合理，以适应新的区域市场格局变化，保持良好的市场运行态势。就黄三角经济区而言，长期以来形成的封闭经济及滞后的产业结构和空间布局，可以通过加强区域合作得到解决。

（4）区域合作带来环境的改善与优化。

多区域合作是建立在平等、自愿、互惠与互利原则上的合作，它不是无代价的，而是以资本、技术、资源或地域等为条件的，即以环境为支撑的。因此，环境的改善与优化并使之保持良性循环不仅是多区域合作的基础，也是多区域合作带来的新机遇。以德州市为例，国家发改委初步提出将德州列为京津冀一体化城市，与首都经济圈共谋合作发展。德州市主要功能为打造优质农副产品供应基地、产业转移承接基地和生态屏障。

2. 抢抓深入实施创新驱动发展战略的机遇。

“新常态”下，中国经济将从“要素驱动、投资驱动转向创新驱动”。“创新驱动、转型发展”将是经济社会发展的内生性要求。2015 年，国家出台了《关于深化体制机制改革加快实施创新驱动发展战略的若干意见》（中发〔2015〕8号）提出“营造大众创业、万众创新的政策环境和制度环境”，为正处于经济转型发展关键时期的黄三角地区坚定不移地落实创新驱动发展战略，增创科技支撑新优势提供了机遇。近期，山东省在推动以科技创新为核心的全面创新，促进科技成果转化，加快发展的动力转化等方面制定了相应的意见及有关配套政策措施，这有利于黄三角地区充分发挥科技创新资源富集的优势，深化体制机制改革，大幅提高创新资源配置效率，推动形成可持续发展的新格局。

3. 抢抓构建开放型经济新体制的机遇。

与先进省市相比，山东省开放意识还存在不足之处，开拓精神还不够，不能够充分利用国内国际两种资源、两个市场，大力发展开放型经济，黄三角地区也不例外。当前，黄三角高效生态经济区内各地存在“引进来”与“走出去”管理失衡问题，对利用外资普遍保持较高热情，而对于创造条件，推动企业“走出去”的积极性不高。投资准入限制依然较多，受制于省内大环境，目前尚未实行“准入后的国民待遇”，对外商投资准入尤其是服务领域的投资准入仍有较多的限制，这在很大程度上影响了地区服务贸易的发展。行政审批环节复杂，目前在投资、贸易便利化方面还存在诸多问题。平台载体建设滞后，开发区管理体制滞后、中介服务平台支撑保障能力不足等问题严重制约了开放型经济的发展。

此外，国家自由贸易区战略的深入实施，“一带一路”、中韩中澳自贸区建设加快推进以及多边双边及区域经济合作不断强化，黄三角高效生态经济区内地市离日韩距离较近，有助于推进中韩、中日韩、中澳、区域全面经济伙伴关系（RCEP）等自由贸易协定谈判，有利于山东省发挥陆海统筹和战略支点优势，依托良好的产业配套条件、相对成熟的投资环境和稳定的经济增长趋势及潜力，为黄三角地区抢抓与周边地区互联互通条件加快完善的机遇，为在更广领域、更深层次、更高水平上参与全球经济竞争与合作提供了重大机遇。

4. 抢抓国家宏观调控的机遇。

新常态下，我国经济发展进入“中高速、优结构以及创新驱动”的发展阶段，国家为应对经济下行压力持续加大和各种不确定性因素带来的冲击，创新宏观调控思路和方式，全面深化改革，坚持区间调控、定向调控，把经济工作着力点放到转方式调结构上来，逐步增强战略性新兴产业和服务业的支撑作用，积极培育新的增长点，努力保持稳增长和调结构之间的平衡。尤其党的十八届三中全会通过的《中共中央关于全面深化改革若干重大问题的决定》（以下简称《决定》）确定了未来一段时间，全面深化改革将成为经济社会转型的重中之重，一些重点领域，如国有经济、民营经济、金融以及社会管理等领域的改革举措，构成山东省经济发展潜在的重大利好。

（1）国有经济改革带来新的发展机遇。

以市场化、国资资本化、混合所有制改革等为标志的新一轮国有经济改革的大潮即将来临。党的十八届三中全会通过的《决定》对全面深化国资国企改革做出了新的部署，也为地方改革指明了方向。黄三角地区工业企业比重较高，较多石油装备、钢铁、化工等企业带有国有企业成分。据统计，仅潍坊市有国有企业 275 家，集体企业 1572 家，国有大型企业如潍柴动力、海化集团、晨鸣纸业、福田雷沃重工、潍坊钢铁集团、寿光巨能电力、昌邑石化、联盟化工、北汽福田诸城厂、亚星集团、海龙股份等，都规模较大。国有经济改革工作的推进，将对黄三角地区经济带来新的发展机遇。

一是国企改革可进一步提升黄三角地区国有经济实力。通过改革一方面可以放大国有资本的功能，扩充增量资本，实现资金大规模地聚合；另一方面，也能够促进资产的流动，盘活国有资产存量，优化存量资本，退出低效资产，更多地提升资本的运用效率；最后，国企改革有利于促进国有企业的市场化进程。

二是国有企业改革为民营经济发展创造了良好的发展空间。整个山东省内民营经济发展相对落后，这一现象在黄三角地区表现也十分突出。通过国有企业改革，尤其是发展混合所有制，一方面可以让更多的民营资本进入国有经济涉足领域，在优化国有资本结构的同时，也为民营经济的发展创造了良好的发展空间。

三是国有企业改革是实现经济转型的重要机遇。国有经济是黄三角地区经济的重要组成部分，国有企业主要分布在资源型行业以及一些产能过剩的行业，如果没有国有企业的支撑，经济就难以获得持续的高速发展。黄三角地区只有加快推进国有企业的转型升级，才能有效实现经济“转、调、创”的发展目标。

（2）放松管制，激发民营经济发展活力。

尽管山东省民营经济已经有了很快的发展，但与全国平均水平还有一定差距，民营经济占山东经济总量的比重比全国少 5 到 6 个百分点。“简政放权、放松管制”等改革举措，为山东民营经济的进一步发展创造了良好的外部机遇，黄三角地区民营经济已经有了较快发展。早在 2011 年，黄河三角洲地区共有 16 家企业入选中国民营经济 500 强，占山东省总企业数的 39%。但整体来看，民营经济发展与全国平均水平还有一定差距。黄三角高效生态经济区发展规划并未对民营经济发展提出特殊优惠，但就山东省而言，围绕民营经济的发展出台了一系列的政策和措施。一是加快了行政审批改革的步伐，由省发改委牵头完善了《政府核准投资项目目录（山东省 2013 年本）》，减少了审批事项，完善了电子政府系统，建立了综合审批平台，提高了审批效率。2014 年又由省编办牵头制定和完善省直部门行政审批目录。二是在引导投入方面，政府先后出台了《关于促进和支持民间投资发展的意见》《关于促进民营经济加快发展的意见》，制定了《山东省人民政府关于鼓励和引导民间投资健康发展的实施意见》等，制定了关于加快民营经济发展的减税、免税等税收政策，制定了关于支持民营经济发展的担保、信贷、融资等方面的政策。三是在市场准入方面，围绕打造良好的市场环境，省工商局牵头制定出台了《山东省工商局关于进一步发挥职能优化市场环境的意见》，提出了降低市场门槛的 30 条意见，完善了工商企业登记注册办法等。在民营经济准入领域和准入门槛方面，有了较大的突破。

（3）金融改革促进金融业转型升级，服务实体经济的能力进一步提升。

自2013年郭树清担任山东省省长以来，山东金融改革掀开了新的篇章。山东省出台了多项金融改革方案，并专门成立了山东省金融改革发展领导小组，由省长任组长。改革的力度之大，前所未有。同年8月，山东省政府发布《关于加快全省金融改革发展的若干意见》，为改革指明了具体方向。金融改革工作的持续推进，为黄三角地区实现金融业转型升级，提高金融服务实体经济能力创造了良好机遇。

一是有利于金融意识的增强。通过一系列金融改革政策的出台，通过一系列的会议活动、教育培训，社会金融意识普遍增强，在经济发展中金融先行的理念逐步为各级党政部门所接受。

二是有利于创建民间资本更好发挥作用的平台。2013年7月，国务院发布《关于金融支持经济结构调整和转型升级的指导意见》，提出扩大民间资本进入金融业是盘活存量的重要措施。2012年3月，山东省政府发布了《关于促进民间融资规范发展的意见》，强调积极引导民间资本投向符合国家产业政策的实体经济，鼓励支持民间资本参与地方金融业发展，同时选择东营、临沂等地开展引导工作试点。2012年东营黄河三角洲民间借贷服务中心成立，为省内首家挂牌成立的民间借贷服务中心，为民间资本规范发展提供了有效指引。

三是促进金融监管体系的进一步完善。地方金融监管机构的完善，为下一步地方金融业实现大发展的重要基础，改革措施的推进有助于对全省金融业的转型升级创造良好的外部环境。

四是金融改革有利于提升金融业服务实体经济的水平。金融改革进一步拓宽了企业投融资渠道，围绕实体经济需求，优化信贷资源配置，加大对重点在建工程、中小微企业和“三农”等领域的信贷投放。这些措施都可以促进实体经济的发展。

（4）社会改革带来的发展机遇。

十八届三中全会《决定》提出，“实现发展成果更多更公平惠及全体人民，必须加快社会事业改革，解决好人民最关心最直接最现实的利益问题，努力为社会提供多样化服务，更好满足人民需求”。社会改革为黄三角地区带来了加快社会转型，完善社会保障体系，提升社会治理能力的机遇。

一是加快社会转型。黄三角地区是传统的农业社会，制约着经济社会的转型。通过改革，可以进一步改变城乡二元形态，促进市场化进程。二是完善社会保障体系。社会保障是逐步完善的过程，《决定》就建立健全社会保障体系，推进社会事业发展指明了方向。三是社会治理能力的提升。社会改革必然带来相应的治理模式和治理能力的转变，《决定》提出国家治理体系治理能力的现代化，对黄三角地区而言也是提升社会治理能力重要机遇。

（5）抢抓“四化同步”发展的机遇。

新常态下，我国仍处于区域经济协同发展，农业现代化、工业化和城镇化不断加速推进的时期，“四化同步”的提出为构筑山东经济社会的协同发展提供了巨大机遇。

十八大报告明确提出“四化同步”发展是今后中国发展的一个主要原则和思路。“四化同步”发展不仅是对过去经济增长模式的纠正，更是阐明了提升经济增长质量的基本原则。“四化同步”发展首先是一种均衡发展，要求农业、工业、城镇化和信息化之间相互服务、相互支持、协调推进；其次是一种内涵式发展，不仅要求农业和工业实现现代化，城镇化和信息化实现高质量，更要求以高水平支持的产业发展来促进城镇化，展现出了以城镇化质量提高为核心目标的中国经济发展的努力方向。

黄三角经济区内各地市经济体系比较完整，三次产业发展比较均衡，农业现代化已经具备了一定基础，工业化正在升级，城镇化质量正在提高，信息化正在推广。但是农业产业化受制于盐碱地较多、农地分散经营、组织化水平有待提高、科技层次不高、信息化利用有限等因素，离农业现代化还有着很大的差距。工业化则存在结构偏重型、资源型居多、能耗高和环境影响大的问题。城镇化存在土地城镇化快于人的城镇化的现象、存在城镇土地利用效率不高、公共服务和基础设施不全不强等问题。信息化存在应用范围不广、层次不高、技术人才缺乏等问题。

“四化同步”发展的高要求将成为黄三角经济区未来发展的新机遇。“四化同步”发展能够为黄三角地区经济的均衡发展和更高质量的发展打开新空间、新思路。充分利用信息化对工业、农业、服务业和城镇进行改造升级，利用农业、工业和服务业的发展为人的就地城镇化提供就业和经济基础。四化同步发展有助于解决农业不强、工业偏重、城镇化质量不高、信息化应用层次较低的问题。通过土地流转集中和科学技术的广泛使用，全面提高农业的生产效率，推动农业向规模化、科技化的现代化方向发展，集中节约的土地用于工业和城镇建设。通过信息化、循环化、低碳化提高工业的附加值，降低能源和资源消耗。建设智慧城镇，消除进城壁垒，全面提高土地利用效率的同时强化公共服务和基础设施建设，加快人的城镇化进程。信息化在产业提升和城镇化发展中得到充分利用，就自然有了规模化利用和高质量的利用的空间。

第三节 新常态下黄河三角洲区域发展的方向和重点

一、区域经济转型的发展思路

面对新的机遇与挑战，新常态对区域经济转型提出了新的要求，转变势在必行。我们认为，应从四个方面确定发展的思路。

1. 区域发展的思维方式要转变。

对各级政府而言，首先要破除发展的速度情结。新常态下，发展追求的是多重目标，是一个由量向质转变的过程。这个过程必然要求处理好经济发展、社会进步、生态环境保护之间的关系。这种情形下如何统筹发展、协调发展，对政府调控能力是一个严峻的挑战。其次，竞争方式要转变，多领域的合作要进一步加强。一直以来地区之间的竞争表现为要素争夺、市场分割保护以及招商引资的竞争。在当前市场一体化进程加快、要素充分流动、资本相对充裕的背景下，竞争更多的应转向营商环境的创造与维持。未来的竞争也必将是政府服务经济能力的竞争。此外，在非经济领域，诸如社会矛盾处理、跨区域生态治理等方面，要求政府之间要实现高效、有序的合作。对市场主体而言，要意识到传统上依靠负外部性，实现“低成本、高收益”的模式已不可复制。未来，企业将在环境、生态等方面有较高的成本增加，这是不可逆转的一个发展态势，尤其对一些传统行业（对环境、生态有较高要求）利润空间将进一步压缩。外部环境的变化，也必然会要求企业改变之前的盈利模式。

2. 区域发展的动力要升级。

首先，由政府强势推动向市场主导转变。黄三角地区经济发展呈现明显的“强政府、弱市场”的特征，政府干预明显。当然，这说明政府驾驭经济的能力较强。但正是政府的这种强势的地位，在很大程度上制约了市场意识的建立，反而强化了市场主体依赖政府的心理，严重影响了市场的培育，使得市场在资源配置方面的能力相对较弱。我们应该意识到，政府能力不应体现在市场功能的替代，而是作为补充，为市场培育、市场稳定创造条件并对市场失灵实施较好的救济。

其次，发展要由要素投入向有效创新转变。依靠要素的高投入换取较高的增速，是我国长期形成的发展模式，并非某一地区所特有，但改变这种模式是新形势下的必然要求。相较于兄弟省市内的经济区，黄三角地区的创新驱动发展较为缓慢，这受限于长期形成的经济结构，短时间转变相对较难。这种情形下，应强调增量创新，在新的领域、新的行业率先发展，走出一条特有的创新之路。

最后，区域发展要由“单打独斗”向高效合作转变。地方利益的存在，使得“单打独斗”成为常态，而新常态要求改变这种格局。合作的前提是共赢，共同利益的存在使自发的合作成为可能，所以要在有共同利益的领域加快合作。对于那些外部性较强，而又必须合作完成的领域如跨区域基础设施建设、河流污染治理等，需要上级政府统筹、协调，建立推动合作的体制机制，加快相关平台的建设。综上，区域发展动力的升级要求上述三个转变，而转变的实现均要通过改革才能实现。全面推进各领域的改革是未来一个时期贯穿政府工作的一条主线。

3. 区域发展的重心要突出。

不平衡性是区域发展的常态，这是由空间异质性决定的。这种异质性决定了区域发展有其特有的规律：那些地理条件优越，区位优势明显的地区率先发展，资源丰富的地区也发展较快，没有区域优势的地区往往发展较为缓慢。但地区发展也符合经济发展的一般规律，都将经历工业化的进程，这表现为经济发展阶段在时间上的继起，而空间异质性则使得各个阶段在空间上并存。发展阶段在“时间上继起、空间上并存”使我们对地区发展有了一个准确的二维定位。

就“黄三角”地区发展的现状而言，应继续按照规划要求，扩大中心城市规模，按照建成最适宜于人类创业和居住城市的总体要求，着力提升东营和滨州区域中心城市形象，加快发展潍坊北部新城，促进资金、技术和人才集聚，增强中心城市的辐射和带动作用；积极发展县级城镇，在壮大县域经济实力的基础上，逐步强化县城建设，膨胀城市规模，配套建设道路、通信、供电、供水、垃圾处理等基础设施，加强教育、金融、文化、卫生、体育等设施建设，改善发展环境和支撑条件；集约发展小城镇，根据区位、人口和资源条件，结合社会主义新农村建设，统一规划布局，强化产业支撑，加大道路、给排水、环境整治、垃圾处理、信息网络等公用设施和科技、教育、卫生等事业的投资力度，依托港口、大型企业、重点园区、交通要道、重要商品集散地、风景旅游点等，集约发展一批地域优势明显、集聚和辐射功能较强、特色鲜明的工业重镇和农村新社区；加强乡村建设，强化基础设施建设向农村倾斜，重点加大对农村道路、饮水安全、农田水利、教育、医疗卫生、能源、信息、文化、体育、气象服务网络等设施的投入。

4. 区域发展的框架与方向要稳定。

明确的发展方向，清晰的发展框架是提升凝聚力、形成合力的前提，是形成稳定预期，降低不确定性的重要内容。政府行为是经济发展过程中外部环境的重要组成部分，政府是市场守护人而不是市场参与者。当政府行为有迹可寻、不朝令夕改时，就会在市场主体心中建立稳定的政府预期，从而提升市场信心，激励各类要素向发展方向确定的地区流动，促进地区发展。

二、区域经济转型的方向：坚持统筹融合，构筑协同发展新优势

1. 以主体功能区规划为主导，具化地区功能定位。

区域发展应以功能要求来定位，这是区域发展的前提与基础。根据资源环境承载能力、发展基础和潜力，着眼于充分发挥比较优势，按照高效与生态相统一、发展和保护相一致、人与自然相和谐的原则，结合自然资源的组合特点，严格按照重点开发区、限制开发区和禁止开发区三类功能区对黄三角地区进行合理发展规划。对重点开发区域，以港口和铁路交通干线等为依托，以大型化工基地、能源基地、物流基地为重点，着力在四大临港产业区和各类开发区，距海岸线10公里以外的成片荒滩盐碱地等区域发展生态产业和循环经济。对限制开发区域，浅海滩涂区要充分考虑区域生态环境脆弱、环保要求较高的实际，适度发展养殖业，有序发展原盐业，加快发展滨海旅游业，合理开发滩海油田、风能和海水淡化，严禁发展污染严重的重化工业，限制设立海洋倾废区；高效生态农业区要依托区域资源和龙头企业，努力调整种植养殖结构，大力发展高效、生态、观光、安全农业，着力培养具有突出优势和生态适应性的优质名牌农产品。对禁止开发区域，农业保护区要严格保护基本农田，稳定耕地面积，着力发展特色农业，严禁其他产业挤占农业用地；水源地保护区要高度重视河流源头、沿岸水源涵养和库区保护，严禁发展高污染产业，限制城镇建设和人口集聚；生态自然保护区要重点发展东营国家级自然保护区内的生态旅游业，适度开发绿色食品和立体林业，在海岸线自然保护带，搞好浅海护养，重点发展滨海旅游、生态旅游、绿色种植业、健康养殖业等，在沿黄河和沿小清河自然生态保护带，加强人工造林，重点发展优质粮棉、畜牧、林果等高效生态农业和生态旅游业。

2. 加强基础设施互联互通。

重点是统筹推进交通基础设施建设，突破互联互通瓶颈。按照《山东省综合交通网中长期发展规划 (2014—2030 年)》的要求，统筹区际、城际、城市、城乡交通网络、各种运输方式以及主要通道与综合枢纽协调发展，将城市轨道交通、地面公共交通、市郊铁路、私人交通等设施与干线铁路、城际铁路、干线公路、机场等紧密衔接，做到市市通快铁、县县通高速、民航全覆盖，实现公、铁、水联运并提高综合衔接能力，突出解决“分散建设，衔接不够”的问题。加快济南至东营等在建高速公路建设进度；加强城市轨道与机场、高速铁路站、公路枢纽有机衔接。

3. 产业协作发展。

为缓解土地要素使用紧张，供求结构性失衡的态势，积极发展飞地经济，健全税收分成，强化供地保障，探索其有效实现形式。总结黄三角地区成功案例经验，破除资源配置障碍。依托国家战略优势，从战略规划、供地用地、园区管理、收益分配、组织协调等方面创新体制机制，破解制度障碍。战略规划层面，规划区内“飞地经济”发展规划。土地政策方面，组建用地指标交易市场，加强交易监管。园区管理方面，构建“一区多园”“多园联动”的“飞地”园区组织体系。收益分配方面，对于园区内土地出让收益，可由“飞地经济”合作双方协商或按照投资比例分成；对于国内生产总值、固定资产投资、工业增加值、外贸进出口等统计指标的分配，可由双方政府共同商定分配比例。

4. 扩大对内对外开放。

积极融入“一带一路”、京津冀协同发展、环渤海地区融合发展等国家战略，建设好中韩地方经济合作示范区，提升“黄三角”各地市在山东省开放总体格局中的地位和作用。扩大开放是促进改革和加快产业升级的动力源泉。必须抓住“一带一路”战略实施和中韩、中澳达成自由贸易协议的机遇，不断提高参与国际竞争与合作的能力。“黄三角”地区应充分利用地理位置距离日韩较近，以及环渤海建设四大港口的优势，努力打造对外开放新优势，加强与周边省份的互联互通。

三、区域经济转型的重点

1. 多措并举，重点带动，形成区域经济集聚发展态势。

“黄三角”区内四大临港产业区要发挥后发优势，加快相关基础设施建设，按照港产城联动的思路，推动港口、产业、城市一体化发展，切实成为“黄三角”地区经济的重要支撑。此外，要加快各类开发区、高新区、工业园区转型升级方案的实施，以建设千亿级园区推动晋档升级。结合园区发展实际，强化政策引导和要素集聚，精选一批个头大、前景好的产业大项目对接世界500强企业、跨国公司、著名央企，培育具有优势的“千百亿”级特色产业集群，以建设特色园区推动转型升级。

2. 突出特色发展，错位竞争，增强区域互补性。

推动普惠性政策向专业性政策转变。首先，现行很多政策具有普惠性特点，导致多点发力，政策效果不显著。鉴于此，应减少制定“胡椒面式”政策，而应集中一点，增强政策的针对性、精准性。其次，政策导向应更多地“雪中送炭”而非“锦上添花”。以打造专业化、特色化园区为理念，科学规划园区布局，形成“一区多园”的发展格局。以创新体制机制推动科学发展，加快体制机制创新，打造发展制度优势。一方面要加大激励，在干部使用、薪酬机制上拿出切实措施，促进优秀人才向园区集中，增强开发区发展内生动力；另一方面要理顺体制机制，深入落实区辖镇（街、村居）的管理体制，下放各项管理权限，赋予开发区相对独立的事权和人权，形成开发区便捷、高效的服务支撑体系。

强化黄三角地区内各地市之间的合作联动、整合资源能力。新常态下区域均衡发展的要求使增强区域之间的协调性成为必然选择。未来，应逐步增强黄三角地区各地市在空间上的有效、无缝对接，促使要素流动更为畅通。把握投资方向，引导社会资金投向符合国家产业政策的领域和政府鼓励类项目。加大对基础设施、主导产业、社会民生、生态环保等方面的投资，积极支持科技型、成长型、出口型企业加快发展，引导民营企业、中小微企业扩大规模，增强投资对经济增长的持续拉动力。

3. 坚持深化改革，创新区域合作机制。

行政区之间的利益冲突，使得地方政府的个体理性与区域最优结果之间产生内在矛盾，区域合作很难达成。所以，要深化改革破除阻碍区域合作的现行机制，同时不断摸索创新、寻求最优的区域合作治理机制。

改革传统的绩效评价机制，调节地方政府行为方式。在现行体制下对地方政府绩效进行评价时，偏重那些反映经济总量和增长速度的指标。在这种制度安排下，地方政府易于忽视本地的资源和环境条件，非理性地热衷于资本集中型，利税创收型的产业，从而使得要素布局分散化、产业结构趋同化的弊端愈演愈烈，阻碍了经济资源的自由流动和跨地区的经济合作。因此，我们必须按照形成主体功能区的要求，完善区域政策，调整经济布局，重构地方政府政绩考核标准，以矫正各地方目前的行为方式，优化地区间的利益关系，避免总体利益受损的过度竞争和利益冲突。

构建利益共享机制，协调收益分配。尽管收益的存在使合作成为可能，但如果双方无法就利益分配达成一致，那么合作所带来的净收益就无法实现。这种情形主要体现在那些资源互补，有良好合作基础的地区之间，比如飞地经济、园区共建等。为尽量减少因分配不均导致合作失败，省政府应出台指导意见，在平等协商、互利共赢、动态调整的原则上对区域合作利益共享机制进行监督指导。以飞地经济为例，要综合考虑合作双方在资金、土地、基础设施、管理服务等方面的投入力度，赋予相应权重进行分配。

构建利益补偿机制，化解合作的“外部性”问题。在诸如环境、生态等共有产权领域，极易出现正负外部性问题。十八届三中全会提出“坚持谁受益、谁补偿原则，完善对重点生态功能区的生态补偿机制，推动地区间建立横向生态补偿制度”；2014 年政府工作报告进一步提出要“推动建立跨区域、跨流域生态补偿机制”。这些文件精神对利益补偿机制的建立指明了方向。但在现实操作中，由于补偿不具强制性，使得横向补偿很难自发实现。鉴于此，省政府可采取成立补偿基金的方式，由上级政府统筹资金管理，进行纵向补偿。

构建县市帮扶制度，发挥政府主导合作的优势。在当前地区之间自发合作可能性较低的情形下，由上级政府主导辖区内地区之间合作是一种行之有效的方式，如潍坊市飞地园区经济。就我省而言，东西差距较大，可在沿海和内地县市之间构建一对一帮扶制度，规定帮扶内容，并对帮扶成效进行考核。这样一种合作方式可有效的推进如东西产业转移的进程，促进东西之间的良好互动，优化区域经济结构。

4. 加快推进新型城镇化建设。

以新型城镇化建设作为扩大内需的主要抓手，以新型城镇化规划为蓝本，增强投资力度，抓好基础设施系统、特别是地下基础设施系统建设，增强城镇发展的空间和潜力，提高城镇的承载能力。进一步增强城镇集聚能力，发挥人口聚集优势，创造和推进各类消费形态的发展。同时，要以城镇化发展为契机，强化各级政府公共服务能力，推进公共服务水平均等化，进一步缩小西部县市与半岛地区的差距。

5. 坚持绿色发展，提升生态文明水平。

推进区域生态环境保护一体化，统一环境标准，杜绝跨境污染与转嫁生态环境保护成本，健全生态环境保护责任追究制度和环境损害赔偿制度。加快构建生态产品使用的价格体系，可在区域内试点县域之间生态补偿机制，完善生态建设的激励制度。严格环保执法监管。按照严于国家标准的要求，建立完善具有山东特色的生态文明建设地方法规、规章及标准体系，以刚性约束促进绿色发展、资源节约、环境保护。按照“谁受益、谁补偿”原则，建立健全资源有偿使用和生态补偿制度。大力发展生态金融，建立和推行环境污染强制责任险、排污权交易、生态补偿等环保制度，把资源消耗、环境损害、生态效益纳入经济社会发展评价体系。

积极发展循环经济。按照源头减量、过程循环、纵向延伸、横向耦合、系统复合的循环经济发展思路，结合黄河三角洲高效生态经济区等重点区域建设，突出“工业、农业、服务业、园区、社会”五大重点领域，优化资源配置和经济发展方式，加强上下游企业间的链接，推进产业间的协作和区域内的系统整合，积极探索循环经济标准化模式，建设循环经济链网体系，积极培育循环经济示范单位、探索循环经济发展模式。通过科技创新支撑循环经济发展，促进经济结构调整，转变发展方式，提高产业和产品的核心竞争力，使资源最大化利用，提高投入产出效率。通过制度创新，在环境保护和污染物排放上采取严格措施，引导企业选择采用效率高的技术。制定 R&D 补贴策略，促进企业从事循环经济关键技术的研发工作。要建立和完善循环经济管理、运行及其监督机制。贯彻促进循环经济发展的各项法律规章，建立涵盖“投入—生产—废弃物处置”全过程、完善而有效的循环经济监督机制，将循环经济的每个环节都落到实处。引导社会大众参与对循环经济的监督评价过程，完善发展相关的规划、评价和考核制度。实时监管重点企业制度，标准标识管理制度，表彰奖励和惩处制度等。

第四节 加快新常态下黄河三角洲区域发展的政策建议

全面认识新常态、主动适应新常态、积极引领新常态是未来一段时间内黄河三角洲高效生态经济区区域经济转型发展的根本要求。结合黄三角高效生态经济区的发展基础、机遇、挑战以及存在问题，我们认为，未来要想实现区域经济的持续健康发展，转变经济发展方式、强化一体化发展、重视生态环境保护、强化改革创新以及加大财政支持等将是黄河三角洲高效生态经济区区域经济转型发展的有效路径。

一、转变经济发展方式的传统思维，实现产业转型升级

适应新常态，破除经济发展的速度情结。新常态下，发展追求的是多重目标，是一个由量向质转变的过程。这个过程必然要求处理好经济发展、社会进步、生态环境保护之间的关系。这种情形下如何统筹发展、协调发展，对政府调控能力是一个严峻的挑战。其次，竞争方式要转变，多领域的合作要进一步加强。一直以来地区之间的竞争表现为要素争夺、市场分割保护以及招商引资的竞争。在当前，市场一体化进程加快、要素充分流

动、资本相对充裕的背景下，竞争应更多地转向营商环境的创造与维持，未来的竞争也必将是政府服务经济能力的竞争。此外，在非经济领域，诸如社会矛盾处理、跨区域生态治理等方面要求政府之间要实现高效、有序的合作。对市场主体而言，要意识到传统上依靠负外部性，实现“低成本、高收益”的模式已不可复制。未来，企业将在环境、生态等方面有较高的成本增加，这是一个不可逆转的发展态势，尤其对一些传统行业（对环境、生态有较高要求）利润空间将进一步压缩。外部环境的变化，也必然会要求企业改变之前的盈利模式。

围绕高效生态，强化产业升级。坚持高端高质高效产业发展方向，切实在我省产业转型、提质增效上当好“领头雁”和“排头兵”。一要加快优化产业布局。深入落实“黄三角”“四点四区一带”生产力布局，建立产业布局引导和管控机制，健全区域经济利益分享和补偿机制，完善重大项目信息共享和发布制度，有序推动企业、项目向符合功能定位的区域集中布局。二要加快集群集聚发展。深入实施大企业、好项目带动战略，推行“园中园”和“一区多园”，引导相关产业和服务机构加速向园区集聚，继续培育一批高效生态特色产业园。三要加快创新驱动步伐。继续鼓励高新技术产业发展，增加技术改造投资。同时要深入实施人才强省战略，大力发展职业教育，抓好潍坊国家级职教创新发展试验区建设，加快培养一批产业发展急需的高技能人才。

二、加强区域合作，促进市场一体化发展

坚持平等互利、政府推动、市场主导、充分合作的原则，按照循序渐进、突出重点、先易后难的要求，共同构建协同发展机制，提升经济区整体实力和综合竞争力。

1. 构建一体化发展机制。

实现“黄三角”高效生态经济区协调发展，需要坚持优势互补、互利共赢、扎实推进。加强顶层设计，以区域一体化为目标，统筹协调合作区域内各项规划，科学确立各市功能定位，打通发展大动脉，彰显经济区高

效生态优势，广泛激活经济区要素资源。强化政府推动，充分依托黄河三角洲开发领导小组的组织领导，制定区域开发综合决策，统一部署重大事项，指导地区和部门协调行动，实行重大资源统一管理、重大设施统一规划、重大项目协调布局。探索建立有利于调动各地积极性的利益分配机制和考核体系，建立市县政府联席会议制度，通过行业协会、高层论坛等多种形式，加强政府、企业、行业间多层次的交流协作，形成优势互补、有效对接、共建共享的利益协调机制，促使黄三角高效生态经济区一体化战略步入实质性推动阶段；充分利用地方禀赋优势，实现错位发展和协调发展。充分发挥企业的主体作用，加快形成多方参与、共同推进的发展格局。

2. 建立一体化市场体系。

推进黄三角高效生态经济区一体化进程中最迫切需要解决的问题，是要让市场在社会经济活动中起决定性作用。突破行政区划限制和体制障碍，全面清理阻碍生产要素和商品自由流动的不合理规定，统一市场规则，加快发展统一开放的市场体系，促进生产要素自由流动。完善金融服务市场网络，支持地方金融机构互设分支机构，探索建立一体化的存取款体系、支付与资金结算体系。建立人力资源市场体系，完善就业管理服务网络，健全统一规范的劳动用工制度，共建省市重大项目企业用工对接机制，为务工人员提供免费就业指导、技能培训、岗位推荐等服务，实现就业信息跨区域共享、培训和鉴定结果互认，促进人力资源跨区域流动。完善信息技术共享平台，建立联网对接、互联互通的技术交易市场，实施统一的技术标准，整合信用信息资源，打造信用信息公共平台。同时，加强流动人员信息系统建设，尽快实现区域流动人口信息系统互联互通。

3. 强化一体化公共服务。

加强教育、医疗、文化和社会保障等公共服务对接共享，促进公共服务一体化。加强教育合作，扩大市属院校跨区招生规模，支持各类学习和科研院所跨区设立教学科研机构，鼓励高等院校在各市建立分校，实现优质教育资源流动共享。加强医疗卫生合作，加强疾病防控、应急救援、临床医疗、妇幼卫生、医疗队伍建设等合作；建立疾病防控信息通报制度，将流动人口疾病预防纳入本地疾控范围，实现门诊病历八市通用。加强文化合作，深度挖掘城市历史文化内涵，精心打造地方文化特色品牌。完善社会保障体系，推进参保人员社保待遇资格异地核查，方便异地居住退休职工办理社保业务，异地参保人员按规定报销住院医疗费；将异地参保人员纳入本地医疗保险定点医疗机构服务管理范围，实现社会保障网络互联互通。

三、强化对主体功能区政策扶持，重视生态环境保护

在黄三角高效生态经济区内，加强对不同开发形式功能区的政策扶持。根据主体功能区不同开发形式、不同开发内容的划分，加强对区域产业、环境保护的政策扶持。

1. 加强投资政策扶持。

将政府预算内投资主要用于支持重点生态功能区和农产品主产区的发展，根据全省主体功能区规划确定的发展目标和主要任务及项目建设实施时序来进行政府投资；积极引导社会投资，鼓励商业银行向符合主体功能区定位的项目提供贷款；根据全省不同主体功能区的产业特点，结合国家产业结构调整目录，尽快制定与主体功能区相适应的产业结构调整指导目录；实行差别化的土地利用和管理政策，科学确定各类用地规模，加强建设用地供地和用途管理；逐步完善支持和保护农业发展的政策，加大强农惠农政策力度，健全农业补贴制度和农业生态补偿制度；根据不同主体功能定位，落实节能减排政策，如优化开发区域要实现更高要求的污染物减排目标等。

2. 加强产业政策扶持。

根据全省不同主体功能区的产业特点，结合国家产业结构调整目录，尽快制定与主体功能区相适应的产业结构调整指导目录和外商投资指导产业目录；各部门组织编制的专项规划、重大项目布局，必须符合各区域的

主体功能定位。重大制造业项目原则上应在优化和重点开发区域，并区分情况优先在重点开发区域布局；严格市场准入制度，对不同主体功能区的产业投资项目实行不同的占地、能耗、水耗、资源综合利用率、工艺设备要求；建立产业退出和转移机制。

3. 促进区域差异化生态环境保护。

按照主体功能区不同开发方式或不同开发内容的划分，对区域实施差异化环境保护政策。强化产业准入政策，建立差异化的环境准入标准；大力落实节能减排政策，确定污染物减排差异化目标，实现单位地区生产总值能耗降低和污染物总量控制要求。严格实施主体功能区差异化排污许可制度，推行排污权交易。加强重点区域生态保护力度。增设属于地方支出责任范围的生态保护支出项目和自然保护区支出项目，完善森林、海洋等生态补偿资金管理办法，积极开展南水北调黄河以南段及省辖淮河流域和小清河流域等生态补偿试点；建立地区间横向援助机制，不断探索符合省情的生态补偿新模式，加大自然保护区投入，设置更为综合的生态修复转移支付制度。

四、强化改革创新，健全率先发展新机制

1. 加快行政管理体制改革。

以转变政府职能、简政放权和建立权力清单制度为重点，加快推进行政审批制度改革，进一步释放生产活力。深入落实县域经济科学发展试点工作，扩大县（市）、经济强镇经济管理权限，为提高全省县域经济发展整体实力提供示范。

2. 进一步完善现代市场体系。

加快清理制约市场化进程的区域性规章制度，探索实行负面清单制度、健全社会信用体系，促进投资贸易便利化。认真落实中央和省委关于鼓励支持民营经济发展的系列政策措施，坚持发展大中小微企业并举，努力打

破“玻璃门”、“弹簧门”和“旋转门”等隐性壁垒，增强非公有制经济活力和创造力。进一步完善“黄三角”产权交易中心，着力构建统一的商品市场、服务市场和要素市场。

3. 强化投融资机制创新。

积极打造“黄三角”区域金融创新平台。以黄三角经济区为突破口，积极化解区域内中小微企业融资渠道难题，积极推进高效生态农业、先进制造业、现代服务业等产业集群的培育壮大和规模发展，与银行、证券、信托等金融机构合作，依据企业发展实际需求，创新特色金融产品，解决特色产业园区内企业发展瓶颈问题。探索运用好国际金融合作平台，争取世界银行、亚洲开发银行等国际金融组织和外国政府的优惠贷款，重点投向基础设施、特色产业和生态环保等领域。针对黄三角经济区内不同发展阶段企业的融资需求和融资条件，以政策为引导，汇集省内外金融机构、金融产品和融资供需等信息，整合银行、证券、保险（放心保）、信托、PE/VC、担保、小贷等金融资源，实现各类金融机构的资源整合和统一管理，为企业构建丰富、高效、低成本的融资信息和渠道，大力发展多层次资本市场，积极推进区内企业上市、发行企业债、短期融资债券，扩大直接融资规模，加大对金融支持实体经济的力度。

4. 积极深化投融资改革。

鼓励金融机构加大信贷支持力度。省财政积极与相关银行总行沟通，积极争取契合“黄三角”区域内的专项扶持政策，推动各银行与省政府签订区域战略合作协议，确定未来几年信贷资金，将重点落实在强力促进转型升级重点领域，如战略性新兴产业、先进制造业、现代服务业、文化产业等领域。各地要发挥地方法人银行机构决策快捷的优势，研究设立符合各市产业特色的专项贷款；积极对接政策性银行，用好用足国家优惠政策资金；配合各商业银行，积极争取上级行支持，盘活存量、加大增量信贷投放及金融创新试点和权限。建立快速反应机制，增强工作合力。同时，大力推广政府和社会资本合作模式，实现投融资制度创新和改革发展。引导信贷资金、民间资金、社会资金等各类资金加入，充分发挥信贷资金、民间资金、社会资金等各类资金在经济建设发展中的作用。加强省级财政对引导基金资金等政府与社会合作项目（以下简称“PPP”）的支持力度与管控力度。支持地方政府与金融机构共同设立基金，用好税收优惠、奖励资金、转移支付等手段，多措并举吸引社会资本参与产品和服务项目的投资、运营管理。各级政府引导金融机构积极创新融资管理方式和融资产品，以更好地匹配“PPP”项目的融资需求。综合运用商业银行贷款、信托、基金、项目收益债券、资产证券化等金融工具，建立多元化的项目融资渠道，根据项目建设内容匹配相适应的融资方式，降低融资成本，提升资本运作效率，发挥“PPP”模式的优势。

5. 采取市场化运作，规范新兴产业创业投资基金的运作。

整合地方政府资源，结合各区域发展目标，有效地发挥政府的引导作用。运营好区域产业投资基金，撬动社会资本，提高政府资金使用效益。政府应改变在创业投资基金机构行政方式的管理办法，通过以下几个方面提高政府创业投资引导基金的运作效率与投资绩效：首先需要对各地的战略性新兴产业发展状况进行基本调查，明确各地的战略性新兴产业的项目资源状况，厘清可供创业投资机构选择的投资项目数量，各地政府共同建立当地的备选投资项目池。其次要健全决策机制与内部治理机制，防范寻租与经营风险，通过政府引导市场化运作，将资金交由合作创业投资机构管理，一方面将对合作创业投资机构的筛选、评审、决策、实施与监督等权力分离，加大民间创业投资机构的寻租成本，另一方面将具体事项的决策权力和相应的责任承担落实到个人，制定对创业投资基金及相关决策者的考核标准。再次是应完善政府对创业投资基金的目标和绩效指标设定，更为重要的是要对现有的创业投资基金进行整合，实行统一机构代管的方式运作，以市场化原则进行投资运作。

6. 积极探索土地海域管理体制改革。

落实与国土资源部签署的战略合作协议，以资金投入、项目管理、工程管护为重点，推进东营、滨州未利用地开发管理改革试验区建设，创新“飞地经济”发展模式。规范运营耕地占补平衡指标交易市场，抓紧组建建设用地指标调剂流转市场和土地抵押融资债券市场。探索建立海域储备制度，实行差别化的海域供给政策；争取国家再批复一批集中集约用海片区。

7. 探索地方政府官员激励结构与制度的改革。

通过设计合理而有效的激励约束机制，实现使其自利行为能体现公共利益的目标。对地方政府官员的考核、评价应该趋向于一个综合的指标体系，而不应仅仅局限于发展经济的能力。纠正单纯以经济增长速度评定政绩的偏向，加大资源消耗、环境损害、生态效益、产能过剩、科技创新、区域合作、安全生产、新增债务等指标权重，更加重视劳动就业、居民收入、社会保障、人民健康状况。做到地方政府考核体系与主体功能区目标结合在一起，形成各有侧重的绩效评价和层层差别化的考核安排，允许地方根据自身情况确定考核事项。按照不同区域的主体功能定位，实现引导各地区经济布局、人口分布与资源环境承载能力相适应。例如对于优化开发区域，实行优化经济结构和转变发展方式优先的绩效评价，以提高经济增长质量和效益为核心，强化对经济结构、资源消耗、环境保护、自主创新以及外来人口公共服务覆盖面等的评价，弱化对经济增长速度、招商引资、出口等的评价。

五、完善地方公共财政制度，加大财政支持力度。

1. 按照主体功能区要求，完善地方公共财政制度。

完善省以下财政转移支付制度。完善由省级财政向限制开发、禁止开发区域直接划拨转移支付资金的制度，增加省对下的一般转移支付规模，重点向禁止开发、限制开发区域倾斜。优化专项转移支付，设立针对禁止开发、限制开发区域的专项转移支付，增设“生态移民”转移支付。改进转移支付分配方法，逐步用因素法替代基数法，增加“生态环境修复”因素的计算权重。省财政在一般性转移支付标准财政支出测算中增设属于地方支出责任范围的生态保护支出项目和自然保护区支出项目，完善森林、海洋等生态补偿资金管理办法，积极开展生态补偿试点，有效加强对重点生态保护区域的财政政策扶持。不断探索符合省情的生态补偿新模式，鼓励生态环境受益地区采取资金补助、定向援助、对口支援等多种形式，对重点生态功能区因加强生态环境保护造成的利益损失进行补偿。加大自然保护区投入。根据自然保护区单位面积和分类等级等制定相应管护经费标准，设置更为综合的生态修复转移支付制度。在定范围、定面积、定功能基础上定编，在定编基础上定经费，并分清各级政府的财政责任，合理构建自然保护区稳定投入机制。

围绕主体功能区的目标定位，整合现有的政府预算内、外财力资源，充分发挥财政资金的合力作用，不断提高政府财力资源的使用效益。完善省以下财政体制。按照财力与事权相匹配的原则，理顺现行省市县乡间财政关系，重点满足禁止开发、限制开发区域基层政府提供公共产品和服务的财力需求。改革现行的税收返还利益格局，适当降低优先、重点开发区域地方财政的返还比例，适当提高限制、禁止开发区域地方财政的返还比例。

2. 立足黄三角高效生态经济区发展规划，加大财政专项资金投入。

紧密围绕《黄河三角洲高效生态经济区发展规划》的指导，通过深入发掘各区域的潜力，按照转型发展的要求，着力支持“两区一圈一带”规划目标任务的落实、环境保护和生态建设、科技创新能力提升、产业结构调整、基础设施一体化建设等，以促进黄三角地区区域经济快速、健康、协调发展为目标确定专项资金的下拨与投入。要重视黄河三角洲高效生态经济区整体发展规划中有关地市融合发展的指导意见的制定和完善工作，力争打破地方保护主义和资源配置的行政区划壁垒，统筹衔接区域内的规划政策，努力实现由行政区经济向经济区经济的转变。

专项资金投资方式、监督管理等应严格按照《山东省区域战略推进专项资金管理办法》执行。稳妥科学运行省区域战略推进专项资金，加大政府引导和支持力度，形成稳定的财政投入增长机制。瞄准区域发展的短板，集中投入，力争产生强大的带动和极化作用。规范省级财政专项资金管理，防范资金风险，提高资金使用效率。专项资金管理应遵循依法设立、规范管理、严格审批、权责明确、科学论证、绩效优先、公平公开、强化监督的原则，省级财政部门、业务部门、审计部门和纪检监察机关按职责分工共同负责专项资金管理和监督工作。控制专项资金规模，专项资金设立由省级财政部门严格按照相关规定审批；省财政部门对按照规定批准使用的专项资金按照预算及国库管理规定办理预算下达和资金拨付手续；省级财政部门应对专项资金进行清理、评估以及不定期的检查或审计；省业务部门必须在专项资金管理同一平台公开相关信息；相关部门要对专项资金实行绩效激励考核制以及责任追究机制。

/ 第三章 /

黄河三角洲循环经济的运行效率研究

李爱军 何一婧 王道平 *

第一节 黄河三角洲地区循环经济运行效率的研究背景

一、能源市场化改革与企业的能源利用效率

随着能源市场化改革的不断深入，国际市场能源价格的频繁波动将以更快的速度传导到国内能源市场，能源价格波动带来的经营风险也将成为企业关注的焦点之一。当前，中国政府拟推进能源价格市场化改革，能源价格变动及其走势将会引起企业的广泛关注。根据 2015 年 10 月 15 日的《中共中央国务院关于推进价格机制改革的若干意见》①，中国政府拟推进成品油、电力、天然气等能源价格改革，建立市场决定能源价格的机制。其中，能源价格改革涉及成品油价格、天然气气源和销售价格、上网电价和公益性以外的销售电价。石油、天然气和电力等能源都是企业生产过程中的重要投入品，这些能源的价格变化将会影响到能源成本和生产成本，进而影响到企业产品在国内市场和国际市场上的竞争力。所以，能源价格的变动及其走势，将成为企业关注的焦点之一。

同时，值得注意的是，随着能源价格市场化改革的不断深入，国际能

* 李爱军，山东大学山东发展研究院博士、讲师；何一婧，山东大学经济研究院研究生；王道平，山东大学经济研究院硕士生。

① 中国政府网，网址： http://www.gov.cn/xinwen/2015-10/15/content_2947548.htm。

源价格的变动将会快速传到国内市场。对于石油等能源，当价格完全由市场确定时，国际市场的价格波动，将会迅速传递到国内市场。此外，不容忽视的是，石油等能源短期的价格需求弹性，要低于长期价格需求弹性，这意味着能源价格波动，对企业的短期影响要超过长期。因此，企业不仅要关注国内能源市场价格的变化及其走势，而且要关注国际能源价格的变化及其走势。

下面以原油价格为例进行分析。图 3-1 描绘了自 2002 年 1 月 2 日至 2015 年 11 月 6 日美国西德克萨斯中级轻质原油现货价格（库逊交割，本文简称为 WTI 原油价格）情况。经过观察可知，WTI 原油价格在 2002 年 1 月 17 日最低（17.98 美元 / 桶），2008 年 7 月 11 日达到最高（145.66 美元 / 桶），为最低价格的 8.10 倍。同时，WTI 原油价格呈现出阶段性变化趋势：自 2001 年 1 月至 2008 年 7 月，WTI 原油价格从总体上呈现出上涨趋势，并在 2008 年 7 月 11 日达到最高 145.66 美元 / 桶；从 2008 年 7 月到 2008 年 12 月，WTI 原油价格快速下跌；此后到 2014 年 7 月，WTI 原油价格起起伏伏，总体呈现上涨趋势；2014 年 7 月以来，WTI 原油价格呈现下跌趋势。

数据来源：Wind 数据库。

图 3-1　美国西德克萨斯中级轻质原油（WTI）价格

图 3–2 描述了从 2002 年 1 月 2 日到 2015 年 11 月 6 日英国布伦特(Brent)原油价格情况。经过观察可知，英国布伦特原油价格在 2002 年 1 月 17 日最低（18.02 美元 / 桶），2008 年 7 月 3 日达到最高（144.22 美元 / 桶），为最低价格的 8.00 倍。同时，布伦特原油价格呈现出阶段性变化趋势：从 2002 年 1 月到 2008 年 7 月，布伦特原油价格在总体上也呈现出上涨趋势，并在 2008 年 7 月 3 日达到最高 144.22 美元 / 桶；自 2008 年 7 月至 2008 年 12 月，布伦特原油价格快速下跌；此后到 2014 年 7 月，布伦特原油价格起起伏伏，总体呈现上涨趋势；2014 年 7 月以来，布伦特原油价格呈现下跌趋势。

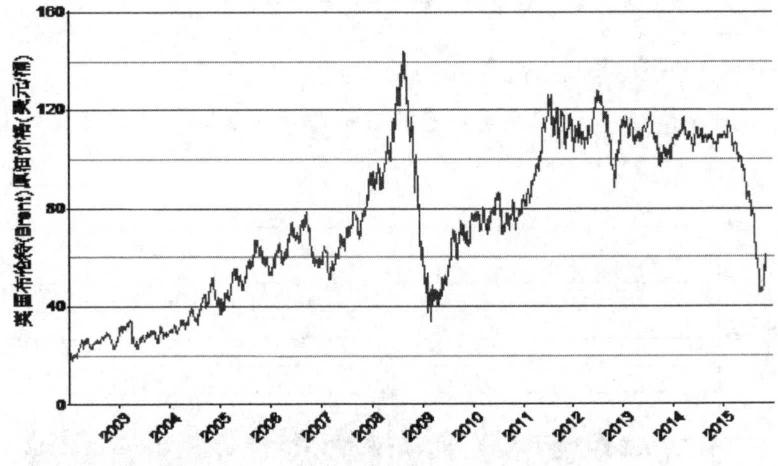

数据来源: Wind 数据库。

图 3–2 英国布伦特（Brent）原油价格

图 3–3 描绘的是从 2002 年 1 月 2 日到 2015 年 11 月 6 日 WTI 原油价格每日变化情况。该图表明，WTI 原油价格最大涨幅出现在 2008 年 9 月 22 日，原油价格为 120.92 美元 / 桶，比前一交易日上涨 16.37 美元 / 桶；最大跌幅发生在 2008 年 8 月 13 日，WTI 原油价格为 116.00 美元 / 桶，比前一交易日下跌 14.22 美元 / 桶。经过观察可知，WTI 原油价格频繁波动，每日价格变化走势难以准确预测。

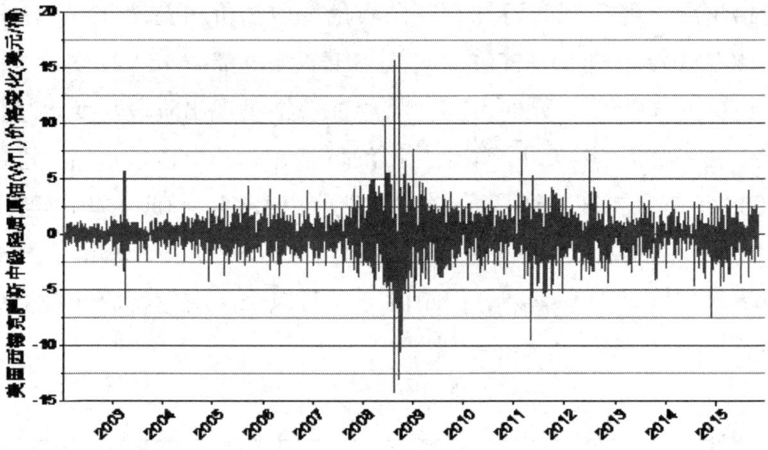

数据来源: Wind数据库。

图 3-3 美国西德克萨斯中级轻质原油（WTI）价格变化

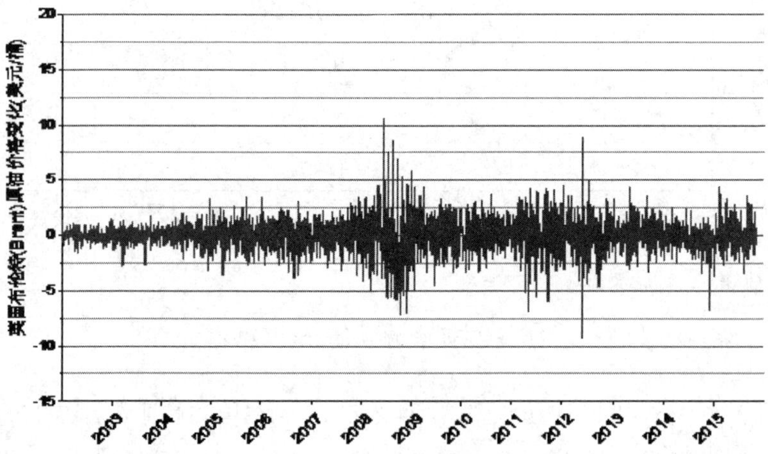

数据来源: Wind数据库。

图 3-4 英国布伦特（Brent）原油价格变化

注: 图中原油价格变化幅度采用的是，该交易日价格与前一交易日原油价格的差额。

图 3–4 描绘的是从 2002 年 1 月 2 日到 2015 年 11 月 6 日英国布伦特原油价格每日变化情况。布伦特原油价格最大涨幅出现在 2008 年 6 月 6 日，原油价格为 133.23 美元 / 桶，比前一交易日上涨 10.67 美元 / 桶；最大跌幅发生在 2012 年 5 月 21 日，布伦特原油价格为 118.21 美元 / 桶，比前一交易日下跌 9.30 美元 / 桶。经过观察可知，同 WTI 原油价格一样，布伦特原油价格也频繁波动，每日价格变化走势难以准确预测。由于 WTI 原油价格和英国布伦特原油价格是较具有代表性的国际原油价格指数，其变化趋势也反映了国际原油价格的变化趋势。

对此，企业应该提高能源利用效率，以有效应对能源价格波动带来的经营风险，尤其是短期能源价格大幅度变动带来的冲击。因为经济形势、国际地缘政治、战争等诸多因素都会对国际原油市场的供求产生影响，进而影响国际原油价格，所以国际原油价格时起时伏，变化趋势难以准确预测。由此可以预知，当中国成品油价格与国际市场接轨时，国际市场原油价格的波动势必会快速传递到国内市场，国内原油价格也会出现频繁波动，异常波动，甚至是暴涨暴跌。这会对企业的日常经营带来一系列风险，尤其是对于高能耗行业。鉴于此，企业应该注重提高能源利用效率，节约能源，降低能源成本，降低产品生产对能源的依赖，从而降低能源价格变动带来的经营风险。为此，本章拟对黄河三角洲地区以及山东省其他地区的企业运行效率、能源利用效率进行评估。

二、黄河三角洲地区能源利用效率提升潜力相对较大

下面，我们将考察黄河三角洲地区的能源强度状况。由于数据缺乏，鉴于黄河三角洲地区与山东省的情况较为接近，所以本文分析一下山东省的情况。

表 3–1 列出了 2012 年中国各个省份地区生产总值和能源消费量。经过观察可知，2012 年山东省地区生产总值达到 50013 亿元，占全国 GDP 总量的 10.75%；能源消费总量达到 38899 万吨标准煤，占全国能源消费总量的 9.36%；每万元地区生产总值的能源消费量为 0.778 吨标准煤，在全国各个省份排名中位于第 14 位。经过比较可知，山东省经济的能源强度

要高于广东（0.511 吨标准煤 / 万元）、浙江（0.521 吨标准煤 / 万元）、江苏（0.534 吨标准煤 / 万元）等经济强省，也高于陕西（0.735 吨标准煤 / 万元）、湖南（0.756 吨标准煤 / 万元）等省份。这意味着，山东省经济的能源强度相对较高，能源利用效率相对较低，具有较大的提升空间。

表 3-1 2012 年中国各个省份地区生产总值和能源消费

序号	省市	能源消费量（万吨标准煤）	占全国能源消费量的比重（%）	第一产业增加值（亿元）	第二产业增加值（亿元）	第三产业增加值（亿元）	地区生产总值（亿元）	占全国GDP的比重（%）	单位地区生产总值的能源消费量（吨标准煤 / 万元）
1	北京市	7178	1.98	150	4059	13669	17879	3.35%	0.401
2	广东省	29144	8.06	2847	27700	26519	57068	10.68	0.511
3	浙江省	18076	5.00	1667	17316	15681	34665	6.49	0.521
4	江苏省	28850	7.98	3418	27121	23517	54058	10.12	0.534
5	江西省	7233	2.00	1520	6942	4486	12949	2.42	0.559
6	上海市	11362	3.14	127	7854	12199	20182	3.78	0.563
7	福建省	11185	3.09	1776	10187	7737	19702	3.69	0.568
8	海南省	1688	0.47	711	804	1339	2856	0.53	0.591
9	天津市	8208	2.27	171	6663	6058	12894	2.41	0.637
10	安徽省	11358	3.14	2178	9404	5628	17212	3.22	0.660
11	广西省	9155	2.53	2172	6247	4615	13035	2.44	0.702
12	陕西省	10626	2.94	1370	8073	5009	14454	2.71	0.735
13	湖南省	16744	4.63	3004	10506	8643	22154	4.15	0.756
14	山东省	38899	10.75	4281	25735	19995	50013	9.36	0.778
15	吉林省	9443	2.61	1412	6376	4150	11939	2.24	0.791
16	湖北省	17675	4.89	2848	11193	8208	22250	4.17	0.794
17	河南省	23647	6.54	3769	16672	9157	29599	5.54	0.799
18	重庆市	9278	2.56	940	5975	4494	11410	2.14	0.813
19	四川省	20575	5.69	3297	12333	8242	23873	4.47	0.862

续前表

序号	省市	能源消费量（万吨标准煤）	占全国能源消费量的比重（%）	第一产业增加值（亿元）	第二产业增加值（亿元）	第三产业增加值（亿元）	地区生产总值（亿元）	占全国GDP的比重（%）	单位地区生产总值的能源消费量（吨标准煤/万元）
20	黑龙江	12758	3.53	2113	6037	5540	13692	2.56	0.932
21	辽宁省	23526	6.50	2155	13230	9460	24846	4.65	0.947
22	云南省	10434	2.88	1654	4419	4235	10309	1.93	1.012
23	河北省	30250	8.36	3186	14003	9384	26575	4.98	1.138
24	甘肃省	7007	1.94	780	2600	2269	5650	1.06	1.240
25	内蒙古	19786	5.47	1448	8801	5630	15881	2.97	1.246
26	贵州省	9878	2.73	891	2677	3282	6852	1.28	1.442
27	新 疆	11831	3.27	1320	3481	2703	7505	1.41	1.576
28	山西省	19336	5.35	698	6731	4682	12113	2.27	1.596
29	青海省	3524	0.97	176	1092	624	1894	0.35	1.861
30	宁 夏	4562	1.26	199	1159	981	2341	0.44	1.949

注：能源消费总量指一定地域内（国家或地区）经济各行业和居民家庭在一定时期消费的各种能源的总和。能源消费总量包括终端能源消费量、能源加工转换损失量和损失量。此表中的地区生产总值以当年价格计算。

数据来源：国家统计局（2014）[①]。

表 3-2 列出了 2005 年至 2014 年山东省、广东省地区生产总值及中国平均万元 GDP 的能源消费量变化情况。经过观察可知，2014 年山东省万元地区生产总值的能源消费量为 0.71 吨标准煤，与 2005 年的万元地区生产总值的能源消费量（1.30 吨标准煤）相比下降了 0.59 吨标准煤。与此同时，广东省平均万元地区生产总值的能源消费量从 2005 年的 0.79 吨标准煤下降到 2014 年的 0.52 吨标准煤，下降了 0.27 吨标准煤。全国平均万元 GDP

① 国家统计局．中国统计年鉴 2014[M]. 北京：中国统计出版社，2014.

的能源消费量从2005年的1.41吨标准煤下降到2014年的0.99吨标准煤，下降了0.42吨标准煤。由此可见，与经济发展水平相近的广东省相比，山东省万元地区生产总值的能源消费量相对较高；与全国平均水平相比，山东省万元地区生产总值的能源消费量的下降速度仅略快于全国平均下降速度。这说明，山东省地区万元地区生产总值的能源消费量具有较大的下降空间，同时山东省也应该加快万元地区生产总值的能源消费量的下降速度。在此背景下，黄河三角洲地区应着力提高能源利用效率，降低能源强度，以提高整体经济运行效率。

表3-2 2005-2014年山东省广东省地区生产总值及全国平均万元GDP的能源消费量

	年份	能源消费量（万吨标准煤）	占全国能源消费总量的比重（%）	地区生产总值（亿元）	占国内生产总值的比重（%）	万元地区生产总值能源消费量（吨标准煤）
山东省	2005年	24162	9.24	18517.00	9.96	1.30
	2006年	26759	9.34	21257.52	10.15	1.26
	2007年	29177	9.37	24276.08	10.15	1.20
	2008年	30570	9.53	27189.21	10.37	1.12
	2009年	32420	9.65	30506.30	10.65	1.06
	2010年	34808	9.65	34258.57	10.81	1.02
	2011年	37132	9.59	37992.76	10.95	0.98
	2012年	38899	9.67	41716.05	11.16	0.93
	2013年	39423	9.46	45720.79	11.45	0.86
	2014年	35363	8.30	49698.50	11.55	0.71
广东省	2005年	17921	6.86	22557.37	12.13	0.79
	2006年	19971	6.97	26347.01	12.58	0.76
	2007年	22217	7.13	30272.71	12.65	0.73
	2008年	23476	7.32	33421.07	12.74	0.70
	2009年	24654	7.33	36662.92	12.80	0.67
	2010年	27195	7.54	41209.12	13.00	0.66
	2011年	28480	7.36	45330.03	13.06	0.63

续前表

广东省	2012 年	29144	7.25	49047.10	13.12	0.59
	2013 年	30180	7.24	53216.10	13.33	0.57
	2014 年	29593	6.95	57366.95	13.33	0.52
全国	2005 年	261369		185895.80		1.41
	2006 年	286467		209477.12		1.37
	2007 年	311442		239221.65		1.30
	2008 年	320611		262237.13		1.22
	2009 年	336126		286457.57		1.17
	2010 年	360648		316905.91		1.14
	2011 年	387043		346971.44		1.12
	2012 年	402138		373853.23		1.08
	2013 年	416913		399283.72		1.04
	2014 年	426000		430428.52		0.99

注：能源消费总量指一定地域内（国家或地区）经济各行业和居民家庭在一定时期消费的各种能源的总和。能源消费总量包括终端能源消费量、能源加工转换损失量和损失量。此表中的地区生产总值以 2005 年价格计算。

数据来源：中国经济与社会发展统计数据库[①]和山东省统计局（2015）[②]。

三、可再生能源行业面临的发展机遇

在当前低碳全球化的背景下，全球可再生能源、新能源行业快速发展，黄河三角洲地区新能源行业面临机遇。发展新能源替代传统化石能源可以改善中国以煤为主的能源消费结构。表 3–3 列出了 2014 年中国一次能源消费结构。经过观察可知，2014 年中国能源消费以煤为主，年消费量为 1962.4 百万吨油当量，占中国一次能源消费量的 66.0%，占世界煤炭消费量的 50.6%；其次是石油，年消费为 520.3 百万吨油当量，占中国一次能

① 中国经济与社会发展统计数据库 .[DB].http://tongji.cnki.net/kns55/index.aspX.
② 山东省统计局 . 山东统计年鉴 2015[M]. 北京：中国统计出版社 ,2015.

源消费量的17.5%，占世界石油消费总量的12.4%；与此相比，核能、水电和可再生能源利用在中国一次能源消费中占比较少，分别为1.0%、8.1%和1.8%。由此可见，2014年我国一次能源消费结构以传统化石能源为主，发展太阳能、风能等新能源有助于改善我国一次能源消费结构。

表3-3 2014年中国的主要能源指标

能源指标	石油	天然气	煤炭	核能	水电	其他可再生能源	总和
一次能源消费（百万吨油当量）	520.3	166.9	1962.4	28.6	240.8	53.1	2972.1
一次能源消费结构（%）	17.5	5.6	66.0	1.0	8.1	1.8	100
中国一次能源消费量占世界的比重（%）	12.4	5.4	50.6	5.0	27.4	16.7	23.0

数据来源：BP（2015）[①]。

发展可再生能源来替代传统化石能源，是促进循环经济发展和实现可持续发展的重要途径。图3-5描述了1980—2012年中国及世界可再生能源发电量。经过观察可知，世界可再生能源发电量由1980年的17537亿千瓦时增长到2012年的47148亿千瓦时，中国可再生能源发量由1980年的576亿千瓦时增长到2012年的10035亿千瓦时。中国可再生能源发电量占世界可再生能源发电总量的比重由1980年的3.3%增长到2012年的21.3%。上述数据表明，无论是在中国还是在世界，可再生能源都获得了较快发展，中国可再生能源的发展速度要快于世界平均水平。在此背景下，黄河三角洲地区应该抓住机遇，加快本地区新能源行业的发展。

下面以太阳能光伏设备和风力发电设备装机容量为例，分析世界可再生能源装机容量变化情况。图3-6描绘了2000年至2014年世界太阳能光伏设备和风力发电设备装机容量的变化情况。经过观察可知， 2014年世

① BP.BP世界能源统计年鉴[M].2015.

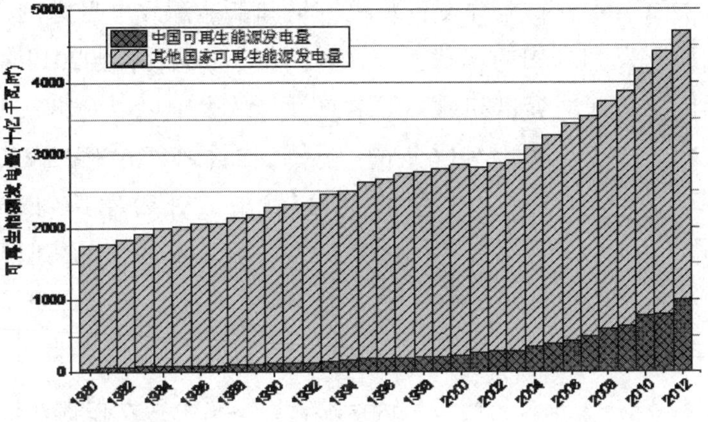

数据来源：Wind数据库。

图 3-5 1980—2012 年中国与世界可再生能源发电量

界太阳能光伏装机容量达到 17700 万千瓦，是 2000 年装机容量（146 万千瓦）的 121 倍。与此同时，2014 年世界风力发电设备装机容量达到 369597 万千瓦，是 2000 年装机容量（17400 万千瓦）的 21.2 倍。上述分析表明，世界太阳能光伏设备和风力发电设备装机容量都获得了迅猛发展，这为黄河三角洲地区新能源设备制造业发展提供了前所未有的机遇。

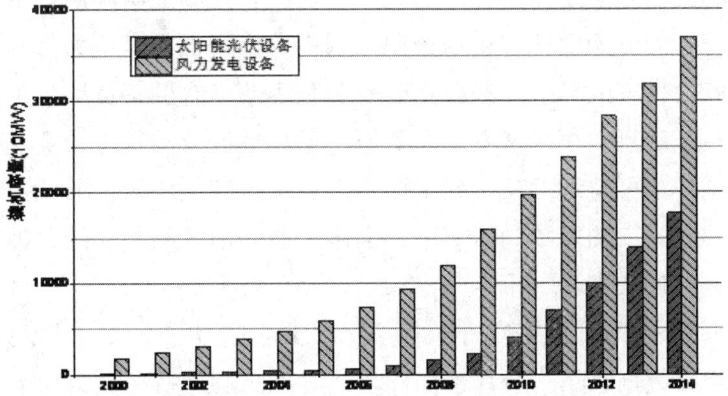

数据来源：Wind数据库。

图 3-6 2000—2014 年世界太阳能光伏设备和风力发电设备装机容量

最后，以山东省新能源设备装机容量和新能源发电量为例，分析山东省新能源开发和利用的现状。表 3–4 列出了 2012 年至 2014 年山东省太阳能光伏设备并网容量和风力发电总量。从表中可以看出，山东省太阳能光伏设备并网容量从 2012 年的 79 兆瓦增长到 2014 年的 220 兆瓦，山东省风力发电总量从 2012 年的 3911732 万千瓦时增长到 2014 年的 6580692 万千瓦时。这说明，山东省与全球和全国总体情况类似，可再生能源的开发和利用也得到了较为迅速的发展。同时，这也意味着新能源设备的大量需求。

表 3–4 山东省太阳能光伏设备并网容量和风力发电总量

年份	太阳能光伏设备并网容量（兆瓦）	风力发电总量（万千瓦时）
2012 年	79	3911732
2013 年	112	5892878
2014 年	220	6580692

数据来源：Wind 数据库。

由以上背景分析可以看出，提高企业能源利用效率，促进新能源行业的发展，应该是黄河三角洲地区发展循环经济、实现经济可持续发展的重要组成部分。企业是市场经济的主体，提高企业的能源利用效率，可以降低单位产品的能源消耗，增强企业在国内外市场上的竞争力，有效应对能源价格波动带来的风险。提高企业能源利用效率有助于黄河三角洲地区提高整体经济运行效率，又有助于黄河三角洲地区节约资源，实现整体经济的良性循环和可持续发展。鉴于此，本章拟测度并比较黄河三角洲地区和山东省其他县市的能源利用效率，剖析企业利用效率差异的原因，并在此基础上提出政策建议。

本章剩余部分的结构安排如下：第二节介绍 DEA 模型（数据包络模型）和分析相关数据，第三节评估抽样企业的能源利用效率，第四节从区域角度考察抽样企业能源利用效率，第五节从行业角度分析抽样企业能源利用效率，第六节提出政策建议。

第二节 DEA 模型和数据分析

一、DEA 模型

DEA 模型（ Data Envelopment Analysis Model，数据包络分析模型）是由 Charnes and Cooper（1978）①最早提出，用于评估不同主体的相对效率。本章采用的 DEA 模型基于 CRS（规模报酬不变）模型，关于此类模型的详情可以参考芦锋和刘维奇（2011）②、高峰等（2011）③、王恬和张娜（2014）④的相关文章。由于篇幅限制，本章不再作详细介绍。

表 3-5　　抽样企业的投入产出指标

指标类型	变量名称	采用的具体指标
投入指标	资本存量（K）	抽样企业的固定资产总额
	劳动力（L）	抽样企业的职工工资支出总金额
	能源消费量（E）	抽样企业的能源消费总金额
产出指标	期望产出水平（Y）	抽样企业的总产值

本章在具体处理过程中所采用的投入产出指标具体说明如下：将抽样企业的固定资产总额作为资本存量，依据抽样企业的职工工资支出总金额计算劳动力报酬，基于煤炭、石油、天然气和电力四类计算能源支出金额，将企业总产值作为期望产出水平。数据来源于笔者组织的关于山东省企业的调研数据。

二、数据分析

在本次抽样企业数据中，共包含 118 家企业。下面对抽样企业的主要

① Charnes A., Cooper W.W, Rhodes E., 1978. Measuring the efficiency of decision making units. European Journal of Operational Research. 2 (6) : 429 -442.
② 芦锋，刘维奇．基于 DEA 方法的我国商业银行效率研究 [J]. 山西大学学报：哲学社会科学版，2011(2):129-132.
③ 高峰，王金德，郭政．我国区域工业生态效率评价指标的确定及 DEA 分析 [J]. 中国人口资源与环境，2011，S1.
④ 王恬，张娜．济南市工业行业科技投入产出 DEA 效率分析 [J]. 山东财经大学学报，2014(5):65-72.

描述性统计指标进行介绍。表 3-6 对本章模型所采用的抽样企业数据进行了统计性描述。经过比较可知，黄河三角洲地区抽样企业和山东省其他县市抽样企业之间存在一定差异。从均值来看，山东省其他县市抽样企业的资本存量、劳动力报酬和能源消耗量均高于黄河三角洲地区抽样企业。这意味着黄河三角洲地区的抽样企业，在规模上要小于山东省其他县市抽样企业。从标准差来看，山东省其他县市抽样企业的资本存量、劳动力报酬和能源消耗量的标准差均大于黄河三角洲地区抽样企业的标准差。这说明，黄河三角洲地区的抽样企业之间规模的差别，要小于山东省其他县市抽样企业。

表 3-6 投入产出变量的统计性描述

指标名称	抽样企业所属区域	抽样企业数量（家）	均值（万元）	标准差	最小值（万元）	最大值（万元）
资本存量	黄河三角洲	64	121697.93	358259.60	200	2060033
	山东省其他县市	54	204720.98	531807.72	100	3205876
劳动力报酬	黄河三角洲	64	3753.10	9130.92	20	63581
	山东省其他县市	54	5556.57	12263.34	15	70000
能源消费量	黄河三角洲	64	27488.38	146880.63	3	1092069
	山东省其他县市	54	43774.90	90096.14	4	333000
期望产出水平	黄河三角洲	64	138067.12	342697.10	300	1736512
	山东省其他县市	54	152775.926	447896.80	180	2730000

图 3-7 统计了各个抽样企业的行业分布情况。经过观察可知，抽样企业所在行业最多的是化学原料及化学制品制造业和通用及专用设备制造业（每个行业 20 家抽样企业），各占抽样企业总数的 17%；其次是纺织工业与电力、热力的生产和供应业（每个行业 14 家抽样企业），各占抽样企业总数的 11%；再次是农副产品加工业，共有 13 家抽样企业，约占抽样企业总数的 11%；后面依次是建筑业（8 家，占抽样企业总数的 7%）、金属制品业（7 家，占抽样企业总数的 6%）、医药制造业（3 家，占抽样

企业总数的 2%）和造纸及纸制品业（2 家，占抽样企业总数的 2%）；此外，还有 13 家抽样企业属于其他行业。以上分析表明，本次抽样调查企业的行业分布较为分散。

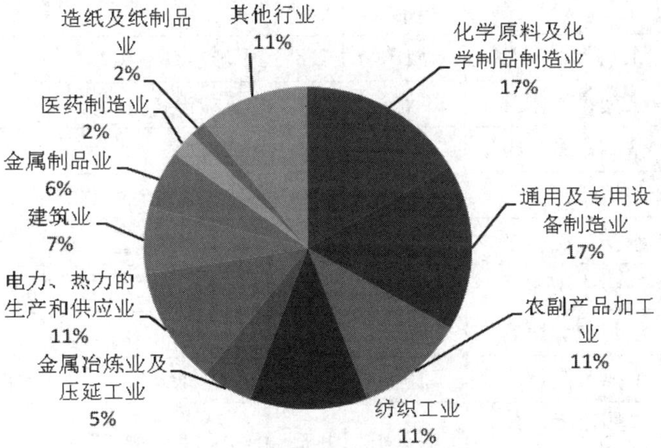

图 3–7 抽样企业的行业分布

第三节 抽样企业的运行效率评估

在本小节中，我们根据抽样企业数据，采用 DEA 模型考察抽样企业的能源利用效率。DEA 模型对抽样企业的评估结果中，能源利用效率值介于 0 到 1 之间。如果抽样企业的能源利用效率值为 1，则意味着该抽样企业能源利用效率最高；如果抽样企业的能源利用效率值为 0，则说明该抽样企业能源利用效率最低。

表 3–7 列出了抽样企业能源利用效率排名情况。经过观察可知，在能源利用效率排在前 20 名的抽样企业中，有 10 家抽样企业属于黄河三角洲地区；在能源利用效率排在前 40 名的抽样企业中，有 24 家抽样企业属于黄河三角洲地区。在能源利用效率排名倒数 40 名的抽样企业中，有 29 家企业属于黄河三角洲地区。上述数据表明，黄河三角洲地区各个抽样企业之间的能源利用效率存在较大差别，能源利用率相对较高的企业和能源利用率相对较低的企业并存。

表 3-7　　企业能源利用效率评估表

能源利用效率排名	抽样企业所属地区	是否属于黄河三角洲地区	抽样企业的主营产品或所属行业	能源利用效率评估值
第1位	东营市垦利县	属于	碳酸二甲酯、环氧丙烷等	1.000
第1位	济南市济阳县	不属于	机械设备	1.000
第1位	济南市章丘市	不属于	电力	1.000
第1位	临沂市莒南县	不属于	味精、黄原胶	1.000
第1位	泰安市肥城市	不属于	DDGS设备制造	1.000
第6位	济南市历城区	不属于	钢构机加工	0.808
第7位	滨州市无棣县	属于	轻革	0.646
第8位	滨州市阳信县	属于	CPE、碳纤维制品	0.493
第9位	日照市经济技术开发区	不属于	电元、电缆附件及成套设备	0.486
第10位	济南市历城区	不属于	建筑	0.377
第11位	东营市垦利县	属于	机械制造业	0.360
第12位	淄博市张店区	不属于	玻璃	0.271
第13位	东营市垦利县	属于	石油加工及石油制品制造	0.256
第14位	滨州市邹平县	属于	铝合金压铸件、铝锭、铝棒	0.254
第15位	济宁市嘉祥县	不属于	建筑业道路桥梁	0.246
第16位	东营市垦利县	属于	建筑业管方桩、钻杆	0.234
第17位	滨州市滨城区	属于	抽油杆、油井管	0.229
第18位	滨州市惠民县	属于	农业	0.220
第19位	枣庄市	不属于	玻璃	0.203
第20位	滨州市阳信县	属于	石油化工	0.199
第21位	东营市垦利县	属于	蜡油、重油	0.177
第22位	滨州市惠民县	属于	集热管、太阳能热水器、太阳能系统集热工程	0.172
第23位	东营市垦利县	属于	生物医药	0.163
第24位	滨州市邹平县	属于	铝合金	0.160

续前表

能源利用效率排名	抽样企业所属地区	是否属于黄河三角洲地区	抽样企业的主营产品或所属行业	能源利用效率评估值
第 25 位	枣庄市中区	不属于	机械制造	0.154
第 26 位	滨州市经济开发区	属于	家纺	0.149
第 27 位	东营市垦利县	属于	特种耐火材料、碳素	0.148
第 28 位	潍坊市潍城区	不属于	节电、节能设备	0.143
第 29 位	潍坊市潍城区	不属于	机器配件	0.140
第 29 位	滨州市北海新区	属于	饲料生产销售	0.140
第 31 位	滨州市阳信县	属于	供水设备	0.136
第 32 位	滨州市北海经济开发区	属于	GBL、NMP 及年环己胺	0.129
第 33 位	滨州市高新区	属于	淀粉糖	0.128
第 34 位	济宁市汶上县	不属于	制造业	0.125
第 35 位	滨州市沾化县	属于	轻工业	0.123
第 36 位	滨州市高新区	属于	曲轴加工	0.119
第 37 位	东营市垦利县	属于	三氟化硼络合物	0.115
第 38 位	济南市历城区	不属于	加气砌块砖生产	0.112
第 39 位	滨州市惠民县	属于	轻工	0.110
第 40 位	临沂市临沭县	不属于	塑料编织袋	0.106
第 41 位	德州市武城县	不属于	环保行业 除尘过滤材料	0.104
第 42 位	潍坊市潍城区	不属于	供热计量设备及供热节能系统	0.103
第 43 位	滨州市高新区	属于	机械	0.102
第 44 位	滨州市高新区	属于	化工	0.095
第 45 位	滨州市滨城区	属于	烧碱、环氧丙烷、三氯乙烯	0.088
第 46 位	滨州市北海新区	属于	海水育苗、养殖	0.083
第 47 位	德州市临邑县	不属于	纸类	0.081
第 47 位	济宁市任城区	不属于	房地产开发	0.081
第 49 位	滨州市惠民县	属于	绳网	0.079

续前表

能源利用效率排名	抽样企业所属地区	是否属于黄河三角洲地区	抽样企业的主营产品或所属行业	能源利用效率评估值
第 49 位	青岛市李沧区	不属于	钢材、冶金	0.079
第 49 位	滨州市经济开发区	属于	轻工、疫苗	0.079
第 52 位	临沂市沂水县	不属于	机械油顶	0.078
第 53 位	滨州市经济开发区	属于	给水管材、燃气管材等	0.075
第 54 位	滨州市惠民县	属于	米糠油、米糠粕	0.072
第 54 位	潍坊市潍城区	不属于	沟槽管件、涂塑钢管	0.072
第 56 位	潍坊市潍城区	不属于	畜牧业	0.070
第 57 位	滨州市北海经济开发区	属于	给水管材、管件	0.069
第 58 位	滨州市北海新区	属于	制盐、海水养殖	0.068
第 59 位	滨州市邹平县	属于	氧化铝粉体及制品、陶粒	0.066
第 60 位	济南市长清区	不属于	机械设备加工制造	0.064
第 61 位	潍坊市寿光市	属于	化工、焦亚硫酸钠	0.062
第 62 位	济南市历城区	不属于	电力生产、城市供热	0.061
第 62 位	东营市垦利县	属于	粮油加工	0.061
第 62 位	济南市市中区	不属于	化工	0.061
第 62 位	潍坊市潍城区	不属于	崔字牌小磨香油及系列芝麻制品	0.061
第 62 位	济南市历城区	不属于	电力、热力	0.061
第 67 位	济宁市邹城市	不属于	采掘业、煤炭	0.060
第 67 位	临沂市临沭县	不属于	电力生产，供热	0.060
第 69 位	潍坊市临朐县	不属于	电力生产，供热	0.057
第 70 位	威海市文登区	不属于	玻璃钢管道及相关产品	0.055
第 70 位	淄博市淄川区	不属于	纺织产品	0.055
第 72 位	潍坊市潍城区	不属于	PE 农业水利灌溉管、COD 通讯管材	0.053
第 73 位	济宁市兖州区	不属于	太阳能玻璃管	0.052

续前表

能源利用效率排名	抽样企业所属地区	是否属于黄河三角洲地区	抽样企业的主营产品或所属行业	能源利用效率评估值
第 74 位	潍坊市寿光市	属于	化工、溴素	0.048
第 75 位	滨州市无棣县	属于	机械制造	0.047
第 76 位	潍坊市潍城区	不属于	高端环保新型管材	0.046
第 76 位	滨州市高新区	属于	沙发	0.046
第 78 位	临沂市兰陵县	不属于	生产铁粉	0.044
第 79 位	滨州市邹平县	属于	抛丸机及金属磨料	0.041
第 80 位	滨州市滨城区	属于	汽车用铝活塞耐磨镶圈	0.037
第 81 位	滨州市无棣县	属于	精密铸造	0.035
第 81 位	滨州市经济开发区	属于	汽车零部件及配件制造	0.035
第 83 位	滨州市阳信县	属于	纺织	0.033
第 83 位	滨州市沾化县	属于	食品加工，枣制品、山楂制品	0.033
第 83 位	滨州市沾化县	属于	双氧水、氯气、液碱、丁腈、偶氮产品	0.033
第 86 位	烟台市龙口市	不属于	机械	0.032
第 86 位	潍坊市滨海经济开发区	不属于	畜牧业	0.032
第 88 位	滨州市阳信县	属于	再生涤纶长丝、毛毯、地毯	0.031
第 89 位	滨州市沾化县	属于	纺织业	0.030
第 89 位	滨州市北海新区	属于	食品生产销售	0.030
第 91 位	滨州市无棣县	属于	刹车盘、刹车毂	0.029
第 91 位	潍坊市潍城区	不属于	纸箱彩盒	0.029
第 93 位	滨州市北海新区	属于	制盐、盐化工、养殖	0.028
第 93 位	滨州市阳信县	属于	棉纱、织布	0.028
第 95 位	济宁市高新区	不属于	机械、设备、重工	0.026
第 96 位	烟台市龙口市	不属于	交通运输业	0.024
第 96 位	滨州市阳信县	属于	不锈钢餐具	0.024

续前表

能源利用效率排名	抽样企业所属地区	是否属于黄河三角洲地区	抽样企业的主营产品或所属行业	能源利用效率评估值
第 98 位	滨州市惠民县	属于	农林牧渔业——饲料	0.024
第 98 位	东营市垦利县	属于	房地产开发、建安等	0.024
第 100 位	济宁市任城区	不属于	化学制药	0.023
第 100 位	青岛市李沧区	不属于	建筑材料	0.023
第 102 位	滨州市无棣县	属于	汽车零配件、工程履带	0.022
第 102 位	滨州市高新区	属于	轻工业	0.022
第 104 位	滨州市无棣县	属于	发电、供暖	0.021
第 105 位	日照市	不属于	电子玻璃	0.020
第 105 位	烟台市芝罘区	不属于	服务业	0.020
第 107 位	滨州市阳信县	属于	石油焦	0.018
第 108 位	滨州市高新区	属于	大输液	0.017
第 108 位	潍坊市潍城区	不属于	西服、标志服	0.017
第 110 位	枣庄市滕州市	不属于	水泥制造	0.013
第 111 位	潍坊市昌邑市	属于	毛巾生产	0.009
第 112 位	临沂市临沭县	不属于	电力供热	0.008
第 113 位	济南市章丘市	不属于	饮料	0.006
第 113 位	滨州市滨城区	属于	坯布、棉纱	0.006
第 115 位	日照市莒县	不属于	食品出口	0.005
第 115 位	滨州市惠民县	属于	涤棉纱	0.005
第 117 位	烟台市龙口市	不属于	铝业	0.004
第 118 位	青岛市四方区	不属于	钢材	0.002

从能源利用效率数值方面来看，有 5 家抽样企业的效率值为 1.0，说明这 5 家企业的能源利用效率最高；接着有 6 家抽样企业能源利用值在 0.3 到 1.0 之间；有 32 家抽样企业的能源利用效率值在 0.1 到 0.3 之间；其余 75 家抽样企业的能源利用效率值在 0.1 以下。上述数据表明，黄河三角洲

地区和山东其他县市的抽样企业中只有少数企业能源利用效率较高，大部分企业能源利用效率较低。造成这种现状的原因可能是当前整体经济形势欠佳，不少企业开工率不足，影响了企业的运行效率。除此之外，抽样企业的能源利用效率产生差异的原因还可能有很多，要素市场扭曲是一项重要原因。根据林伯强（2013），要素市场扭曲阻碍我国能源效率的提升。林指出："我国要素市场扭曲的能源年损失量在1.2亿至1.6亿吨标准煤之间，占能源总损失的24.9%至33.1%。"由此可见，如果要素市场不完善，我们将要付出巨大的能源代价。建立完善的能源市场，有利于黄河三角洲地区能源利用效率的提升，进而有利于提升黄河三角洲地区循环经济整体的运行效率。

第四节 抽样企业能源利用效率的区域差异

本小节从区域角度考察抽样企业的能源利用效率。表3-8列出了不同地区抽样企业的能源利用效率。从均值来看，黄河三角洲地区抽样企业的能源利用效率的均值为0.1185，低于山东省其他县市抽样企业能源利用效率的均值（0.1657），这说明从整体上来看，黄河三角洲地区抽样企业的能源利用效率较山东省其他县市能源利用效率低。

从标准差来看，黄河三角洲地区抽样企业的能源利用效率的标准差为0.1582，低于山东省其他县市抽样企业能源利用效率的标准差（0.2610），这说明，黄河三角洲地区64家抽样企业间的能源利用效率之间的差距要小于山东省其他县市54家抽样企业。

表3-8 各个地区的能源利用效率

序号	抽样企业所属地区	抽样企业的数量（家）	抽样企业的能源利用效率统计指标			
			均值	标准差	最高排名	最低排名
1	黄河三角洲地区	64	0.1185	0.1582	1	116
2	山东省其他县市	54	0.1657	0.2610	1	118

图3-8描述了黄河三角洲地区抽样企业的能源利用效率的分布状况。

经过观察可知，在黄河三角洲地区 64 家抽样企业中，有 1 家抽样企业的能源利用效率值为 1，该抽样企业的能源利用效率最高；有 1 家抽样企业的能源利用效率值为 0.6460，1 家抽样企业的能源利用效率值为 0.4931；其余抽样企业中，有 6 家企业能源利用效率在 0.2 到 0.4 之间，有 16 家企业能源利用效率在 0.1 到 0.2 之间，其余黄河三角洲地区抽样企业能源利用效率在 0.1 以下。以上数据表明，黄河三角洲地区抽样企业中，少部分抽样企业能源利用效率较高，大部分抽样企业能源利用效率处在较低水平。因此黄河三角洲地区抽样企业之间能源利用效率存在较大差异且普遍较低。

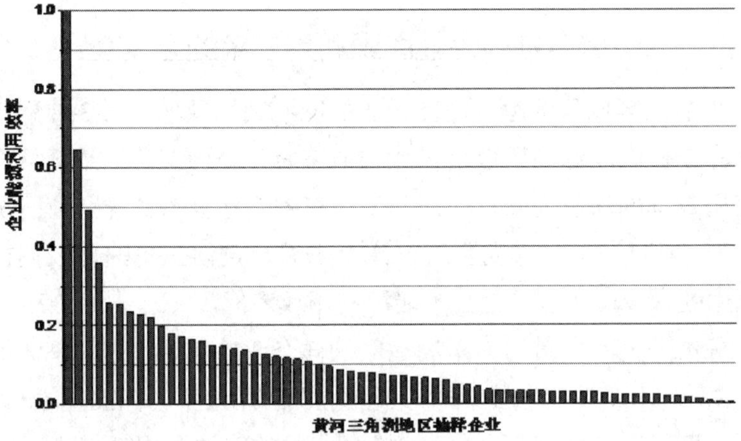

图 3-8 黄河三角洲地区抽样企业能源利用效率

图 3-9 描述了山东省其他县市抽样企业的能源利用效率的分布状况。经过观察可知，在山东省其他县市 54 家抽样企业中，有 4 家企业的能源利用效率值为 1，能源利用效率最高；有 1 家企业的能源利用效率为 0.8079，有 1 家企业的能源利用效率为 0.4857；其余抽样企业中，有 4 家企业能源利用效率在 0.2 到 0.4 之间，有 8 家企业能源利用效率在 0.1 到 0.2 之间，其余山东省其他县市抽样企业能源利用效率在 0.1 以下。以上数据表明，山东省其他县市抽样企业中少部分企业能源利用较高，大部分能源利用效

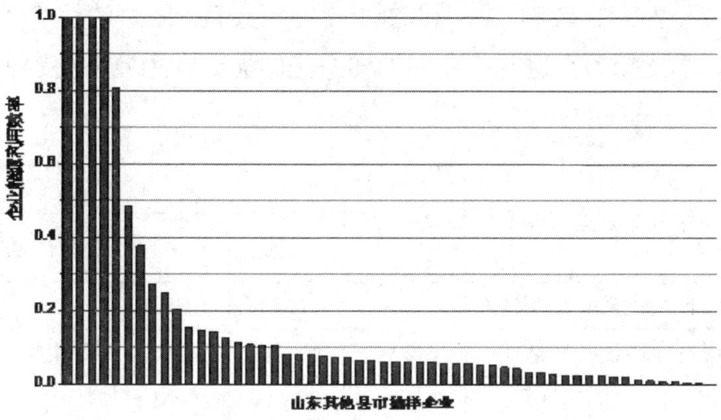

图 3-9 山东省其他县市抽样企业能源利用效率

率处在较低水平，因此山东省其他县市抽样企业之间能源利用效率也存在较大差异且能源利用效率普遍较低。

经过比较图 3-8 和图 3-9 可知，无论是黄河三角洲地区，还是山东省其他县市，都有能源利用效率较高和较低的企业，抽样企业之间的能源利用效率存在较大差异，并且抽样企业的总体能源利用效率相对较低。这意味着各个抽样企业的能源利用效率存在较大的提升空间。

第五节 抽样企业能源利用效率的行业差异

本小节从行业角度考察抽样企业能源利用效率。表 3-9 列出了不同行业抽样企业的能源利用效率。从均值来看，化学原料及化学制品制造业的能源利用效率均值最高（0.2048），这说明该行业的能源利用效率最高，其主要原因可能是该行业是能源密集型行业，企业重视提高能源利用效率来降低成本；其次是通用及专用设备制造业（0.1886）、金属冶炼业及压延工业（0.1818）和电力、热力的生产和供应业（0.1738），表明这些行业的能源利用效率相对较高；其他行业的能源利用效率相对较低，最低是纺织工业（0.0552）和造纸及纸质品业（0.0550）。

从标准差来看，金属冶炼业及压延工业最高（0.3124），这说明该行业的能源利用效率的差别最大。其次是通用及专用设备制造业（0.2901）、化学原料及化学制品制造业（0.2855）和电力、热力的生产和供应业（0.2654），这意味着在这些行业内抽样企业的能源利用效率差别相对较大。

表 3-9 各个行业的能源利用效率

序号	抽样企业所属行业	抽样企业的数量（家）	抽样企业的能源利用效率统计指标			
			均值	标准差	最高排名	最低排名
1	化学原料及化学制品制造业	20	0.2048	0.2855	1	107
2	通用及专用设备制造业	20	0.1886	0.2901	1	102
3	农副产品加工业	13	0.0714	0.0612	18	115
4	纺织工业	14	0.0552	0.0489	26	116
5	金属冶炼业及压延工业	6	0.1818	0.3124	6	118
6	电力、热力的生产和供应业	14	0.1738	0.2654	1	112
7	建筑业	8	0.1378	0.1338	10	110
8	金属制品业	7	0.0976	0.0995	14	97
9	医药制造业	3	0.0850	0.0812	23	108
10	造纸及纸制品业	2	0.0550	0.0264	47	93

图 3-10 描绘了各个行业抽样企业能源利用效率值的分布情况。经过观察，根据每个行业能源利用效率分布情况，我们可以将抽样企业所在行业分为三类：第一类行业包括化学原料及化学制品业（见图 3-10-1）、通用及专用设备制造业（见图 3-10-2）、金属冶炼业及压延工业（见图 3-10-5）和电力、热力的生产和供应业（见图 3-10-6）；第二类行业包括农副产品加工业（见图 3-10-3）、纺织工业（见图 3-10-4）、建筑业（见图 3-10-7）和金属制品业（见图 3-10-8），第三类行业包括医药制造业（见图 3-10-9）和造纸及纸制品业（见图 3-10-10）。第三类行业中每个行业的抽样企业较少，无法做出详细阐述。下面我们对前两类行业进行详细分析。

第一类行业的四个行业中抽样企业能源利用效率分布较为分散。每种行业里，能源利用效率最高的企业能源利用效率都超过了 0.8，也有很大一部分抽样企业的能源利用效率低于 0.2，抽样企业间能源利用效率差别较大。这说明，这四个行业在现今技术条件下，已经有企业可以达到较高的能源利用效率。处于该行业中的其他能源利用效率较低的抽样企业，都可以通过能源审计考察企业自身能源利用效率较低的原因，借鉴本行业中能源利用效率较高的企业的做法，努力提高自身能源利用效率。

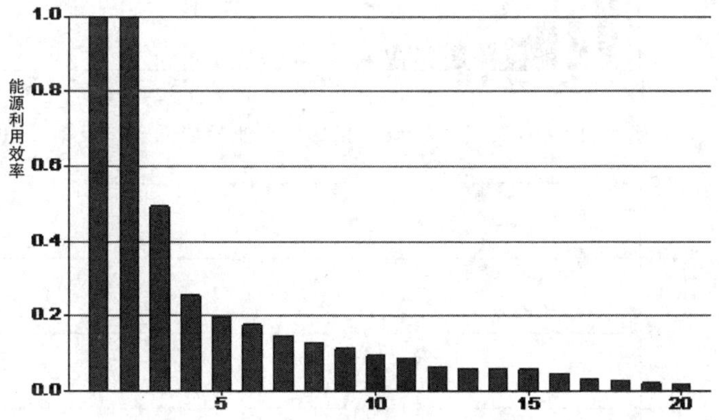

图 3-10-1　化学原料及化学制品业抽样企业的能源利用效率

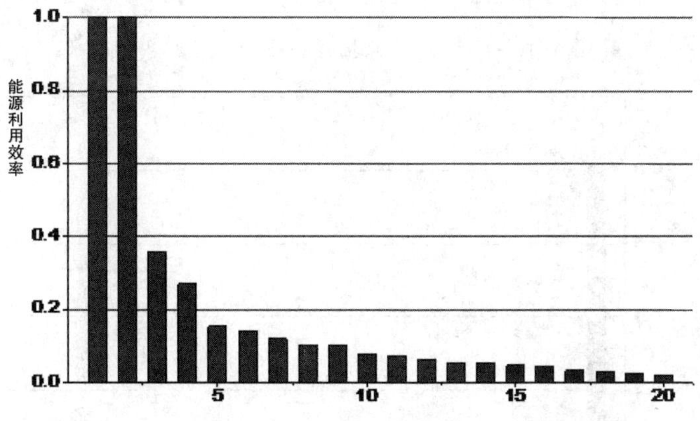

图 3-10-2　通用及专用设备制造业抽样企业的能源利用效率

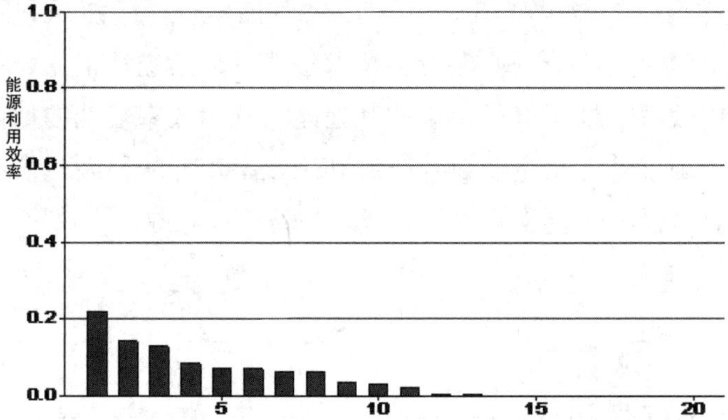

图 3-10-3 农副产品加工业抽样企业的能源利用效率

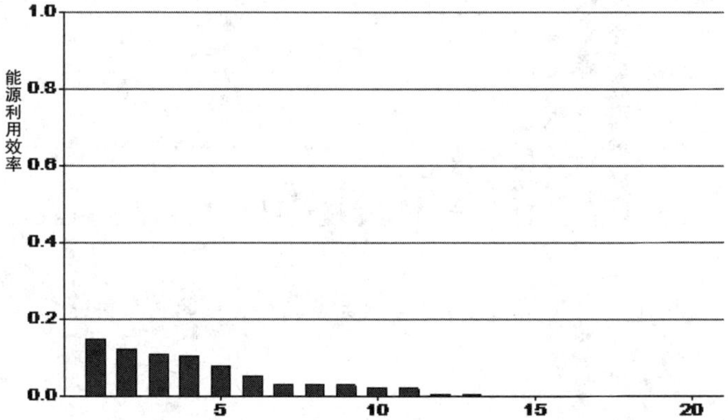

图 3-10-4 纺织工业抽样企业的能源利用效率

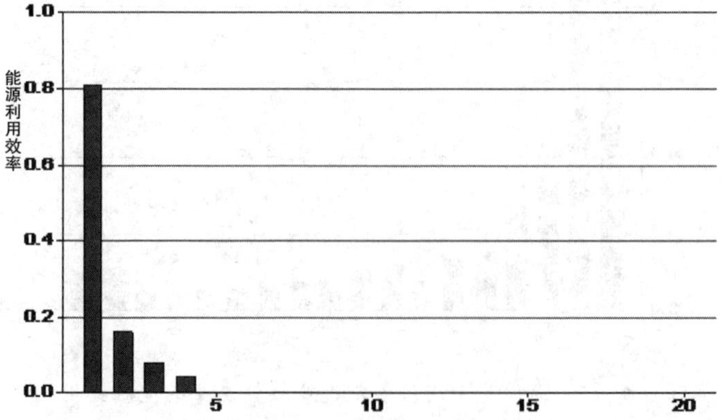

图 3-10-5 金属冶炼业及压延工业抽样企业的能源利用效率

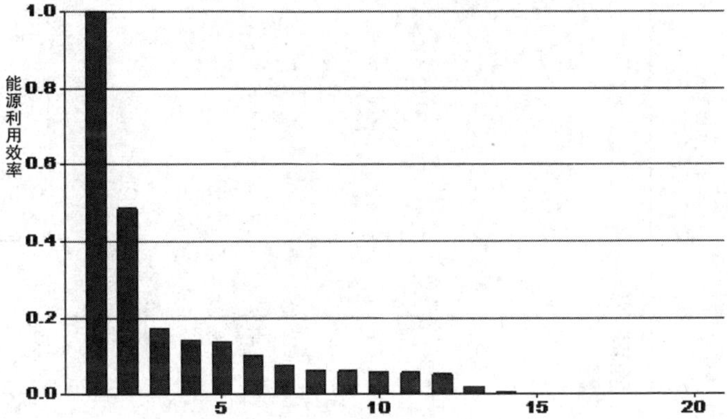

图 3-10-6　电力、热力的生产和供应业抽样企业的能源利用效率

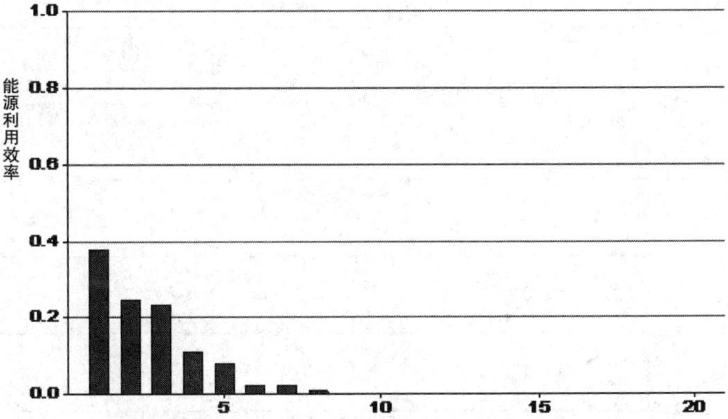

图 3-10-7　建筑业抽样企业的能源利用效率

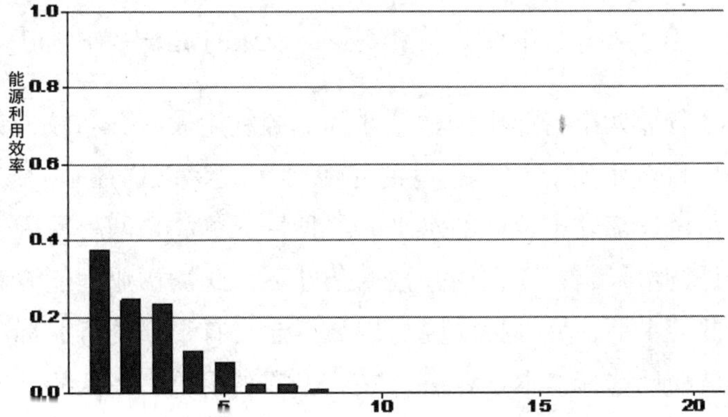

图 3-10-8　金属制品业抽样企业的能源利用效率

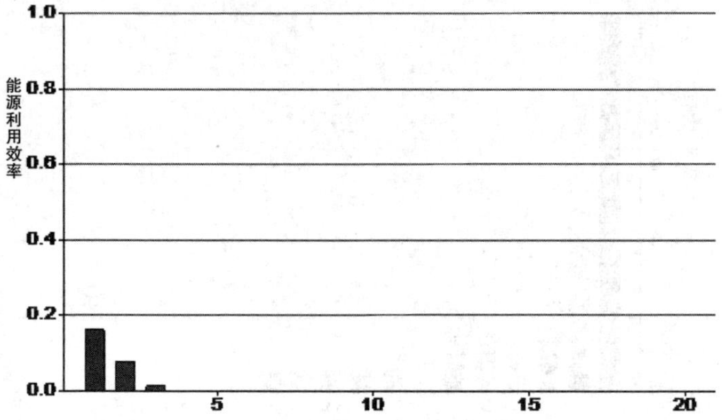

图 3-10-9 医药制造业抽样企业的能源利用效率

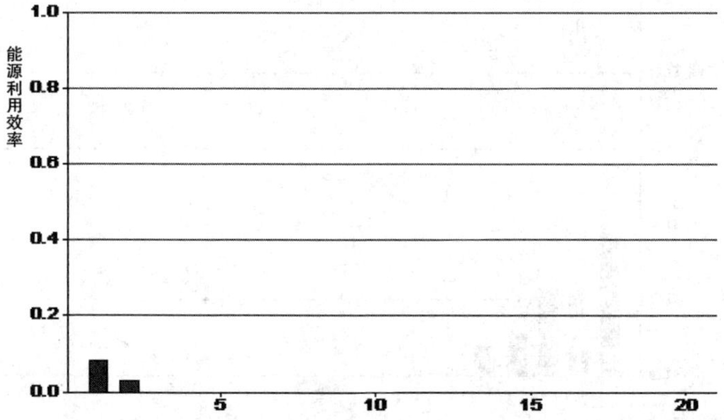

图 3-10-10 造纸及纸制品业抽样企业的能源利用效率

图 3-10 各个行业抽样企业的能源利用效率分布图

第二类行业四个行业中抽样企业的能源利用效率分布较为集中且普遍较低。四个行业中所有抽样企业的能源利用效率值均在 0.0 到 0.4 之间，分布比较紧密且都处于较低的水平。这种情况可能是两种原因造成的：第一种原因是技术限制，即在当今技术条件下，此类行业的能源利用效率只能处于较低的水平；另一种原因是该类行业具有很强的行业标准，行业中的企业都被动地选择了本行业中会导致能源利用效率降低的普遍做法。处于该类行业中的企业应该认真分析自身能源利用效率较低的原因，针对原因选择适合自身提高能源利用效率的方法。具体来讲，如果企业能源利用效率较低是第一种原因造成的，在技术近期内难以取得长足发展的情况下，行业内企业能源利用效率很难得到改善，这类企业应该加快技术研发，通过技术进步提高自身能源利用效率；如果企业能源利用效率较低的原因是第二种，则处于该行业中的企业应该通过行业协会等组织发起行业发展会议，依据本行业特点，探讨如何改掉旧的、会导致能源利用效率较低的行业标准，关键是要探讨行业标准的改变与该行业上下游行业间的协调关系。

下面我们再从总体上分析抽样企业能源利用效率的分布情况。通过观察可知，各个行业的能源利用效率存在明显差别。有些行业的能源利用效率相对较高，如化学原料及化学制品制造业、通用及专用设备制造业、金属冶炼业及压延工业和电力、热力的生产和供应业；还有一些行业的能源利用效率相对较低，如造纸及纸制品业。从总体上来看，各个行业抽样企业之间的能源利用效率存在较大差别，并且多数抽样企业的能源利用效率相对较低，与本行业能源利用效率最高的企业之间存在较大的差异。这意味着抽样企业能源利用效率提升的潜力相对较大。

第六节 本章结论及政策建议

当前，中国政府拟推进能源价格市场化改革，国际能源价格频繁波动带来的风险将成为企业关注的焦点之一。然而，提高能源利用效率可以降低单位产品生产的能源消费量，进而可以有效降低能源价格波动带来的市场风险，增强企业在国内外市场上的竞争力。此外，新能源在世界范围内获得了快速发展，为黄河三角洲地区提供了机遇。在此背景下，本章评估了黄河三角洲地区与山东省其他县市的抽样企业的能源利用效率。

首先我们简单地描述了用于评估企业能源利用效率的 DEA 模型，介绍了黄河三角洲地区和山东省其他县市的 118 家抽样企业的数据的统计性指标。然后给出了抽样企业能源利用效率的评估结果，并对结果进行了整体分析，发现黄河三角洲地区和山东其他县市抽样企业之间的能源利用效率存在较大差别，能源利用效率相对较高的企业和能源利用效率相对较低的企业并存。接着，我们分别从区域角度和行业角度对黄河三角洲地区和山东省其他县市的118家抽样企业能源利用效率进行了对比，浅析了抽样企业间能源利用效率差距的原因。在此基础上，本章提出以下政策建议：

第一，黄河三角洲地区企业应该加强能源审计，提高能源利用效率。

本章研究结果表明，多数黄河三角洲地区抽样企业的能源利用效率相对较低，具有较大的提升潜力。所以，黄河三角洲地区应该加强企业（尤其是高能耗企业和能源利用效率较低的企业）的能源审计，核查该企业与能源利用效率较高的企业的能源消费量差距及其成因，确定可以提升能源利用效率的环节及解决方案，以实现企业的节能增效。具体来讲，首先，目前我国的能源法还未对审计做出明确的要求，黄河三角洲地区需要在能源审计法规制度中对能源审计进行规定，探索和完善能源审计标准体系；在此基础上建立能源消费量信息数据库，对用能单位进行管理，定期测试，并将结果备案，以便对用能单位加强监督管理。其次，黄河三角洲地区的能源审计工作应该和节能改造工作相结合，推行审计和改造的一体化。只有将两者结合起来，才能真正的发挥能源审计的作用，使能源利用效率得以提升。另外，黄河三角洲地区地方政府应该采取适当的经济鼓励措施，如税收减免、财政补贴、加速折旧等，以提高企业参与能源审计的积极性。企业能源利用效率的提高，有助于黄河三角洲地区循环经济整体运行效率的提高和可持续发展。

第二，黄河三角洲地区应该促进能源市场的完善和成熟，以提高市场的配置效率。

目前，中国能源市场存在诸多市场扭曲现象，黄河三角洲地区也不例外。完善的能源市场，可以实现能源的有效配置，从而提升整个经济的运行效率。为此，中国政府拟推进能源价格市场化改革，以发挥能源市场在调控资源中的有效作用。在此背景下，黄河三角洲地区应该因地制宜，采取措施，促进形成完善的能源市场。具体来讲，黄河三角洲地区应积极配合中国能源价格市场化改革，构建合理的能源价格体系，使能源价格成为市场配置资源的信号；其次，在初始资源的分配上，广泛采用公开透明的招投标方式，加强监督管理部门对市场的监督，降低寻租的发生，使能源能够按照市场的规律优先配给效率高的生产者；再者，黄河三角洲地区应加强区域内道路等基础设施建设，为能源在区域内充分流动提供条件，促进区域内各部门间的分工合作，以推进地区能源市场一体化。总之，黄河三角洲地区应进一步推动本地区能源市场市场化进程，发挥市场对能源的配置作用，提高黄河三角洲地区企业的能源利用效率。

第三，黄河三角洲地区应该加快新能源行业的发展，短期内优先鼓励新能源设备制造业的发展，从长远要鼓励新能源行业的技术研发。

不容忽视的是，黄河三角洲地区应优先发展新能源设备制造业，以满足世界新能源快速发展的需求，而不应该局限于当地市场的需求。不同于风电等新能源，新能源设备制造业基本上不受自然条件的限制。因此，黄河三角洲地区应该鼓励发展新能源设备制造业，使之成为新的经济增长点。

从长期来看，新能源设备制造业必须以强大的科研能力为支撑。黄河三角洲地区应重视新能源设备制造行业人才的培养，鼓励产学研、国际科技合作，支持新能源技术科技成果产业化等，积极推动新能源设备制造技术的创新和进步。

/ 第四章 /

黄河三角洲特色县域经济发展研究：以乐陵市为例

李少星 呼延芳*

县是我国行政管理体系中源远流长、最具稳定性的区划类型。自秦始皇建立郡县制以来，县级行政区一直在我国经济社会发展中发挥着重要作用，也历来受到国家政策的高度重视。中共中央关于制定国民经济和社会发展第十三个五年规划的建议指出，要“发展特色县域经济”，为我国县和县级市发展提供了重要的政策支持。黄河三角洲高效生态经济区建设进入国家战略已五年有余，继续深入推进形成城市经济、县域经济、园区经济、农村经济协同发展的格局意义重大。本章梳理了发展特色县域经济的理论基础，总结了发展特色县域经济在黄河三角洲高效生态经济区建设中的现实意义，并以德州乐陵市为例对如何发展特色县域经济进行研究和探讨。

第一节 发展特色县域经济的理论基础

县域经济是在县级行政区基础上形成的一种区域经济类型，其主体一般是指我国行政区划体系中的各类县、旗和县级市，有时也会包括一部分含有郊区和农村的市辖区。由于县级行政区的资源特点、竞争环境、权力结构及其变化、市场特点以及城乡关系，发展特色县域经济具有与一般区

* 李少星，男，河北邢台人，博士，山东大学山东发展研究院副教授，硕士研究生导师，主要从事城市与区域发展研究。呼延芳，女，陕西延安人，山东大学经济研究院硕士研究生。

域经济不同的理论基础。

一、县域经济自身的资源有限性

区域经济的空间尺度具有相对性、动态性和可变性，大者可达几百万平方公里，并且其边界相对比较模糊。而县域经济则不同，它是具有明确空间边界的、与县级行政区界线相吻合的区域经济类型，一般而言也就是几百到几千平方公里的空间范围。因此，在这样一个空间尺度相对较小的地域内，其土地、矿产、生态环境、光热等自然资源以及人口、劳动力、技术等社会资源是相对有限的。尽管一些资源是可流动的、利用国内国外两个市场进行调配的，但土地、环境、光热等先天不变资源在一定时期内无法有较大改变，从而对其产生了明确的外部限定，这一点与大范围区域经济发展的特点很不相同。这种资源的有限性决定了县域经济不能贪大求全，无法建立完整、系统的产业体系，必须要有更高的开放性和更好的合作性。

二、县域与城市竞争中的核心 – 边缘结构

我们要认识到，当前县域经济的发展环境与历史上的情形有很大区别。在封建社会时期，城市并不具备强大的生产功能，仅仅是一个管理社会、商品交易及消费的场所。但在工业化进程中，城市由于其频繁的要素流动与强大的集聚能力，成为经济的生产中心和组织中枢，以大城市为依托进行区域经济组织布局已经变为经济管理的自觉行为。相对而言，县域经济处于一种从属的边缘地位，这与一般性的区域经济也存在较大差别。在与城市经济的竞争合作中，县域经济往往并不具备优势，最终容易陷入恶性的循环累积。因此，县域经济的发展，要更加关注城市经济发展的方向和趋势，利用好因大城市特性而形成的区位优势、资源优势和市场优势，探讨和解决好区域协调发展的命题。

三、地方分权化与县乡关系转型

在地方分权化和县乡关系转型中，县级政府的权责不断强化。一方面，

我国经济社会管理权限不断下沉、前移，使县域经济的独立自主权不断扩大。在同一层级中，县和县级市政府与市辖区政府的主要区别就是按照经济发展地位和定位的不同，在行政审批、监管执法、地方财政等方面具有更完整的权责构成和更高的自主性。伴随着中央和省市权力的不断下放以及省直管县制度的推进实施，县一级政府的自主权将变得更大。同时，由于乡财县管以及城镇化进程的加快，乡镇财权、事权被削减，日常事务性工作也不断减少，造成了明显的乡镇政府权力弱化，县级政府的权力责任得到进一步强化。因此，在行政管理体制的改革过程中，地方分权的权力下放和县乡关系转型中的权力上收，使县级政府成为上下对接的焦点，这将使其与其他区域经济类型的权力结构差异更加明显。

四、信息不对称与服务型政府建设

按照信息不对称理论，政府、企业和群众之间及其内部必然存在各种信息的不对称问题，将影响政府进行经济管理决策和为居民提供公共服务的效率。县级政府作为管理幅度较小、与服务群体空间和心理距离较近的一个主体，在实际运营中更能够了解社会诉求，更便于实现精准化管理，有利于服务型政府的建设。但同时，由于县域经济的资源有限性，试图通过市场自发力量培育经济发展动力的行动往往并不那么有效，一般需要更加强调县级政府的调控力量，这在一定程度上又给县级政府提出了更高的要求。

五、城乡关系转变与统筹城乡发展

当城镇化和城镇发展达到一定水平时，以城带乡、统筹城乡成为一个必然趋势。但在具体实践过程中，由于城乡之间要素流动的层级性特点和行政区划限制，大城市除对近邻农村地区产生直接带动作用外，对距离较远农村的辐射带动并不直接，更多地需要中小城市和县级城市来实现，尤其是在城乡基本公共服务一体化方面。上世纪 80 年代到 90 年代中期，中央政府对小城镇在城乡统筹中的作用给予了很高期望，但现实发展的事实表明，小城镇的资源承载能力和人口吸纳能力明显不足，只能起到辅助性作用。因此，县域经济实际成为统筹城乡发展的关键主体，这一作用与其他区域经济类型相比也具有较大区别。

第二节 黄河三角洲发展特色县域经济的现实意义

一、黄河三角洲县域经济发展概况

国家规划批复时，黄河三角洲共有4个市辖区、4个县级市和11个县。2014年9月9日，国务院批复同意对滨州市部分行政区划进行调整，撤销沾化县，设立滨州市沾化区，以原沾化县的行政区域为沾化区的行政区域。因此，本部分仅对所余14个县和县级市进行分析。

2014年末，“黄三角”县域面积1.96万平方公里，年末总人口770.85万人[①]，完成公共财政预算收入和支出分别为381.32亿元和484.3亿元。按14个县和县级市计算，平均每个县域面积约为1400平方公里、55万人，完成公共财政收入27亿元、公共财政支出35亿元，在全省县域经济中均较为居中。就县域经济在区域发展中的地位和作用而言，黄三角地区县域经济除区域面积占整个黄三角的比重较低外，其余三项指标占比均高于全省。尤其是“黄三角”县域公共财政收入和公共财政支出占全区比重高于全省20个百分点以上。可以看出，县域经济对黄三角区域发展的相对重要性要高于全省，应给予更多的关注和研究。

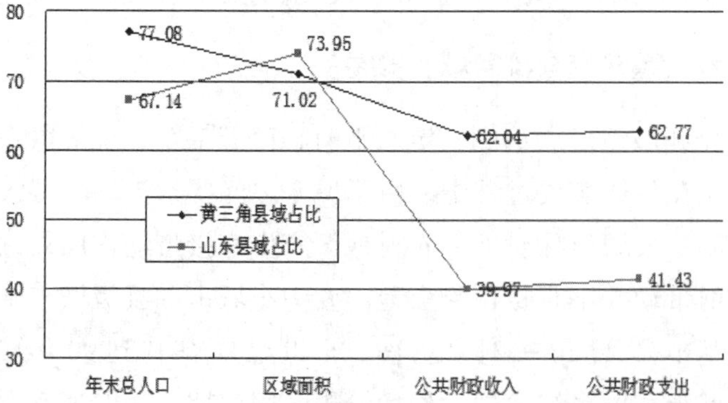

图4-1 2014年县域经济在区域发展中的地位和作用比较（单位：%）

① 此处年末总人口数据为户籍人口统计口径。

二、发展特色县域经济有助于增长动力多元化

首先，从政府作为经济发展重要推动力的角度看，县级政府无疑是非常重要的一个环节。一方面，中央和省市政府关于新常态背景下稳定经济增长、调整优化经济结构、建设高效生态经济区的总体意图要依靠县级政府，要通过县级政府对方方面面政策的贯彻落实来保证经济发展质量和效益的提升。因此，中央和省市党委政府要着力构建约束政策和引导政策并重的政策体系，促进县域经济差异化发展。另一方面，县级政府所掌握的公共资源也相当可观。在以考核奖惩为干部激励措施、以土地等资源要素和公共财政资金为产业集聚手段、以管理和服务为亲商招商途径的资源调配过程中，县级政府发挥了重要作用。从黄河三角洲县域完成的公共财政支出看，尽管每个县平均完成数量与市辖区仍有一定差距，但其总量却无法忽视。

其次，从县域经济作为区域发展的重要内容看，只有县域经济实现科学发展，黄河三角洲地区率先发展的目标才能实现。党的十八大提出，到建党一百年时要全面建成小康社会，其目标是要“建成”，但关键在于“全面”。由于县域地区人口占黄河三角洲地区总人口的比重超过77%，不管是从地区整体发展的角度还是人的全面发展的角度，县域地区在黄河三角洲全面建成小康社会进程中都具有举足轻重的作用。然而，以五个区（含滨州市沾化区）为主体的区内城市经济发展还不尽如人意。东营、滨州、潍坊（寒亭区）几个地级市，无论从规模能级上、还是从创新引领作用上，都还不能胜任带动全区发展的重任。因此，为实现到2020年全面建成小康社会的总体目标，必然要充分发挥县域经济的推动作用，甚至是主要作用。

第三，从县域自然资源和社会资源作为区域发展的重要支撑看，县域经济也是城市经济发展的基本保障。县域地区占黄河三角洲全区面积的比重超过71%，大部分河流水域、水源地、自然保护区、自然矿产、生物资源分布在县域地区，为中心城市发展提供了坚实的物质支撑。尤其是县域经济对于黄河三角洲的特殊性在于，其工业发展水平、对外出口、金融资

源也在区域内占有主导地位。2014年，县域地区规模以上工业总产值占“黄三角”规模以上工业总产值的比重接近80%，出口总额占比超过70%，金融业三项指标所占比重也大大高于全省。可见，黄河三角洲的发展对县域经济的依赖程度很大，与全省情况有较大区别。

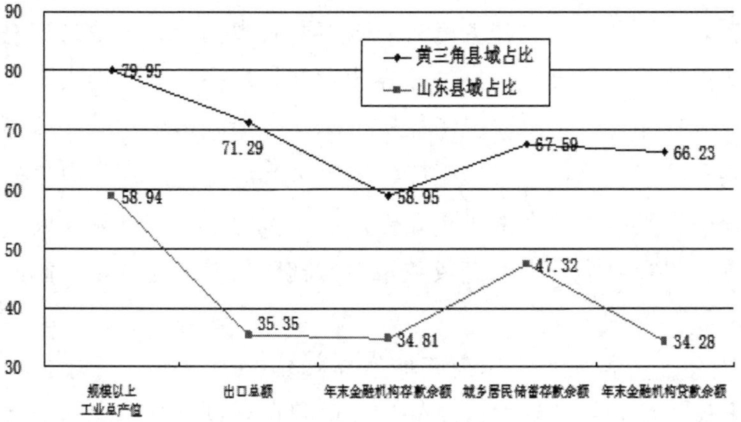

图4-2　2014年“黄三角”县域部分经济指标占比及其与全省的比较(单位：%)

三、发展特色县域经济有助于城乡统筹发展

县域经济和城市经济的最大区别之一就在于农业的突出地位以及对三农工作的更多关注。从2014年数据可以看到，黄河三角洲14个县和县级市的粮食产量占全区的87.74%，水果产量、肉类产量和奶类产量分别占到71.56%、86.47%和67.30%，尤其是蔬菜产量占94.06%，为黄河三角洲高效农业基地建设做出显著贡献。尽管除蔬菜产量外，其余四类农副产品产量占比低于全省水平，但差距也不是十分明显。众所周知，解决三农问题的根源在城市，但直接带动力量还是农业本身。只有实现了农业的大发展、高质量发展，城乡统筹的目标才能完成。因此，县域地区通过为农业发展提供空间，解决了统筹城乡的最根本问题。

如前所述，县域经济是除乡镇外最接近农村、农民和农业的发展层级，在乡镇政府职能被不断弱化的前提下，显然成为了统筹城乡发展的关键主体。发展特色县域经济，为城乡统筹提供动力和平台，探索多样化的城乡统筹道路，将成为县域发展的另一使命。

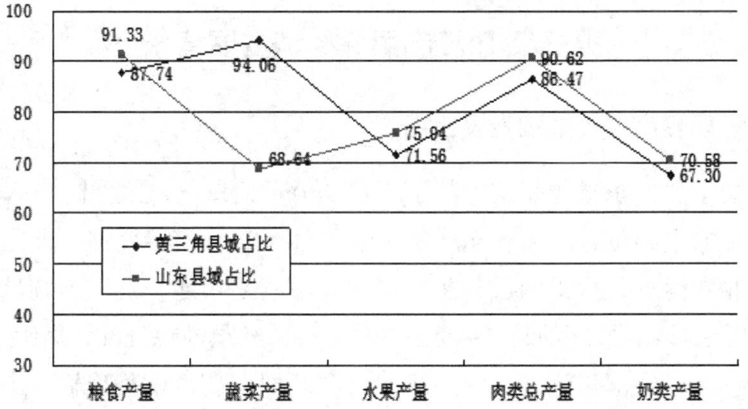

图 4-3　2014 年“黄三角”县域部分农业指标占比及其与全省的比较(单位: %)

四、发展特色县域经济有助于区域协调发展

首先，我们必须承认的一个现实是，尽管县域经济在黄河三角洲具有突出地位，但在当前体制和所处发展阶段条件下，中心城市无疑面临更多的发展机遇。一方面，地级市具有比县和县级市更高的行政层级，也具有更好的发展基础。在 1980 年代建立的市管县制度下，行政级别高的城市往往在资源配置和竞争中的能力更强，而较大的规模和较好的发展基础又进一步吸引资源向中心城市集中。另一方面，黄河三角洲中心城市不强，在目前状态下，也的确有做大做强中心城市的必要。因此，在这两方面因素影响下，县域经济尽管依旧表现出良好的发展态势，但未来必然存在很多的困难。在这种背景下，发展特色县域经济就成为推动区域协调发展的基本途径。

其次，从县域经济发展自身的特点来看，县域地区分布较广，彼此之间资源环境的差异较大，也要求形成特色化、差别化的发展路径和模式。一方面，要落实主体功能区战略，该保护的要保护，该禁止的要禁止，这取决于不同县域不同的发展条件。而同时，由于区位条件和现状基础的差异，尤其是在与中心城市竞争合作的非主导地位中，也要求县域经济集中优势资源实施特色发展，进而带动县域经济全面发展。

第三节 乐陵市县域经济发展背景

一、乐陵市经济社会发展概况

乐陵隶属山东省德州市，位居黄河三角洲西翼，地处德州、济南、滨州、沧州四市的中心位置。乐陵东毗庆云、西临宁津、南接商河、北隔漳卫新河与河北省南皮、盐山两县相望，东南和阳信县相连，西南与临邑、陵县接壤，属于省际边缘区域。1988 年 9 月 1 日，经国务院批准，撤销乐陵县，设立乐陵市，由德州代管。经过多次行政区划调整，乐陵现辖 4 个街道办事处、9 个建制镇、3 个乡，1 处省级开发区、1 处国家级农业科技园区和 1 处列入国家“黄三角”规划的循环经济示范园。

乐陵市系华北平原的一部分，由黄河冲积而成，地势平坦。海拔一般在 10—12 米，自西北向东南逐渐降低。市域南北最长 48.1 公里，东西最宽 39.3 公里，总面积 1172 平方公里。乐陵先后获国家命名的“中国金丝小枣之乡”、“中国特色魅力城市”、“中国最佳休闲旅游城市”、“中国最具投资潜力中小百强城市”、“国家可持续发展实验区”、“国家级生态示范区”、“国家级体育产业基地”、“中国建筑五金产业基地”、“全国百佳全民创业示范市”、“全国粮食生产先进市”、“全国第一批健康促进县”、“全国科技进步先进市”、“国家知识产权试点市”等荣誉称号，也是“山东省文明城市”。

近年来，乐陵市依托“黄三角高效生态经济区”、“省会城市群经济圈”和“西部经济隆起带”三个发展战略带的叠加优势，凭借交汇于乐陵的滨德高速、新京沪高速、德龙烟铁路“两高一铁”等重大项目建设，已初步构建起以五金机械装备制造、农副产品（食品）深加工、绿色循环化工、文化旅游与商贸物流四大主导产业和体育、节能环保、科技与金融三大先导产业为重点的“4+3”现代产业体系，搭建起青岛保税港区（乐陵）

经济园区、黄三角循环经济示范园等坚实平台。2014 年，全市完成地区生产总值 227 亿元，按可比价格计算，比上年增长 11.4%；人均地区生产总值达到 34280 元，增长 10.4%；完成地方财政一般预算收入 10.03 亿元，同比增长 16.6%；三次产业结构调整为 14.3:50.9:34.8；年末常住人口 66.7 万人，其中城镇人口为 28.97 万人，城镇化率达到 43.4%。

二、乐陵市特色县域经济发展思路

乐陵市挖掘“一黄一圈一带”叠加地带的政策优势，根据中心地理论和地处济南、滨州、德州、沧州四市中心位置的区位优势，于 2012 年首次提出了“打造区域性中心城市”的战略目标和总体思路，试图通过强调区位特色促进市域经济提档升级。并且山东省《西部经济隆起带发展规划》要“支持设区市和滕州、兖州、邹城、曲阜、沂水、乐陵、临清等人口聚集规模大的县城发展为区域性中心城市”，这为乐陵建设区域性中心城市提供了政策依据，更进一步坚定了乐陵市的发展战略。这一思路在乐陵市各项市委市政府文件、城市总体规划修编和各部门专项规划中，均得到逐步落实和细化。

乐陵在建设区域性中心城市的过程中，采取了“思想对接先行，规划领跑，产业、交通、政策对接为主抓手，机制对接跟进”的策略，积极搭建了“黄三角”国家战略和“一圈一带”省级战略的对接载体和示范平台。从 2013 年起至今，乐陵市采取了一系列的具体措施，使区域性中心城市的建设工作得到逐步推进。乐陵市先后 6 次召开对接“一圈一带”建设专题会议、常委扩大会和干部动员座谈会、企业家交流会，使部门企业认识到位，从而确立“在对接中开放，在开放中建设区域性中心城市”的发展战略，并结合“一圈一带”规划进一步调高发展目标。另外，西部经济隆起带正式启动以来，乐陵市积极争取相关政策，目前有 24 个项目列入西部经济隆起带规划。同时，乐陵以园区建设为平台，投资 20 亿元升级改造经济开发区，规范提升循环经济示范园。投资 30.4 亿元，实施城区南北景观河改造、千亩湿地公园等 54 个城乡建设重点工程，以新京沪、滨德高速公路和德龙烟铁路“两高一铁”5 个出入口为核心，加快“双十双环”

路网建设，着力打造区域性中心城市。

目前，乐陵正在打造京津冀产业转移基地，大力推进西部新区、循环经济示范园、现代农业示范区、铁路物流园及乡镇园区等载体的建设。其中，将打造制造业配套基地，推动汽车零部件、五金机电、生物制糖等产业“园中园”建设，带动上下游配套；打造农副产品供应基地，建立蔬菜、加工出口型蔬菜等6个蔬菜生产区；打造劳动力输出基地，培育“京津馒头房、北京宾馆、天津港劳务”三大劳务输出品牌；打造商贸物流基地，重点建设义乌商贸城、黄三角物流会展中心、五洲国际等项目。此外，伴随综合服务功能配套完善，青岛保税港区（德州）功能园区、义乌国际商贸城、黄三角会展物流中心、雨润国际广场城市综合体等相继落户。其中，乐陵与天津塘沽区、东营区合作，投资20亿搭建“西部新区、循环经济示范园、现代农业发展示范区”三大飞地产业承载平台，出台产业发展政策，提供优质高效服务，引导企业加速集聚。

三、乐陵发展特色县域经济的区域意义

首先，是优化区域城镇体系布局的需要。新世纪以来，山东省的城乡和区域差距有进一步拉大的趋势。为了缩短山东省城乡、区域发展差异，实现均衡发展，就必须择优强化极具潜质的小城市发展，在政策和资金上予以重点倾斜，使其尽快改善交通条件、基础设施，完善社会服务设施，成为产业和人口聚集的中心，培育新的城市增长极，从而从区域层面引导中心城市的建设与发展。近年来，伴随着山东省中心城市的迅速发展，城市外扩的动力迅速膨胀。国家对基础设施建设的投资，使交通线路、交通枢纽、港口机场等基础设施的水平有了明显的提高，为开拓新的城镇化增长空间奠定了基础。此外，各地为刺激经济培育新增长点，在部分新区加强投入，使新的城镇化增长空间不断涌现。正是基于山东省城镇发展不均衡、城镇化发展动力不够强劲的原因，才突显了乐陵应该也必须建设成为鲁北地区新的城市增长点的必要性。所以应加快步伐，将乐陵打造为名副其实的区域性中心城市，努力承担起应有的使命。依据《西部经济隆起带发展规划》，西部经济隆起带的战略定位是：建设具有较强竞争力的特色

产业基地、高素质劳动力富集地带、体制机制创新试验区、生态良好的美丽新西部，形成若干竞相发展、各具特色、富有生机、加快隆起的邻边高地，打造新的经济增长极。随着西部隆起带、省会城市群经济圈规划实施的逐步深入，京津冀协同发展战略的全面展开，重点建设项目和扶持资金的大幅提高，乐陵的发展即将迎接前所未有的机遇。其次，新型城镇化试点、农村互助金融试点、艾滋病防治示范市等改革试点正在顺利推进，这也将为乐陵发展注入更大的动力。

其次，是推动自身跨越发展的需要。由于其发展基础仍然相对薄弱，经济总量小、实力弱、产业链条短、集群效应差的现实问题依然凸显。同时，乐陵作为省域内节点城市，可以接受周边城市物流、人流、资金流、信息流的涌入，然而在新的区域竞争格局和资源要素流动加速的背景下，仍然面临较大的边缘化风险和挑战。区域性中心城市的建成，可以有效推进乐陵的技术创新，加速知识经济的发展，提高经济运行的市场化、开放化的程度，使其在更大区域范围内优化资源配置，增强城市极化效应。因此，乐陵要实现持续科学发展、成为省会城市群经济圈的北部产业基地、西部经济隆起带的东部门户和黄河三角洲高效生态经济区的西部桥头堡，就要把握当代发展潮流，借势而为，在区域发展中找准定位，在更为开阔视野下、在更宽领域合作下、在更惠政策支持下吸引资源要素、高端人才和市场主体集聚，推动全面、协调、可持续发展，建设“区域性节点型经济文化新高地”，实现与全国同步或提前建成小康社会的目标。缘于此，乐陵构建区域性中心城市是其增强区域竞争力、加快崛起的必然选择。

第四节 乐陵市县域经济发展水平评价

按照空间邻近性、可对比性和地域完整性原则，选取乐陵市、庆云县、宁津县、武城县、平原县、夏津县、临邑县、禹城市、齐河县、阳信县、惠民县、无棣县、商河县、济阳县、盐山县、海兴县、黄骅市等 17 个样本县市，进行对比分析，从而明确乐陵市县域经济发展的总体水平以及优劣条件。

一、构建指标体系

根据评价指标体系科学性、全面性、完整性、可操作性的原则，在借鉴和参考相关研究成果的基础上，依据经济发展水平评价的相关理论，结合各县市的实际情况，选取了综合经济实力、产业结构以及科教文卫发展水平共三大类18个指标，组成了样本城市县域经济发展水平评价指标体系。而后，选取2013年数据进行处理分析，数据主要来源于《中国区域经济统计年鉴2014》。

表4-1 县域经济发展水平评价指标体系

一级指标	二级指标
综合经济实力	行政区域面积
	户籍人口
	地区生产总值
	第一产业增加值
	第二产业增加值
	公共财政收入
	公共财政支出
	居民储蓄存款余额
	年末金融机构各项贷款余额
	固定资产投资
产业结构	粮食总产量
	第二产业从业人员
	第三产业从业人员
	规模以上工业总产值

续前表

一级指标	二级指标
科教文卫水平	普通中学在校学生数
	中等职业教育学校在校学生数
	小学在校学生数
	医疗卫生机构床位数

二、综合评价方法

主成分分析是一种从研究的多个指标中求出很少的几个综合指标，使新指标能尽可能多地保留原始指标的信息，且综合指标批次之间相互独立的现代统计方法。它一方面克服了在指标权重选择时主观因素的影响，另一方面又有助于保证客观地反应样本间的现实关系，即在原始变量转变为主成分的过程中，同时形成反映主成分和指标包含信息量的权数，从而便于计算综合评价值。

通过利用 SPSS19.0 软件，对表 4–1 中的 18 个指标进行主成分分析。SPSS 在调用 Factor Analyze 过程进行分析时，会自动对原始数据进行标准化处理，所以在得到计算结果后的变量都是指经过标准化处理后的变量。在 SPSS 分析结果出来后，再通过主成分确定的两个标准确定主成分数目。

如表 4–2 所示，变量的相关矩阵中有四个大于 1 的特征值 8.785、2.673、1.945 和 1.671，它们的累计方差贡献率为 83.744%，也就是说它们解释了总方差的 83.744%。这符合确定主成分的标准。根据运行结果获得的这四个主成分因子的显著性都较高，用它们来反映县域经济发展水平有 83.744% 的把握。

从表 4–3 可知，公共财政支出、地区生产总值、公共财政收入、第二产业增加值等在第一主成分（F1）上有较高载荷，说明第一主成分基本反映了这些指标的信息；同理，第二主成分（F2）基本反映了第二产业从业人员、第三产业从业人员、年末金融机构各项贷款余额这些指标的信息，第三主成分（F3）基本反映了行政区域面积、户籍人口、医疗卫生机构床位数、普通中学在校学生数这些指标的信息，第四主成分（F4）基本反映了规模以上工业总产值、小学在校学生数、居民储蓄存款余额这些指标的信息。

表 4-2 主成分分析各指标解释的总方差

成份	初始特征值			提取平方和载入		
	合计	方差的 %	累积 %	合计	方差的 %	累积 %
1	8.785	48.803	48.803	8.785	48.803	48.803
2	2.673	14.850	63.653	2.673	14.850	63.653
3	1.945	10.808	74.461	1.945	10.808	74.461
4	1.671	9.284	83.744	1.671	9.284	83.744
5	0.869	4.830	88.574			
6	0.594	3.298	91.872			
7	0.472	2.624	94.496			
8	0.310	1.723	96.219			
9	0.260	1.442	97.661			
10	0.157	0.875	98.536			
11	0.145	0.806	99.342			
12	0.061	0.338	99.680			
13	0.041	0.228	99.907			
14	0.015	0.084	99.991			
15	0.001	0.008	99.999			
16	0.000	0.001	100.000			
17	1.477E-16	8.205E-16	100.000			
18	4.710E-17	2.616E-16	100.000			

表 4-3 初始因子载荷矩阵

原始指标	成份			
	1	2	3	4
行政区域面积	0.741	0.270	0.301	-0.365
户籍人口	0.752	-0.419	0.422	0.151
地区生产总值	0.913	0.008	-0.281	0.117
第一产业增加值	0.748	-0.310	0.179	-0.386
第二产业增加值	0.839	0.006	-0.407	0.217
公共财政收入	0.864	0.077	-0.353	-0.202
公共财政支出	0.922	0.058	0.072	-0.285
居民储蓄存款余额	0.748	0.235	0.100	0.399
年末金融机构各项贷款余额	0.812	0.407	-0.025	-0.029
固定资产投资	0.699	0.253	-0.199	-0.322
粮食总产量	0.645	-0.511	-0.066	0.254
第二产业从业人员	0.080	0.860	0.248	0.225
第三产业从业人员	0.204	0.834	0.135	0.369
规上工业总产值	0.496	-0.211	-0.525	0.591
普通中学在校学生数	0.791	-0.377	0.344	-0.076
中等职业教育学校在校学生数	0.566	0.092	-0.520	-0.215
小学在校学生数	0.433	-0.333	0.489	0.513
医疗卫生机构床位数	0.654	0.179	0.481	-0.070

用表 4-3 中的数据除以主成分相对应的特征值开平方根便得到四个主成分中每个指标所对应的系数，将得到的特征向量与标准化后的数据相乘，即可得出主成分表达式。以每个主成分所对应的特征值站所提取主成分总的特征值之和的比例作为权重计算主成分综合模型：

F=0.583*F1+0.177*F2+0.129*F3+0.111*F4

三、综合评价结果分析

如表4–4所示，区域城市综合竞争力排名前五的县市依次为：齐河县、黄骅市、乐陵市、禹城市、无棣县，乐陵市处于第三位，区域城市间竞争加剧可见一斑，此为乐陵构建区域性中心城市进程中所要面临的主要挑战。

表4–4 2013年各县域经济竞争力的主成分得分、综合得分及其排名

2013年	F1		F2		F3		F4		综合竞争力	
县市名	得分	排名	得分	排名	得分	排名	得分	排名	总得分	总排名
齐河县	5.39	1	–0.24	8	–1.64	15	0.9	5	2.99	1
黄骅市	3.12	2	4.72	1	1.58	4	0.45	8	2.91	2
乐陵市	2.21	5	–1.62	15	1.64	3	1.2	3	1.34	3
禹城市	2.48	3	–0.11	6	–2.14	17	–0.09	11	1.14	4
无棣县	2.37	4	1.14	4	–0.92	14	–3.08	17	1.12	5
临邑县	1.54	7	–0.33	9	–0.36	10	0.86	6	0.89	6
惠民县	1.05	8	–0.59	10	2.54	1	–1.06	14	0.72	7
济阳县	1.78	6	–0.84	12	–0.18	8	–1.66	16	0.68	8
商河县	–0.27	9	–2.01	16	2.22	2	–0.93	13	–0.33	9
平原县	–0.48	10	–0.93	13	–0.45	12	0.47	7	–0.45	10
宁津县	–0.82	11	–0.73	11	–0.4	11	1.11	4	–0.54	11
夏津县	–0.99	12	–1.35	14	0.38	6	1.63	2	–0.58	12
盐山县	–2.5	15	2.37	2	0.74	5	1.72	1	–0.75	13
武城县	–1.72	13	0.12	5	–2.13	16	0.31	9	–1.22	14
阳信县	–2.3	14	–0.8	17	0.17	7	–0.92	12	–1.56	15
庆云县	–4.15	16	–0.12	7	–0.82	13	0.18	10	–2.53	16
海兴县	–6.7	17	1.32	3	–0.24	9	–1.1	15	–3.83	17

乐陵第二主成分排名倒数第三，可见其在第二、三产业从业人员以及金融机构各项贷款余额这三项指标表现极弱，说明乐陵市的产业结构亟待优化，人才集聚水平落后，服务业发展迟缓，仍表现为以农业、重工业带动经济发展的局面。相比之下，地处河北的黄骅市在此主成分得分中一枝独秀。乐陵市要实现构建区域性中心城市的目标，就必须在北至河北、南至济南、东至滨州的周边城市竞争中跻身而出，很好地发挥其作为连接京津冀节点性城市的主要带动作用。

乐陵第一主成分排名第五，亦有极大的上升空间。第一主成分主要衡量了城市的综合经济实力，由此可见乐陵的经济总量仍较小，与周边县市的发展还有一定的差距。因此，乐陵市应借势延伸其产业链条，形成规模经济，从而使经济总量得到大幅提升，在激烈的区域城市竞争中才不至被更多的县市所赶超，做到真正意义上的“区域性中心城市”。

乐陵第三、四主成分排名均为第三，这表明其在今后的发展中必须依靠科技力量，大力吸引、留住、培育高端人才，注重文化教育事业的发展，进而扩大城市规模、提高科教卫文水平，唯此才能在区域竞争中立于不败之地。

第五节 乐陵市发展特色县域经济的基本思路

一、整合资源，重点突破

按照非均衡发展的总体思路，加大公共投入，整合现有各部门的资金、人才、技术、政策等要素资源，对符合全市整体发展战略的重点产业、重点项目进行定向扶持，推动主导产业和重点领域加快发展。

围绕产业发展总体思路，整合体育产业、五金机械加工产业、调味品产业等主导产业的中小型上下游企业，积极培育规模化新型市场主体，推动产业链条拉长延伸，强化产业抗风险能力，进而促进乐陵主导产业上规模、上档次、成品牌、出效益。

整合现有多杂散乱的物流企业，加速物流资源向市区、杨安镇、郑店镇、朱集镇等交通枢纽、产业集群和产品集散中心集聚，努力形成以专业市场为龙头，大型商业网点、流通企业和经营大户为骨干的商贸物流体系，提升商贸物流对市域主导产业的物流供给保障能力和服务区域能力。

搭建科技共享平台，加大力度整合乐陵众龙头企业在各个方面的科技资源，同时充分利用京津冀地区等区域范围内的有效资源，采取有力措施积极促进科技成果转移转化，在围绕主导产业的关键共性领域引进实施一批科技重大专项，实现产业核心技术的集成创新与突破，带动生产力的跨越式发展。

整合枣文化、红色文化等旅游资源，依托冀鲁边革命纪念园、枣林结义园、金丝小枣博物馆等重点旅游项目，对市域重点旅游资源进行创意开发，并结合区域性旅游规划制定相互衔接的多条精品旅游线路，全力打造生态旅游带，提高市域旅游资源开发水平。同时，通过“走出去、请进来”，举办重大节庆的旅游宣传营销方式，积极在市内外广泛宣传和推介乐陵旅游品牌。也要持续性抓好招商引资、新的旅游项目建设、行业管理等工作，从而以文化旅游产业作为突破口，振兴乐陵经济，为提高地方总体经济水平提供坚实保障。

二、优化布局，极化城区

构建“一心、两轴、三区”的市域城乡空间结构。布局上将中心城区向西部地区延展，并直接与青岛保税港区产业区相连，增强港区联动，向东南打通至循环经济示范园的发展通道，加强中心城区与循环经济示范园的联系；依托S248省道形成“胡家—乐陵市区—郑店”南北向发展主轴，依托S314、S315省道（东段）形成“丁坞—乐陵市区—庆云”东西向发展次轴；以中心城区、朱集镇、西段乡、铁营镇、杨安镇、寨头堡乡形成中部经济区，建设全市工业制造业和服务业的经济重心，以大孙乡、黄夹镇、丁坞镇、孔镇形成西部经济区，以郑店镇、花园镇、化楼镇建设南部经济区。

发挥规模经济优势，极化中心城区，使资本、信息、资源、技术在城区集中聚集，形成支撑乐陵经济的核心和龙头。按照工业向园区集中、产业集群化发展并与城镇建设协调推进的思路，系统整合乐陵市域产业园区资源，改变乡镇工业园分布散、效益低、环保压力大的不良局面。以乐陵市中心城区为核心，按照分级配置的原则，构建现代社会服务业等级网络体系，充分实现中心城区集外贸门户职能、现代化工业职能、商业金融职能、文化先导职能于一身，从而吸引人才、企业、资本的进一步集聚，促进全市跨越发展。

三、区域联动，借势发展

区域内城市之间有效地开展合作将产生极大的集聚效应：第一，可以更经济地获得专业化的投入要素和人力；第二，可以低成本地获取相关信息；第三，增加城市间的互补性；第四，低成本地获取公共产品；第五，提供更有效的激励。我国长三角、珠三角地区之所以能够有较快和较高层次的经济发展，一个很重要的原因就是这些地区已经或者正在形成相互配合协作的区域经济联合体制。乐陵应该抓住山东省区域经济战略布局调整和京津冀一体化的有利时机，充分挖掘自身的特色和优势，在区域发展格局重组过程中抢抓机遇，进而推动鲁北地区的整体竞争力提升，与乐陵发展形成循环互动的良性局面。

乐陵市应充分利用区位优势，紧抓黄河三角洲高效生态经济区、省会城市群经济圈、西部隆起带三大区域战略覆盖和京津冀一体化建设等的重大机遇，坚持“全面融入、重点突出”原则，深入实施“南融北接东进西拓”战略，深度融入省会城市群经济圈、京津冀都市圈和黄河三角洲高效生态经济区，全面推进与山东半岛蓝色经济区、天津滨海新区、环渤海经济圈等重大战略的对接，通过加强经济交流和技术合作，不断扩大合作范围和领域，借势发挥自身优势，在区域发展中占领一席之地。

一是加快融入省会城市群经济圈。以“融入济南、服务省会”为重点，推进一体化进程，加快与济南省会城市群经济圈在产业发展、基础设施、科技教育、生态保护、文化建设以及社会管理等领域的合作。

二是积极接轨京津冀都市圈。凭借明显的区位优势和良好的产业基础，坚持面上推开、点上突破、融合互动的原则，以“一区四基地”定位，积极参与京津冀协同发展，按照承接转移、错位发展、利益共享的要求，突破行政区划和城市等级等束缚，主动承担和发挥区域中心城市的职能，主动承接区域产业转移、科技成果转化、优质农产品供应、劳动力输送和京津冀都市圈南部生态屏障的需求，主动挖掘京津冀都市圈合作机遇，推动深度合作。

三是强化与山东半岛蓝色经济区、天津滨海新区以及环渤海经济圈等区域的经济交流和技术合作。加快与“黄三角”、德州市内各县（市、区）、河北等地区重大基础设施建设的互联互通，强化与周边县市的彼此协调，在城镇功能上互相补充、相互倚重，形成发展合力。

四、改革创新，优化环境

伴随着经济转型以及改革的深入，我国经济增长也从资本驱动逐渐转向创新驱动。科技创新不仅对城市竞争力贡献具有倍增效应，同时作为其重要组成部分的知识将以独立的力量显著地推动城市的增长、提高和扩张，是城市竞争力的决定性力量。首先，政府必须不断地创造鼓励创新的氛围和环境。其次，市民要有创新的热情和积极性，一个思想踊跃的城市才是一个生命力旺盛的城市。乐陵应加大创新驱动发展战略实施力度，以平台建设和创新体系完善为核心推进全面创新，以体制机制改革激发大众创业、万众创新，引导社会投资和人力资本向创新聚集，转变经济增长的驱动力，打造经济增长新高地。

与此同时，信息化水平作为促进创新的基础环境，越来越在创新驱动战略的实施中发挥重要作用。1989 年，美国城市学专家 Manael Castells 提出著名的“信息化城市”理念。所谓的中心城市信息化，是指中心城市的空间结构、基础设施和基础功能的全部数字化、网络化、智能化和可视化的整体过程。它的实质是要充分利用现代信息技术，开发和利用信息资源，改造传统的城市型产业结构，建立信息化的城市产业结构，提高城市经济的现代化水平和区域经济系统的运行效率。目前中国走在信息化前沿的城市只有北京、上海、深圳等少数大城市，因此，乐陵应该抓住机遇，走在鲁北地区城市信息化的前沿，这样才能在激烈竞争的信息时代掌握先机，高效率的完成各项发展任务。

第六节 乐陵市县域经济发展对策

在一定领域和特定区域范围内不断强化比较优势是乐陵建设区域性中心城市、发展特色县域经济的务实选择。因此，立足于这一战略基点、策划实施一批重大项目，应成为乐陵市中长期内的中心工作。

第一，依托青岛保税港区德州功能区，打造区域性对外开放服务平台。

青岛保税港区是山东省对外开放的龙头，在德州设立功能区对加快山东中西部地区发展具有战略意义。乐陵应继续强化青岛保税港区德州功能区的先导优势，借助“一黄一圈一带”战略实施和“两高一铁”年内全部通车的有利时机，大力营造对外开放的浓厚氛围，为周边区域提供更高水平的通关保税服务，进而带动市域全面对外开放，形成建设区域性中心城市的坚实基础。

一是进一步挖掘、利用好青岛保税港区（德州）功能园区的政策优势，加快园区基础配套设施建设，积极引进保税库、储备库以及知名企业，争取设立综合保税区，打造“不临海的港口城市”，优化市域投资环境。

二是大力发展外经外贸。加大对威格尔橡胶、德润食品、百枣纲目等进出口潜力企业的引导、服务力度，壮大外贸出口主体和出口实力。积极参加国际国内大型展览会，多元化拓展市场。支持骨干企业在增资并购、境外上市等方面实现突破，提高外向型经济水平。

三是深化区域对接合作。将天津作为“北接”的重中之重，将青岛保税港区作为对接“蓝区”的切入点，实施产业、技术人才、基础设施等全方位对接。深化与胜利油田、哈尔滨工大、北京兰天大成、天津农垦等行业龙头的多层次、多领域合作，承接好产业、技术转移，争取在“一圈一带”区域发展中实现率先突破。

第二，发展飞地经济，提升开发区发展能级。

在近 20 年的开发建设过程中，许多经营成功的开发区在规划、建设、招商、资金、管理、人才和产业发展等方面积累了宝贵的经验，形成了具有强大核心竞争力的优势和品牌效应，成功探索出资源整合优、产出效益好、建设质量高的集约化园区经济发展路子。在土地资源严重稀缺的今天，“飞地经济”有利于城市化健康发展、有利于产业能级提升、有利于土地利用率和产出率的提高，应当在乐陵积极探索推广，从而创造出更多的价值。

乐陵经济开发区作为全市工业化的核心载体，仍然存在产业结构不合理、产品层次和附加值较低、土地利用率低、单位面积产出低、三废排放强度高等问题，与乐陵建设区域性中心城市的战略目标仍有较大差距。因此，一方面，要注重集约化、高端化发展，加快实施园区循环化改造，完善乐陵市科技创新创业园基础设施，加大选商选资力度，扩大五金机械、体育、汽车零部件等园中园规模。同时，借助青岛保税区（德州）功能园平台，深入挖掘京津冀产业转移中与乐陵 4+3 产业能够形成协同效应的产业项目，加强与京津冀和沿海城市的对接与合作，打造环渤海城市带的新兴产业集聚区，争创国家级经济技术开发区。

另一方面，应大力发展飞地经济。一是通过跨区域利益分享机制，建立与京津冀和周边大城市的产业转移承接平台，积极引入具有丰富开发建设及管理经验的企业进入开发区。这些企业应与乐陵主导产业体系有相对较高的关联度，即以现有大型公司为重点，引进国内知名企业设立地区总部、制造基地、研发中心、采购中心和服务外包基地等，进而向乐陵输入品牌、资金、人才、管理、技术等资源，促进乐陵本地五金机械加工产业、体育产业、相关先进制造业、配套服务业等产业不断做大做强，提高发展水平和经营效益。二是建立市域内部利益分享机制，引导非重点乡镇分散的招商项目集中到城区来，充分发挥经济开发区产业集聚优势，推动其更好更快发展，从而提升城区对周边乡镇的统筹带动能力，促进县乡协调发展。

第三，建设专业化产业园区，培育特色产业集群。

充分挖掘乐陵中心城区以及各乡镇的区位、交通、资源、产业、历史、文化等方面的独特禀赋，并以此确立不同的发展定位，形成各园区独有的个性与特色。以经济开发区、循环经济示范园区和杨安镇调味品产业基地为乐陵市新型工业化的主要载体与龙头，以郑店镇工业集中区、黄夹镇产业集中区、朱集镇金丝小枣产业区、寨头堡帆布产业集中区、丁坞镇产业集中区等产业园区为区域重点，形成“三区、多基地”的协同分工合作的现代制造业空间布局结构。通过专业化产业园区建设，实现各园区间联合互动、差异化发展。

加大科学招商力度。强化各产业办公室招商引资主体作用，加大对产业现状、预期、政策等方面的研判分析，科学谋划契合各产业园区实际的招商计划、项目，突出招商的实效性。引导和鼓励企业走出去加强与央企、强企、上市公司的对接合作，争取合作一个项目、做强一个企业、提升一个园区、带活一个产业。同时，适当提高招商项目进入门槛，对投资企业采取双向约束的激励办法，把最低亩均税收和提供优质就业岗位作为项目进入的“红线”，保证招商引资的质效。

推动园区档次提升。进一步提高园区土地集约水平，释放发展空间。严格控制省级以上园区高耗能、高污染项目建设，节约集约利用土地，全面推行清洁生产，积极创建循环园区。着力推动经济开发区转型升级，统一规划主导产业配套园区；集中财力、加大投入，推进循环经济示范园、现代生态农业观光区完善设施、做大总量，实现滚动式发展；加快农高区建设，建立健全园区管理推进机构，完善协调推进机制，推动特色产业集聚。加强高新技术园区建设，着重提升园区研发和技术孵化等服务功能，提高园区科技贡献率。

第四，打造生态园林城市，提高城市宜居水平。

以创建省级生态县（市）为契机，推动开展增绿、净水、治气、护蓝生态建设行动。按照生产空间集约高效、生活空间宜居适度、生态空间天蓝地绿水秀的总体要求，大力实施生态提升工程、加强环境综合治理、坚持低碳循环发展，加快城中村改造进度，打造生态宜居、环境优美、人与自然相和谐的特色精品城市，塑造区域性中心城市应有的品质和形象。

稳定生态枣林和扩大北部生态防护林面积。围绕碧霞湖水库、丁坞水库等水源地，重点建设一批生态保护带，改善水系生态环境，维护水系生态安全。完善马颊河、漳卫新河、德惠新河等主河道及支流水岸绿化工作，打造集防汛、产业、景观、休闲等于一体的绿色生态长廊。推进“跃马河”干渠人工湿地水质净化扩建、西部新城污水处理厂湿地、循环经济示范园湿地和“跃马河”生态修复与枣林湿地等人工湿地水质净化与生态修复工程。优化城市公园、绿地、水系布局，提升公园、生态园区绿化景观效果。对市乡道路、住宅小区和村庄绿化进行全面升级改造，确保市域林木覆盖率和城区绿地率达到“国家生态园林城市”标准。

加快城中村改造进度，大力推进城中村社区人居环境的综合改善。一是加强城区公共服务设施和现代化城市居住社区建设，强化中心城区的城市服务功能，同时大力改善城区生态环境，进一步拉动市域人口向城区集中。二是积极改造城中村和棚户区，以农村基础设施和公共服务设施的适度集中、集约布局推动农村居民点整合，提高建设用地单位产出效率。凡是城市规划区范围内的村庄，改造完成后一律按照城市居住区的标准进行建设。按照每年改造5个城中村的目标，利用5年的时间，争取将现有50个城中村17个片区改造完成50%，争取利用10年左右时间全部改造完成。三是实现管理体制由农村式管理向社区化管理转变。结合村改居、社区化进程，推进集体资产改制，推行社会化管理。

第五，挖掘“枣乡”资源，建设全国“枣文化”展示交流、旅游中心。

近年来，乐陵市金丝小枣通过全国农产品地理标志认证，老枣树得到有效保护，通过引进德润健康食品、百枣纲目等精深加工企业，加强“枣乡”文化旅游与红色文化旅游结合，不断做强做优红枣名片。未来要把“枣文化”建设提升到事关全市大局的战略高度，继续依托枣林公园、红枣博览会、红枣博物馆等地域特色展示平台，深入挖掘“枣乡”资源，形成浓厚且饶有趣味的“枣城”氛围，打造城市文化品牌。

一是要借助枣树普查的契机，建立古树名木保护档案，实现定期监测和动态管理，稳定生态枣林面积。同时，对枣木工艺品、枣粘（年）糕等非物质文化遗产进行挖掘和抢救。

二是与旅游发展相结合，提升朱集镇生态枣林景观旅游片区的规划建设管理水平，融合乐陵特有的枣文化、养生文化、民俗文化，开发得天独厚的自然资源和历史要素，打造多条“枣文化”精品旅游线路，开发一系列“枣品牌”售卖品和纪念品，打造京津冀南乃至全国范围内重要的旅游目的地。

三是从核心地段的旅游形象设计和视觉识别体系入手，注重乐陵“枣文化”的物理载体建设，使“枣文化”符号化、立体化、可视化。比如乐陵汽车站的形象建设，以及主要公路干线入口处应统一设计乐陵文化旅游宣传系列成套化标语及动态宣传板；将通往“枣文化”旅游景点的道路进行特色化处理，营造红色健康氛围；注重“枣城”的徽标、吉祥物、纪念品、宣传册、宣传片的设计，成立“枣城”创意文化产业园，依托创意文化产业园对文化创意产品进行推广展示；绘制“枣城”文化地图，进行精致化宣传，突出亮点，一目了然，吸引众多爱枣人士、做枣企业、富枣城市来乐陵进行参观交流，提升城市知名度。

第六，加快城镇化体制机制创新，强化城区人口集聚能力。

新型城镇化的关键是实现土地城镇化向人口城镇化的转型和发展，并在人口城镇化的基础上逐步走向人的城镇化。乐陵作为德州国家级新型城镇化试点的重要组成部分，更要面对自身存在问题加快要素的空间集聚与整合。应将“推进农业转移人口市民化”作为首要任务，以农民工整体融入城市公共服务体系为核心，推动农民工“个人融入企业、子女融入学校、家庭融入社区、群体融入社会”，解决好农民工市民化问题，提高城镇化的包容性，吸引和促进新型城镇化深入持续推进。随着十二五的落幕，乐陵进入发展转型新阶段，城镇化必然将成为乐陵未来 5 至 10 年转型发展的突出优势和主要动力，并由此支撑市域经济中高速增长。

因此，乐陵首先需要建立“农业转移人口市民化”促进机制，解决“人往哪里去”的问题。一是要深化户籍制度改革，逐步推行居住证制度，稳步推进城镇基本公共服务常住人口全覆盖，使他们更好地融入城市生活，让进城农民进得来、落得下。二是要健全住房保障和供应体系，让进城农民住得下、住得稳。建立完善城镇住房保障准入条件，逐步把进城落户农民完全纳入城镇住房保障体系。积极发展公共租赁住房，深入推进棚户区和城中村改造，大力实施“安居工程建设行动”，继续开展“农民工住房保障行动”。三是要改革完善就业和社会保障制度，让进城农民能就业、有保障。建立产城互动机制，培育壮大特色产业体系，稳定城镇就业吸纳能力，解决好进城农民就业问题。建立对进城农民的职业技能培训制度，提高他们的就业竞争力。建立统一的城乡居民养老保险制度，推动基本医疗保险制度城乡统筹，将进城落户农民完全纳入城镇住房和社会保障体系。

其次，要着力建立多元可持续的资金保障机制，解决“钱从哪里来”的问题。一是按照“区域发展、金融先行”的要求，以产业化手段推进金融发展，加大金融分支机构的引入力度，推进金融创新，强化金融生态建设，培育完善多元化、开放型金融机构和组织体系，提高金融业产品创新和服务实体经济的能力。以实施“农业新型经营主体融资增信试点”工作为契机，继续开发推出有针对性的金融产品，特别是创新服务中小型农业龙头企业、农民专业合作社、家庭农场和专业大户等具有示范与带动意义的金融产品。推动乐陵农村信用合作社改制成为农村商业银行，整合现有投资公司、担保公司、民间资本管理公司等金融机构，壮大本地金融企业实力。二是要改变旧有完全由政府主导的基础设施建设投融资模式，推进政府与社会资本合作。大力推广提供基础设施建设的 PPP 模式，基于 PPP 框架提供在融资、建设和管理层面进行市场化竞争的平台，引入成熟基建运营企业，解决政府融资能力不足的问题，提升公共设施提供和管理能力。

第七，推进创业孵化，培育多层次市场主体。

除招商引资、从外部引入投资经营主体外，推动大众创业、从市域内部不断孵化出新的企业也是加快市域经济社会发展的重要途径。因此，乐陵不仅要贯彻落实中央和省市各级政策文件，更要扎实推进乐陵“四个中心”和创业孵化平台建设，从而提升市场主体地位，培育形成多层次、可持续的经济发展动力。

加大创业孵化基地建设力度。坚持政府扶持、市场化运作的原则，依托现有工业园区、经济技术开发区、企业创业孵化基地、城市配套商业设施等建设创业孵化基地。建立创业孵化基地创业导师制度，组建一批由企业家、专家学者及相关部门工作人员等组成的创业导师志愿团队进驻创业孵化基地，为创业者提供分类、分阶段指导。充分挖掘社会资源，对闲置的工业厂房、仓储用房、办公用房等存量房产，在不改变建筑结构、不影响建筑安全的前提下，支持改建为创业孵化基地。

提供“一站式”创业服务。整合人社、工商、税务、金融等部门资源，完善中小企业服务、政务服务、便民服务、公共资源交易“四个中心”建设，建立创新创业综合服务平台，为孵化基地入驻创业实体提供政策咨询、项目推介、开业指导、人力资源引进、融资服务、补贴发放等“一站式”创业服务，及时发布创业扶持政策、办事流程、创业信息、服务资源等公共信息。

实行人才服务“直通车”。对创业孵化基地引进的人才，落实和兑现人才优惠政策，吸引人才聚集乐陵。提供人事代理、档案保管、社会保险办理和接续、职称评定、权益保障等服务。结合创业导师制度，完善人才孵化体系，打造一人一策、一企一策、量身定制的特色人才服务项目，拓展创新创业人才和团队的培养引进服务功能。

搭建创业者交流平台。采取创业沙龙、创业者俱乐部等多种方式搭建创业者交流平台，经常举办交流活动，为入驻创业孵化基地的创业者及时了解政策和行业信息、学习积累行业经验、寻找合作伙伴和创业投资人创造条件。

第八，整合科技研发平台，规划科技商务中心。

乐陵市各大企业科技研发资源相对丰富，但存在分布分散、资源利用率低、产出效益不高的问题。为向乐陵主导产业提供更好的科技创新服务并支撑长远发展，需要采取推动科技创新、资源开放共享等途径，对乐陵现有的相对较分散的科技研发平台进行整合，并集中提供创新基础设施。

规划建设科技商务中心，以科技创新资源的空间集聚促进创新能力提升，实现乐陵新型工业化和可持续发展的目标。一方面，紧紧围绕主导产业链建设专业化科技创新链。可以将各企业内部研发中心里的共性部分进行整合，分类成立差异化科技研发部门，促进创新资源的优化配置、开放共享和金融资源的整合，从而推进政府职能转变和科技管理体制的改革，提升高新技术产业聚集发展水平。另一方面，空间集聚也能够为创新人才提供更多充分沟通交流、激发灵感的机会，更易于产生科技碰撞，促进全社会创新能力的明显提升。

加大科技研发平台的宣传力度，搭建宣传展示载体。通过招商引资吸引国内知名企业进入，鼓励平台内具有竞争优势的企业通过参股、控股、承包、兼并、收购、联盟等方式，实现业务重组与产业链延长。召开优势产业的博览会，邀请国内外相关专家举办讲座，定期举行企业家交流研讨活动，利用平台优势提升企业知名度，进一步吸引人才和企业投入到乐陵的科技创新事业中去。

第九，优化基础设施和公共服务配置，提升承载力和吸引力。

基础设施和公共服务设施的综合配置水平是衡量和评价城市现代化水平的重要指标。乐陵应坚持基础性、战略性、先导性方向，以能源、交通、水利和信息化等作为重点，进一步完善基础设施配置，构建适度超前、功能完善、安全高效、保障有力的基础设施支撑体系。

优化道路交通、电力、通信、互联网、燃气、供热、城乡供水等重大基础设施布局，解决基础设施供给与经济社会发展不相协调、保障水平不高的问题。尤其是要加强对马颊河、漳卫新河、德惠新河等河道以及城区河道的综合治理，加快污水处理设施建设和升级改造，实施乐陵市城区污水分流工程，加快配套管网建设，提高污水收集率和集中处理率，加快改善城乡水环境。推行城乡环卫一体化，建立完善的城乡生活垃圾一体化收运处置体系，继续实施“村收、镇中转、县处理”的垃圾处理模式，实行环卫保洁精细化、标准化、科学化管理，形成城乡保洁长效机制。

加快健全市、镇、村（社区）三级公共文化服务体系，建设和完善综合文化服务中心体系。按照基础较好、文化氛围较浓、社会意愿较强、分布较均匀的原则，选择市域各乡镇有条件的村开展农村综合性文化活动中心建设试点工作。完善服务网络，推进数字图书馆建设和基层公共文化服务资源的共建共享，实现社区公共电子阅览室全覆盖。实现公共文化场馆向全社会免费开放，积极开展文化下乡、文化辅导、送戏下乡等活动，继续做好重大节日文化活动。

加大投入满足不断增长的教育需求。按照优先发展、育人为本、改革创新、促进公平、提高质量的要求，深入实施教育强市战略。完善经费保障机制，加大教育投入，确保各级财政教育拨款增长明显高于财政经常性收入增长，保证教师工资和学生人均公用经费逐步增长。进一步提高全市财政预算内教育经费占财政支出的比重，进一步加大社会资本的引入力度并进行合理配置，形成全社会办教育的良好格局。借助于社会资本和公共投入，稳步解决校车交通问题。

健全和完善统一高效的社会保障体系。科学测算社会保障需求，提前谋划，确保保障资金供给。健全和完善以社会保险、社会救助、社会福利为基础，以基本养老、基本医疗、最低生活保障制度为重点的社会保障体系，到 2020 年实现社会保障制度全覆盖、五项社会保险市级统筹。

健全公共卫生服务体系。健全疾病预防控制、健康教育、妇幼保健、精神卫生、应急救治、采供血、卫生监督等专业公共卫生服务网络，积极防治重大传染病、慢性病、职业病、地方病和精神疾病，加强与基层医疗卫生机构之间的资源共享，提高突发公共卫生事件处置能力。提高人均公共卫生经费标准，扩大基本和重大公共卫生服务免费项目。全面推行公共场所禁烟。开设健康热线，普及健康知识，倡导健康文明的生活方式。加强卫生专业队伍建设。加强卫生人才培养工作，实施卫生专业队伍素质提升工程，努力建设一支高素质的卫生人才队伍。

/ 第五章 /

新常态下黄河三角洲高效生态经济区县域发展对比研究

侯麟科 魏建 於勇成 吕玉霞*

“十二五”期间，博兴、乐陵、阳信在经济总量、产业结构调整、人民收入增长、生态和社会发展、体制改革等方面均取得较大成就。总体上，博兴处于工业化后期，经济发展基础相对较好；乐陵对外开放发展相对较完善，工业还有待提升；阳信县经济总量较小，还未完成工业化这一重要任务。本章从县域对比角度，回顾了三县“十二五”期间高效生态发展的路径，总结了这三个县的发展经验，分析了三县各自的发展优势及面临的挑战，进而确立了三县“十三五”期间的发展目标、定位和发展重点。

第一节 博兴、乐陵和阳信“十二五”发展成就回顾

一、经济总体情况

“十二五”（2010—2015 年）期间博兴县、乐陵市、阳信县的地区生产总值保持稳步增长。博兴县 2015 年地区生产总值达到 322.65 亿元，年均增长 9.9%；乐陵市 2015 年全市地区生产总值达到 243 亿元，年均增长 10.49%；阳信县地区生产总值由 2010 年的 93.19 亿元增长到 2015 年的

* 侯麟科，山东大学山东发展研究院，博士、讲师；魏建，山东大学经济研究院教授、博士生导师；於勇成、吕玉霞，山东大学经济研究院博士生；山东大学经济研究院博士生刘小鸽，硕士生李通、崔雪娇、王来富和邵明超等人也参与了本部分的前期调研、数据整理和部分撰写工作。

146 亿元，年均增长 9.4%；2015 年地区生产总值增速总体有所下降，但较 2014 年来看博兴和阳信的地区生产总值增速有所回升，乐陵市依然呈下降趋势。2010 到 2015 期间，博兴地区生产总值大约是阳信地区生产总值的两倍。总体来看三个地区地区生产总值具有一定差距，呈现阶梯状。

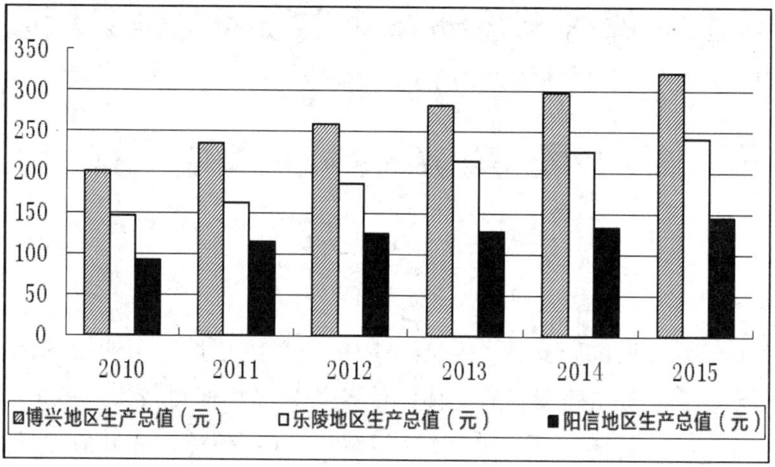

注：2015 年数据为三县统计局提供的预计数，以下均同。

图 5-1　2010—2015 年博兴县、乐陵市、阳信县地区生产总值

受宏观经济下调影响，近两年三个县（市）增长率均步入中速增长通道。其中，博兴和乐陵地区生产总值增长率从 2010 年的 15% 降至 8%，这一下降幅度与山东省整体趋势较为一致。值得注意的是，三县中经济规模最小的阳信县在 2010 到 2015 期间地区生产总值增长率波动幅度较大，通过对该县的实地调查发现，这是由于产业中高能耗产业所占比例过高，而另一主导产业石油化工受国际油价下降和“国五”标准上调影响，产值大幅下降所致。由于该县铝合金新材料等重大项目前期投资已经基本到位，形成较大生产能力和发展潜力，物流业发展态势良好，有望成为助推经济发展的新动力源，该县“十三五”期间保持中高速增长目标仍然是有望实现的。

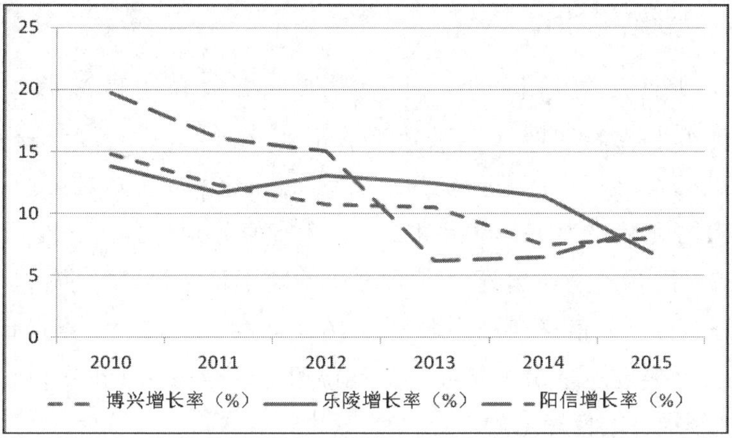

图 5-2　2010--2015 年博兴县、乐陵市、阳信县地区生产总值增长率

2010—2015 年博兴、乐陵、阳信人均地区生产总值呈现不断上升趋势，不过，并没有出现收敛的趋势。其中乐陵人均地区生产总值实现了对博兴的超越，在 2012 年后都处于三县中的最高水平。阳信在“十二五”前半期人均地区生产总值增速实现了跨越，2010—2012 年几乎增长了 50%，不过 2013 到 2015 阳信人均地区生产总值增长快速回落，不仅没有实现赶超，相对差距反而有所拉大。在“十二五”末，博兴、乐陵人均地区生产总值按美元计算都超过了 7000 美元，都接近中等发达收入国家水平；而阳信距离这一目标仍然有相当的距离。

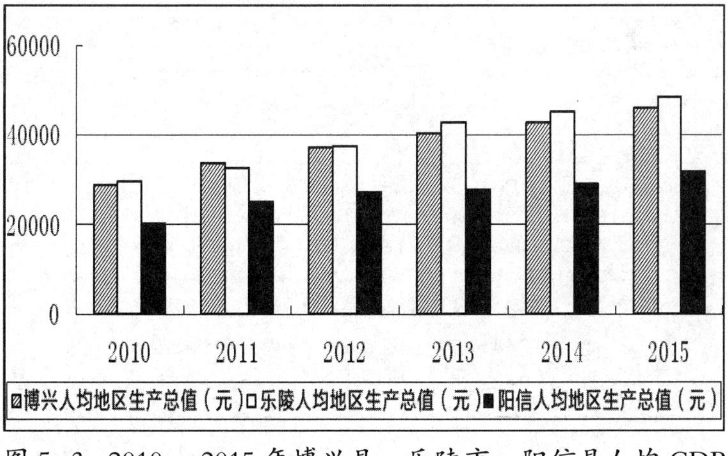

图 5-3　2010--2015 年博兴县、乐陵市、阳信县人均 GDP

二、产业结构对比

由于所处发展阶段差异，三县产业结构异质性较强。到2015年，经济水平较高的博兴已经处于后工业化阶段，其三产结构调整为8.23:51.72:40.05，三产产值分别为26.6亿元、166.9亿元、129亿元。乐陵三产结构比例调整为13.0:50.8:36.2，三产产值分别达到31.6亿元、123.5亿元、87.9亿元，呈现出第二产业占比不断下降、第三产业占比持续提高的良好态势。阳信三产结构调整为16 ：43.8 ：40.2，三产产值分别为23.36亿元、64亿元、58.7亿元，呈现出第一产业占比不断下降、第三产业占比持续提高的良好态势。

图5-4给出了三县第一产业占比年度间的变化情况。总体上，博兴、乐陵、阳信第一产业占比差别较大，阳信处于最高水平，博兴处于最低水平。就时间趋势而言，博兴第一产业年度间相对平稳，一直处于最低水平；乐陵第一产业在“十二五”期间出现较大幅度下降，结合其人均地区生产总值水平来看，这符合所谓的“库兹涅茨”事实，即第一产业的产值比重和劳动力比重在工业化过程中呈现下降趋势。阳信第一产业与2010年相比有略微下降，但是中间几年波动幅度较大，一方面原因在于工业化水平较低，另一方面也与其农业内部产业结构有很大关系。

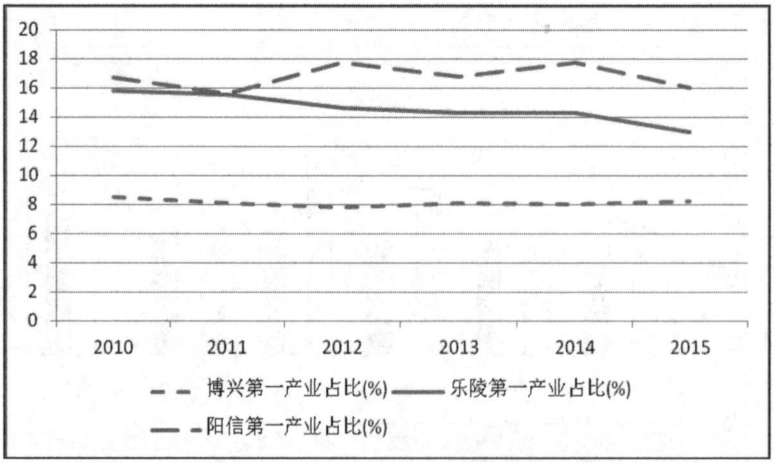

图5-4　2010—2015年博兴、乐陵、阳信第一产业对比

需要指出的是，阳信县肉牛产业是其特色产业。截至 2015 年，畜牧业总产值 20.87 亿元，占农业总产值 87.69%。全县拥有县级以上肉牛龙头企业 39 家，初步形成了辐射全县的肉牛养殖基地。同时，阳信县被评为全国肉牛养殖示范县，进一步巩固了其全国畜牧百强县基础地位。

图 5-5 给出了三县第二产业占比年度间的变化情况。博兴和乐陵第二产业占比和发展趋势都很接近。博兴和乐陵第二产业不断下降，原因是由于两县已经处于工业化阶段的后期。这与“库兹涅茨”事实关于第二产业发展趋势的判断也是一致的，即当人均地区生产总值达到一定程度之后，第二产业的产值比重和劳动力比重就会下降。从趋势上判断，两县在 2010 年前后已经达到了库兹涅茨倒 U 型曲线的拐点。

阳信第二产业占比相对于 2010 年没有出现大的变化，仍然低于博兴和乐陵的水平，说明其工业化进程仍然有一定的路要走。阳信肉牛特色产业本身可以“接二连三”，其产业化链条包括饲料作物种植—肉牛繁育—养殖—饲料加工—防疫体系—市场销售—屠宰加工—废弃物综合利用—成品皮革生产—消费市场等环节。其中皮革生产属于加工业，屠宰加工、冷链物流和餐饮属于第三产业。

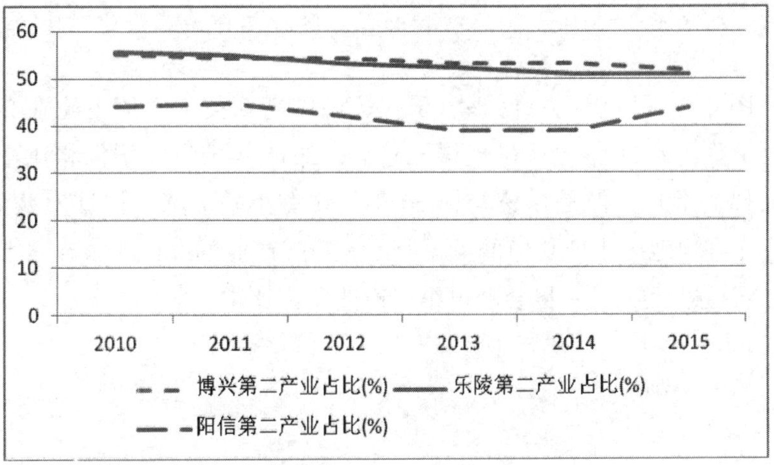

图 5-5　2010—2015 年博兴、乐陵、阳信第二产业对比

图 5-6 给出了三县第三产业占比年度间的变化情况。博兴第三产业占比呈现稳定增长趋势；乐陵第三产业占比呈现较大幅度增长的趋势，但是仍然低于博兴和阳信的水平；阳信第三产业 2013 年出现小幅增长，相比 2010 年水平有略微上升。作为地区生产总值发展水平远远落后于其他两县的阳信，其第三产业占比上升速度反而略微高于博兴和乐陵，这还是由于前述肉牛产业对于第三产业强大的推动作用。

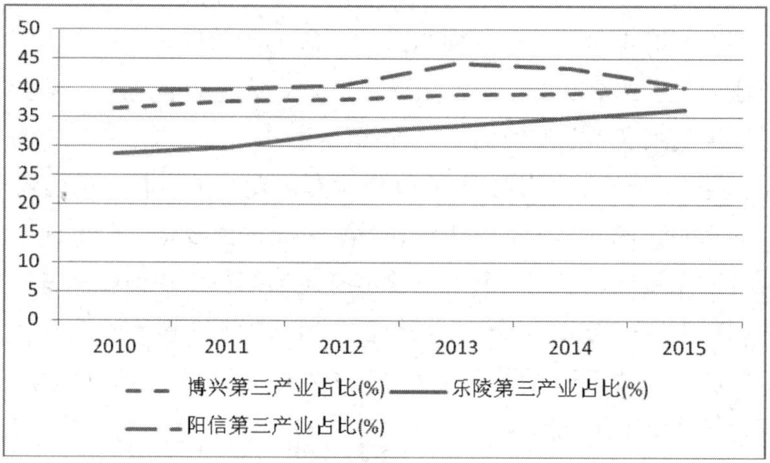

图 5-6　2010—2015 年博兴、乐陵、阳信第三产业对比

从图 5-7 可以看出：博兴、乐陵、阳信高新技术产值占比在 2011 年均有所下降，2011 年之后呈现增长趋势，2015 年博兴、阳信相比 2010 年均有大幅度增长，但是乐陵与 2010 年相比有小幅下降。根据库兹涅茨第三产业和人均地区生产总值的关系判断，第三产业的产值比重在“十三五”期间有望超过 45%，并将会超过第二产业所占比重。

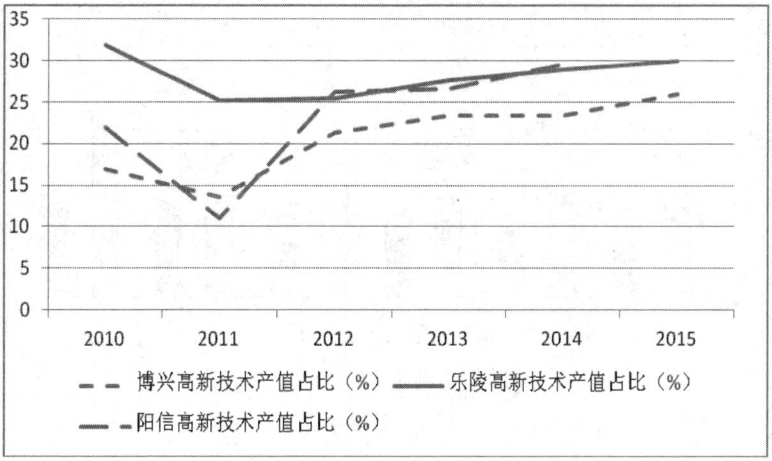

图 5-7　2010—2015 年博兴、乐陵、阳信高新技术占比

三、消费

由图 5-8 可以看出：博兴、乐陵、阳信社会消费品零售总额实现稳定增长，增长的原因一是由于人口数量的增加，二是由于人均收入水平的提高。从人口上看，到 2015 年乐陵总人口达到 70 万人，而博兴总人口只有 50 万人，阳信总人口只有 46 万人。乐陵社会消费品零售总额最高是由于人口基数大，但是博兴社会消费品零售总额远高于阳信则不仅由于人口数量的差异，更重要的原因是收入的差距较大。

另外，三县的收入处于不同档次。博兴最高，2015 年在岗职工年平均工资达到 61348 元，农民人均纯收入达到 14430 元；其次为乐陵，2015 年在岗职工年平均工资达到 47100 元，农村居民人均纯收入 13599.6 元；2015 年阳信城镇居民人均可支配收入达 29200 元，农民人均纯收入 11930 元。从城乡均衡发展的角度，乐陵城乡收入差距相对其他两县更小。

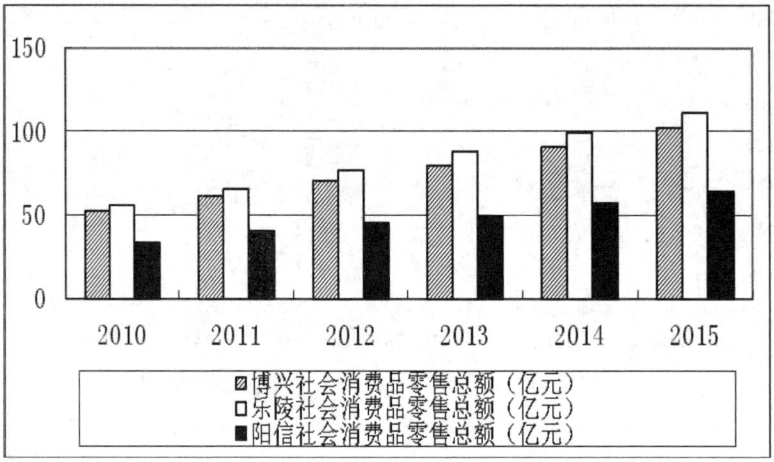

图 5-8　2010—2015 年博兴、乐陵、阳信社会消费品零售总额

图 5-9 列出三县“十二五”期间社会消费品零售总额增长率。与 2010 年相比，博兴、乐陵、阳信社会消费品零售总额增长率均出现大幅度下降，这与经济总量增速走势比较一致。但是博兴和乐陵的社会消费品零售总额增长率平稳下降，阳信社会消费品零售总额增长率出现大幅波动。2015 年博兴、乐陵、阳信社会消费品零售总额增长率几乎相等，并且增长率仍然高于 10%。

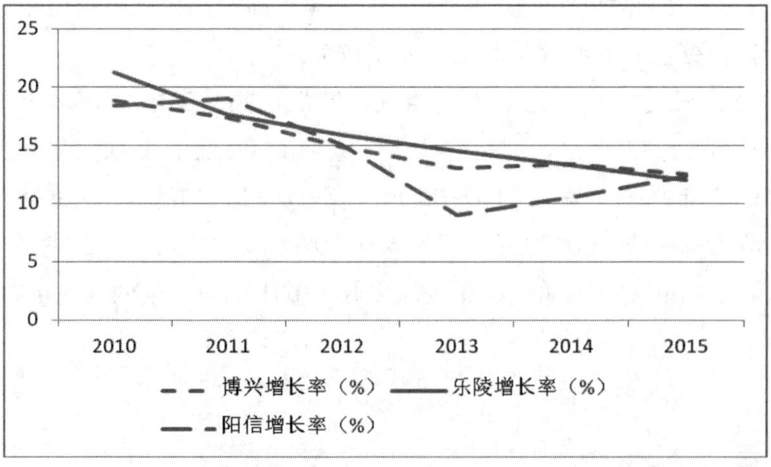

图 5-9　2010—2015 年博兴、乐陵、阳信社会消费品零售总额增长率

四、财力与收入

2015 博兴年完成地方公共财政预算收入 26.71 亿元，年均增长 13.9%。每亿元地区生产总值的地方财政贡献由 2010 年的 692.6 万元稳步上升到 2015 年的 827.8 万元。乐陵 2015 年地方财政收入达到 11.2 亿元，年均增长高达 35%，增速居全省前列。阳信公共财政预算收入由 2010 年的 2.77 亿元增长到 2015 年的 7.3 亿元(预计)，年均增长 21.4%。总的来看博兴县的公共财政预算收入遥遥领先与其他两个地区。2010--2012 年乐陵市、阳信县公共财政预算收入几乎持平，但在 2013—2015 年，乐陵市公共财政预算收入增幅较大，超过阳信县。

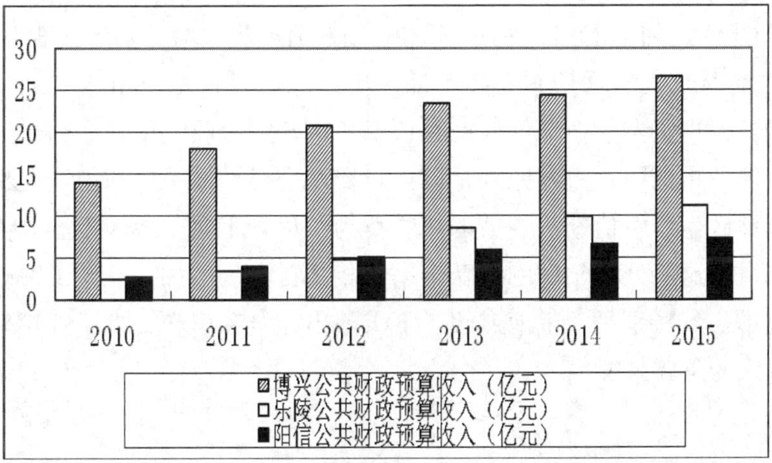

图 5-10　2010—2015 年博兴县、乐陵市、阳信县公共财政预算收入

由图 5-11，2010—2015 年博兴、乐陵、阳信年人均公共财政收入均呈上升趋势，但差距有所降低。博兴无论总量还是人均公共财政收入远大于乐陵和阳信，博兴人均公共财政收入是其他两个地方两倍左右，说明博兴县税收项目明显多于其他两个县。2010—2012 乐陵、阳信的人均公共财政收入相差很少，但从 2013 年之后，乐陵人均公共财政收入与阳信人均公共财政收入差距逐渐明显。

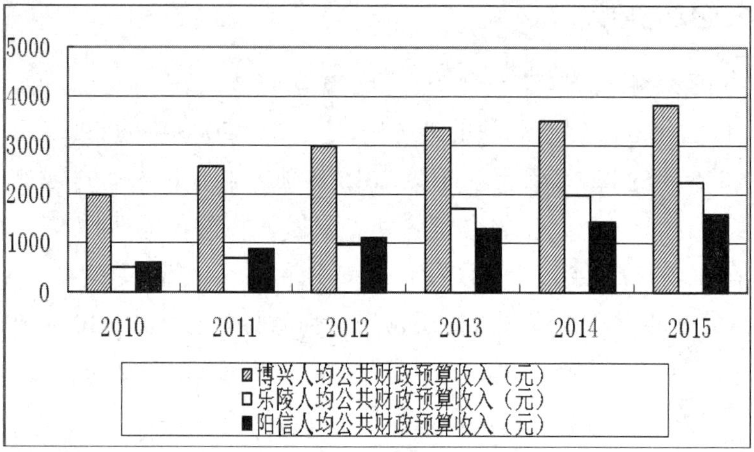

图 5-11　2010—2015 年博兴、乐陵、阳信人均公共财政收入

从图 5-12 可以看出，博兴、乐陵、阳信财政收入增长率是逐渐下降的，2013 之前财政收入增长率远高于地区生产总值增长率，2013 年之后财政收入增长率也仍然大于地区生产总值增长率。财政收入增长率高于地区生产总值增长率的一个重要原因是以存量资产交易、二手房和土地交易为代表的非地区生产总值经济领域的交易行为，尽管不属于地区生产总值核算的范围，但这些经济领域的活跃带来了相关税收的增加，推动了财政收入的快速增长。特别是“土地财政”下土地出让金和房产交易税近年来成为财政收入的重要来源。

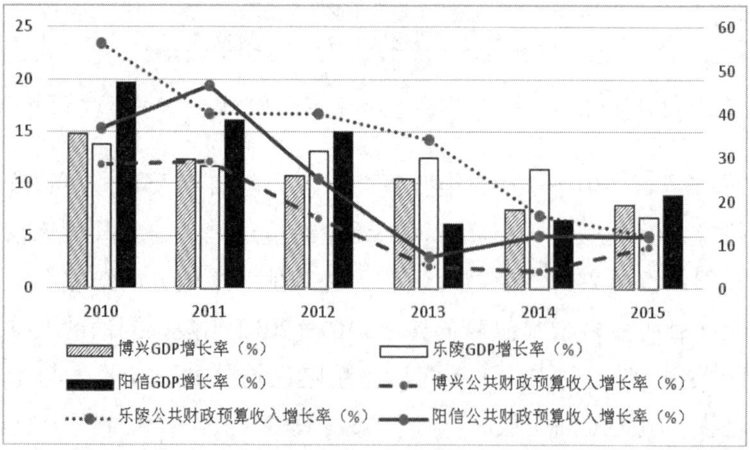

图 5-12 2010—2015 年博兴、乐陵、阳信公共财政预算收入增长率

博兴 2015 年农民人均纯收入达到 14430 元，比 2010 年增加 7055 元，年均增长 14.4%，接近翻番。2010 年博兴农民纯收入 7375 元，城镇居民收入 22000 元，2015 年博兴农民纯收入 14430 元，城镇居民收入 31667 元，

城乡收入差距增大。乐陵市 2015 年农民人均纯收入 13599.6 元，比 2010 年增长 6593.87 元，年均增长 14.2%。阳信县 2015 年农民人均纯收入由 2010 年的 6305 元增长到 2015 年的 11930 元，年均增长 13.6%。2015 年阳信农民纯收入 11930 元，城镇居民收入 29200 元，阳信城乡收入差距比博兴要高。总体来看，2010--2015 年三个地区居民收入稳步增加。农民人均纯收入从高到低依然是博兴县、乐陵市、阳信县，但差距不是太明显。

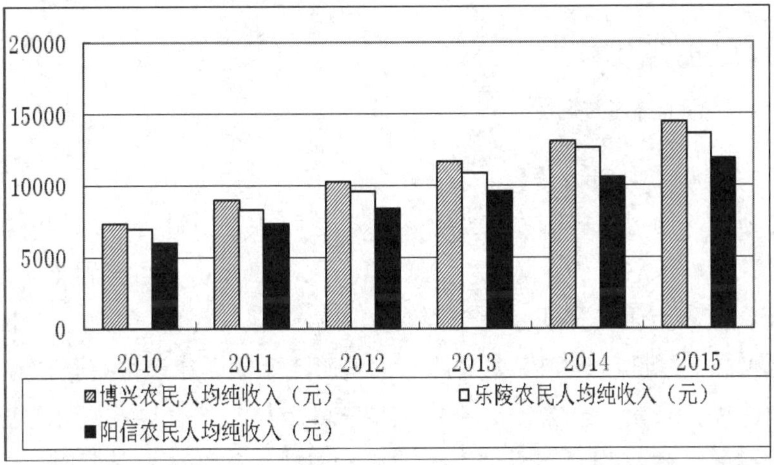

图 5-13　2010—2015 年博兴、乐陵、阳信农民人均纯收入

图 5-14 列出了“十二五”期间三县农民人均纯收入的增长速度。2012—2015 年三个地区的农民人均纯收入增长率保持在 10-15%，增速差别不大。需要指出，博兴经济发展水平较高，但没有实现农民收入更快的增长率，这说明，应该设计更为合理的财政支农配套政策，以提高财政支农效率来推进农民增收。在“十三五”期间，全面建设小康社会需要持续提高农民收入。因此，要把农民增收与城镇化结合起来，以城乡一体化促进缩小城乡收入差距进程。

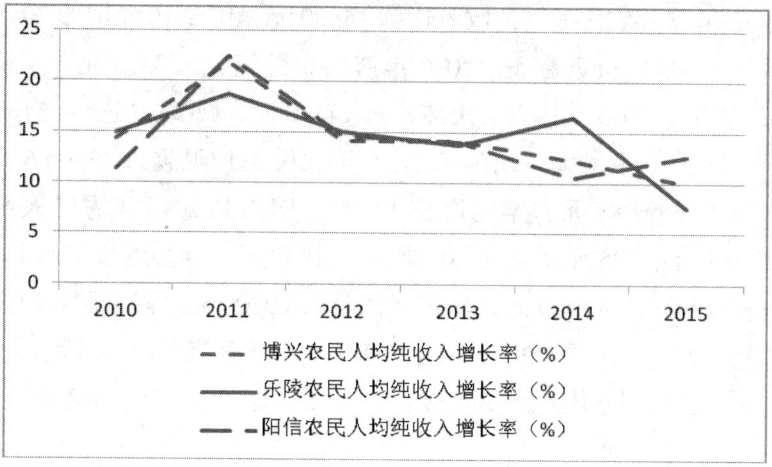

图 5-14　2010—2015 年博兴、乐陵、阳信农民人均纯收入增长率

五、生态与社会发展

“十二五”期间三县在大力发展经济的同时，也加大生态环境保护和建设的力度，通过造林、发展循环经济、建设生态乡镇等一系列举措，提高了资源环境承载能力。博兴生态环境在“十二五”期间得到有效改善，2013 年在滨州市生态文明乡村建设观摩中取得第一名的好成绩。“十二五”期间博兴县在北部沙区和主要公路、大型河流两侧，建设生态防护林体系，新建改造绿化长度 300 公里，新增植树 236 万株。“全域花园化”建设进程快速推进，林木资源大幅增加，建成益丰、泰丰两个万亩林场，生态状况不断改善，“十二五”期间，全县累计完成合格造林 13.6 万亩。到 2015 年，有林地面积达到 37 万亩，农田林网达到 75 万亩，林木覆盖率达到 38%。

“十二五”期间乐陵生态环境也得到进一步优化，花园等 4 个乡镇通过省级生态乡镇验收，市中、朱集荣获“国家级生态乡镇”称号。“十二五”期间乐陵开始建设循环经济示范园，是“黄三角”规划的重点循环经济园区，总规划面积 47 平方公里，一期启动建设 20.8 平方公里，目前已获批建设省级生态工业园区。“十二五”期间乐陵工业固体废物综合利用率达到 100%；主要污染物排放总量降低 20%；城市污水集中处理率达到

93.18%；森林覆盖率 53.85%。

“十二五”期间阳信县累计 7 个乡镇荣获省级生态乡镇称号，生态县建设扎实推进。同时，阳信新城区建设取得重大进展，城镇建成区绿化覆盖率 5.86%，现代能源体系日趋完善，生物质发电、风力发电、垃圾焚烧发电项目加快实施。

博兴县、乐陵市、阳信县的社会事业均得到全面发展，人民生活显著改善。博兴县把增进民生福祉作为政府工作的落脚点，社会事业持续改善。乐陵市致力于把握问题导向，加大社会事业支出，社会事业稳步提升。阳信县着力推进深化改革，社会统筹发展能力显著提升。

教育方面，三县都加大了对基础教育的投入。博兴县幼儿园改扩建完成率全市第一，省级规范化学校达到 17 所，实验中学成为全国教育系统先进集体，被认定为全国义务教育发展基本均衡县。乐陵市教育投资 5.2 亿元建成了新一中，整合周边街道的5所学校成立了实验中学，圆满完成“教育三年振兴计划”。阳信县“十二五”期间教育投资 1.73 亿元，完成了教育基础设施建设。小学、初中巩固率、高中入学率分别为 100%、99.5%、58.5%。

医疗卫生方面，三县改革医疗卫生管理体制，提高医疗服务质量和水平。博兴县人民医院、博兴县中医医院被确定为公立医院改革试点医院，博兴县药品零售价格平均下降 35%；基层医疗卫生机构实行全员聘用制和岗位管理制度。乐陵市连续被国家卫生部评为信息化创新医疗服务模式全国“十佳”，成功列入全国第一批“健康促进县”试点。阳信县截止 2015 年末，全县新增医疗机构 333 个，实有床位 1250 个，注册医师 457 人；公立医院改革全面启动，新中医院建成使用，县医院扩建加快进行。全县城镇职工医疗保险和城镇居民医疗保险参保率达 100%。

公共文化服务方面，三县加大公共文化设施投资力度。博兴县集文化馆、图书馆、博物馆、科技馆等为一体的市民文化中心已开工建设；农家书屋和农村文化大院覆盖率达到 100%，“十五分钟文化圈”以及“十分钟健身圈”基本形成。乐陵市始终坚持“不惜重金搞文化、不留遗憾留遗产”

的全新理念，已先后建成泰山体育博物馆、金丝小枣文化博物馆、乐陵人民文化广场、跃马河湿地公园等特色广场，形成了“10分钟文化娱乐圈”。阳信县拥有文化企业70余家，从业人员2万余人，年销售收入22亿元，产业集群效应初步显现，初步形成覆盖全县城乡文化馆、站、室三级基层公共文化服务体系。

就业和保障方面，三县保就业工作效果良好，就业形势保持稳定态势。博兴县“十二五”期间，城镇登记失业率一直控制在3.0%以内，社会保障体系不断完善。乐陵县2015城镇新增就业0.75万人，农村劳动力转移就业1.5万人，城镇登记失业率2.97%。阳信县“十二五”期间，城镇新增就业2.06万人，农村劳动力转移就业6.17万人，城镇登记失业率2.26%。城乡居民社会养老保险制度实现全覆盖，新建农村幸福院30处、社区老年人日间照料中心3处。

六、政府改革与职能转变

博兴县、乐陵市、阳信县均在不同程度上加速政府职能转变，服务效率大幅提升。博兴县加强作风建设，推进政府信息公开，进一步规范政府工作。乐陵市致力于践行群众路线，政府效能稳步提升。阳信县着力推进作风转变效能提升，政府自身建设全面加强。

博兴规范建立了行政审批事项目录和行政权力清单，提升了依法行政水平。公开“三公”经费，实施“企业设立联合审批制度”，优化建设项目审批流程，非即办件办结时限压缩50%以上。

乐陵规范并建立了行政审批事项目录和行政权力清单，取消和下放审批事项23项，在德州率先建立起中小企业公共服务县级平台。人大代表建议、政协提案办结率均为100%。党员干部全年为群众办实事好事3000件，赴浙江大学等高校进行专题研修，领导干部解放了思想、提升了境界。

阳信县“十二五”以来，加快政府职能转变，县公共资源交易中心启动运行，公共资源交易行为更加规范；深化行政审批制度改革，编制公示了行政审批事项目录等文件。进一步修订完善了县政府的工作规则，政府工作规范化水平明显提升。

第二节 发展背景分析

一、国际环境

“十三五”期间，世界经济仍处于后金融危机时代的调整变革期，世界多极化、经济全球化还在深入发展，经济的总体增长速度趋缓，市场的扩展力较前减弱，全球产业分工、国际投资贸易规则、世界政治局面等都会发生新的变化，国际金融市场动荡性增加，世界经济发展中不稳定、不确定和不平衡的因素增多。世界经济复苏步伐不如预期。美国复苏态势比较明显，欧盟经济正在复苏但增长速度较低，日本经济受政治影响存在较大变数，新兴经济体的增长速度明显放缓。

全球产业分工格局继续深化发展。新兴经济体和发展中国家纳入全球化产业分工的区域正在扩大，新一轮的产业转移和分工正在发生，产业发展制高点的争夺更加激烈。新科技革命和互联网条件下的商业模式创新，大数据、云计算、物联网、3D 打印、生物工程、新能源、新材料等领域取得重大突破，正在引发以绿色智能为核心的产业变革，对全球产业分工格局会产生重要影响。发达国家与我国的产业关系将由互补为主转向互补与竞争共存，新兴经济体与我国产业同构竞争加剧。

全球贸易体系和规则正在重塑。以 WTO 为代表的多边贸易规则受到越来越多的挑战，发达国家主导的跨太平洋战略经济伙伴关系协议（TTP）和跨大西洋贸易与投资伙伴关系协定（TTIP）等各类跨区域贸易协定的生效，将会带来新一轮国际投资贸易规则的变化，向着区域合作和更高标准的方向发展。TPP、TTIP 和 PSA(多边服务业协议)将成为美、欧、日主导全球 21 世纪“铁三角”国际经贸游戏的新规则。另一方面，当前贸易区域集团化趋势的加剧，也可能促使以 WTO 为代表的多边贸易谈判体制取得新进展。

二、国内环境

由图 5-15 可以看出最近几年中国经济总量呈现不断增长趋势，但是增长率从 2011 年开始呈现下降趋势，中国经济社会发展进入新常态，发展规律和客观环境均表明，“十三五”时期，我国经济将向形态更高级、分工更复杂、结构更合理的新常态演化。经济结构从增量扩能为主转向调整存量、做优增量并存的深度调整，经济发展动力正从传统增长点转向新的增长点。

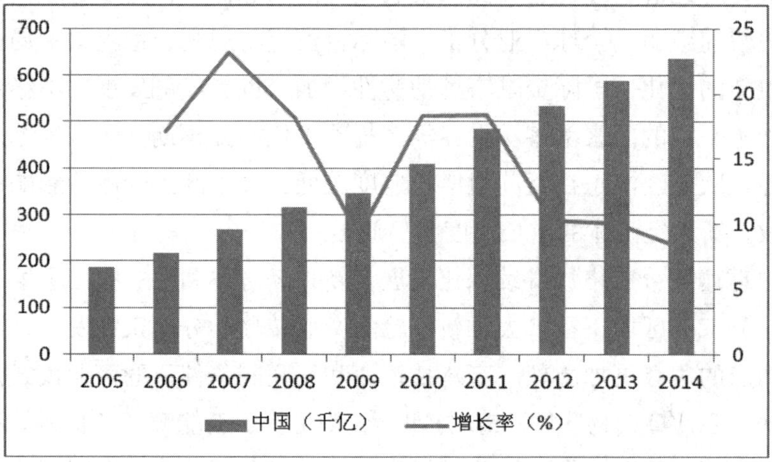

图 5-15　中国 GDP、GDP 增长率

经济发展方面，我国经济进入换挡期，经济增速从长时期两位数增长进入到 7% 左右的中高速增长阶段。发展方式从粗放增长转向集约增长，推动我国经济增长的主要力量，逐步从依靠要素、投资驱动转向依靠技术进步和创新驱动。经济结构从失衡转向优化。从产业结构看，农业和制造业比重下降，服务业比重上升；从需求结构看，内需超过外需、消费超过投资，成为支撑增长的主体；从能源结构上看，单位 GDP 能耗持续下降，环境明显改善。

国家战略层面，中央提出“两个百年”的奋斗目标，做出“五位一体”的总体布局。“一带一路”、京津冀协同发展战略、长江经济带等创新发展战略，将推动形成新的区域协调发展格局。全面深化改革，将推动市场化改革、政府行政体制改革、国企改革等实现突破。全面推进依法治国，将加快制度建设的步伐，推进政治体制改革与法制化进程，为社会稳定发展提供坚强保障。

社会治理方面，各类隐性风险开始逐步显现，社会不稳定性因素增多，面临人口老龄化、资源环境、产能过剩、地方债偿还、公共安全、社会偶发事件等因素的制约，社会治理面临更多挑战。

由此看来，我国将逐渐告别数量扩张性的高速增长阶段，进入质量提升型的中高速增长阶段。我国经济需改革创新转换经济增长模式，形成良性内生增长机制，建立起新的竞争优势，推动贸易结构和产业结构全面升级，以期在“十三五”期间迎来黄金发展转型期。

三、山东省背景

从图 5-16 可以看出，山东省经济总量和全国经济总量走势大体一致，经济总量不断上升，但增长幅度趋缓。金融危机对山东的影响非常明显，2009 年地区生产总值增长率大幅下降。从趋势上看，地区生产总值增长率从 2011 年之后逐年下降，表明山东经济与全国同步走入“新常态”的中高速增长通道。

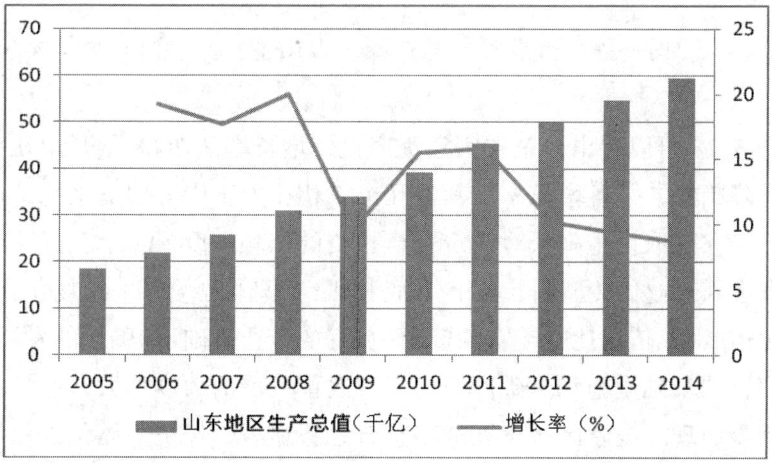

图 5-16　山东省地区生产总值和地区生产总值增长率(2005-2014)

图 5-17 给出 2005—2014 年间六个省份固定资产投资占地区生产总值比变化情况。山东省固定资产投资拉动经济增长的特征比较明显。在这

十年间，山东省固定资产投资占比一直高居六省之首，仅有江苏这一指标保持在这一水平上，远远高过地区生产总值总量全国占第一位的广东省。这可能由于山东国有企业占比较高、重工业化程度较高，这类企业需要大量投资以保持较高的资本份额。从份额上看，山东省固定资产投资占比从2005年的10%增长到2014年的42%。

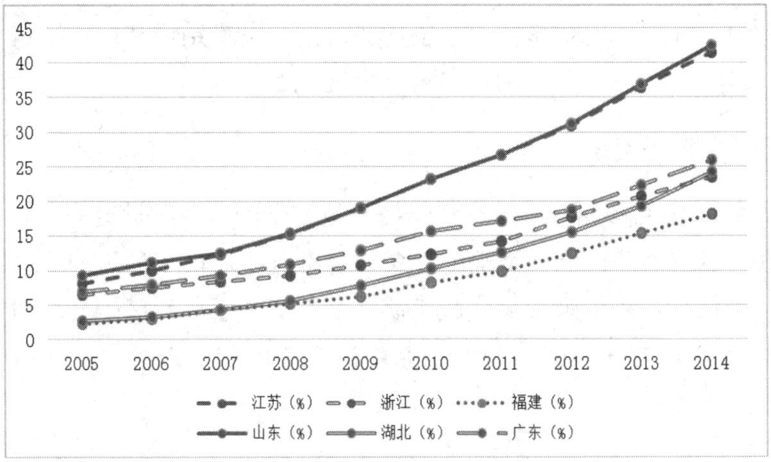

图5-17 六省固定资产投资占比（2005-2014）

图5-18可以看出山东省固定资产投资增长率从2008年开始几乎每年都有下降趋势，并且增长率和其他几个省相比处于中等偏下水平，这说明山东已经在采取措施降低对固定资产投资的依赖程度。“十三五”期间，山东省进入工业化转型期、城市化加速期、信息化融合期、市场化完善期、国际化拓展期，依托比较丰富的资源、良好的产业基础、前瞻性的发展战略、比较完善的基础设施和基础产业，全省改革发展的力度加大，经济新增长点将逐步涌现。全省区域发展战略整合趋势显著，经济一体化进程加快。为统筹城乡区域协调发展，山东省率先实现了区域发展全覆盖，经济总量有望保持平稳增长。

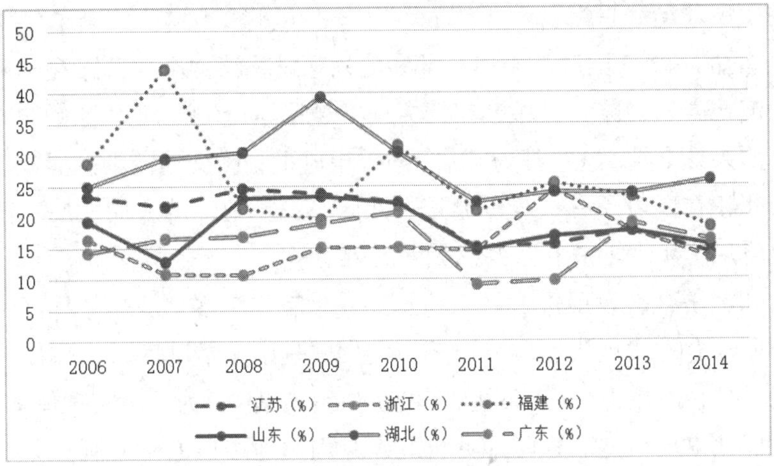

图 5-18　六省固定资产投资增长率（2006-2014）

“十三五”期间，山东省“两区一圈一带”的资源整合和优化配置将进一步加强，实现优势互补、错位竞争、一体化发展。全省工业化转型、城市化加速，潜在需求巨大。产业结构调整优化的步伐加快，居民消费结构持续升级，人口、产业将进一步向城镇集聚，城市基础设施建设需求巨大，城镇化进程的加快将成为经济发展的巨大推动力。服务业崛起势不可挡。信息、物流、教育、研发、文化、旅游、养老、医疗、金融以及各种商务服务在巨大消费需求和信息化的双重推动下将迎来大发展，实现跨越式发展。

“一圈一带”发展战略有利于带动省会周边城市的同速发展，有利于加速西部地区的经济发展。目前，省会城市群经济圈发展初具规模。西部经济隆起带政策落实取得新进展。2014 年省级财政向西部经济隆起带下达资金 845 亿元，占全省 54%，年增长率达 7.6%，并对西部地区在土地和人才方面给予重大支持。

四、周边区域背景

交通基础设施进一步强化了三县的区位优势。博兴位于山东省滨州市东南部，阳信位于山东省滨州市西北部，滨州的发展为博兴和阳信提供了良好的发展环境和平台。“十二五”以来，滨州市地区生产总值年均增速在10%左右。205国道从阳信东部和博兴穿过，滨博高速公路穿越阳信县东部，滨德高速公路在县城北东西方向穿越阳信全境，山深路（G205）南北贯穿博兴县全县。这些都为阳信、博兴织成了一张交通便利网。“十三五”期间滨州正在向着“一极、一通道、两区、三基地”的方向发展，博兴、阳信也将从滨州“十三五”的巨大发展中受益。

德州经济社会发展进入转型跨越期，乐陵作为多个战略叠加区域，将迎来前所未有的发展机遇。京津冀协同发展是国家推动区域合作协同发展的战略举措，德州以“一区四基地”的定位纳入其中，为乐陵实现借势融入、乘势发展迎来新机遇。乐陵地处鲁北，是周边地级市的中心圆点。新京沪高速、滨德高速、314省道升级为国道、德龙烟铁路等交通基础设施的完善和通车，进一步强化和突出了乐陵的区位优势，为乐陵打造区域中心城市和促进物流、旅游等产业发展提供强大助力。

第三节 “十三五”期间发展优势与挑战

一、发展优势

新常态同时也蕴含了新机遇。世界经济缓慢复苏、中国改革深化、科技创新、区域格局调整等都将为博兴发展提供新空间，尤其是博兴已经拥有的良好的发展基础为未来博兴实现快速发展提供保障；乐陵未来将依靠保税区大力发展对外贸易来促进经济快速发展；阳信完整的饲料作物种植—肉牛繁育—养殖—饲料加工—防疫体系—市场销售—屠宰加工—废弃物综合利用—成品皮革生产—消费市场的产业化链条必将带动制造业和服务业快速发展。

博兴的优势在于各方面发展都较为成熟。从产业上看，通过技术改造、产业链条向高端延伸和兼并重组，博兴的主导产业将越来越成熟，竞争力越来越强，呈现出主导产业稳健发展、新兴产业活力旺盛的良好格局。城镇村布局调整进入固定期。随着产业布局、公共服务设施的完善，县乡城镇化和村镇网点布局将逐步完成，城镇格局以及相应的土地利用、生态布局将随之逐渐定型。从社会体系完善程度看，在自身财力不断增长和上级政府转移支付的支持下，博兴社会保障和救助体系等的保障能力将不断提高，并逐渐稳定。从制度改革调整角度，中央部署到2020年深化改革基本完成，随之各项新制度将逐渐落实和实施，政府和市场的关系将逐渐调整到位，政府的职责也将由主要发展经济向更为均衡的职责方向发展，政府的行为方式也将法治化。

乐陵的优势在于保税园区、政府效率和产业等方面。乐陵依托青岛保税港区（德州）功能园区建设，架构以现代物流、高端制造、产业孵化、大宗商品展示交易、核心服务以及生活配套为特色的六大板块；以星光糖业保税物流项目等为重点的保税园区建设，积极进行保税仓库、保税物流中心和综合保税区项目申报，提升对外贸易开放度。

行政效率方面，“五线七办”、“8+N”工作机制、差异化考核制、强有力的基层组织建设等形成了经济社会发展的强力推动和保障机制。行政审批中心、公共资源交易中心、企业服务中心、便民服务中心和社会治理综合服务中心“五个中心”的建设和完善大幅度提高了行政效率。

产业方面，乐陵市产业构成中高能耗、高污染产业占比小，产业结构相对较优。体育产业、建筑五金机械、调味品、小枣等领域形成了较为显著的特色，尤其是体育产业发展潜力巨大。科技和产业结合紧密。主导企业基本上都建立了高层次的科技平台，依托科技平台形成了良好的人才、科技攻关项目和资金聚集效应，为产业发展提供了强力支持。此外，乐陵农业耕种面积稳定，单产逐年稳步提高，正在成为立足鲁西北、融入京津冀的区域农业现代化先导区。

阳信的优势在于产业、区位和政策层面。产业方面，“十二五”时期，阳信县油气化工、肉牛及皮革加工、家纺地毯、木器制造和不锈钢制品等优势产业已具备相当规模，特别是石油化工业积极引进利用新技术、新设备，进一步向精细化工延长产业链条。肉牛及皮革加工产业稳步壮大，肉牛业产业集群加快形成，进一步向产业链条高附加值部分延伸。合金铝新材料、物流业等新增长点正在破茧化蝶。裕阳铝业、久盛铝业和汇宏新材料等重大项目前期投资已经基本到位，形成较大生产能力和发展潜力。物流业发展态势良好，有望成为助推阳信县经济发展的新动力源。以德大铁路阳信站为依托，充分把区位优势转化为现实优势，构筑以阳信为中心，辐射鲁北区域的陆港联运物流体系，打造鲁北区域重要的大宗货物集散基地。

区位方面，阳信位于黄河三角洲高效生态经济区和山东半岛蓝色经济区“两区叠加地带，又处在 “两圈辐射”交汇地带，既具备“两区”大开发的政策扶持优势，又具备承接京津冀协同发展产业转移和省会城市群经济圈发展辐射带动优势。“两高一铁”、“一国道六省道”多元化交通新格局的形成，对于承接周边经济发达地区产业转移、完善产业布局和激发发展活力，创造了优越的交通条件。政策方面，阳信作为经济后发县区，在精准扶贫消除贫困的大背景下，上级的支持和帮扶力度逐步加大，力争“十三五”实现无贫困人口。“突破阳信”是市委、市政府重要决策，对阳信政策倾斜力度也将进一步加大。

二、面临挑战

博兴、乐陵、阳信未来发展面临的一个共同挑战是新常态下经济下行压力。博兴正处于工业化后期，未来第二产业增长率较低；乐陵经济总量小、实力弱的现状还未根本改变，对未来经济发展造成一定阻碍；阳信发展水平距“全面小康”和省市中等水平还有较大差距，经济总量偏小，2014 年该县地区生产总值只有 134 亿元，与滨州市其他县区差距较大。

博兴综合实力还不算强，人均地区生产总值水平偏低，城镇化提升较快但农村人口比重过高，城市建设和管理水平有待进一步提升。经济增长依然依靠要素投入和规模扩张，投资、消费、出口协调拉动经济增长的格局尚未形成，以管理、科技创新为核心动力的经济社会发展模式还未形成。

此外，博兴经济下行压力较大，要素制约力度加强。中国经济社会发展进入新常态，宏观经济持续下行，传统产业盈利能力下降，产能过剩压力持续存在，新的增长支撑点还没有有效形成，结构调整阵痛进一步显现。劳动力成本持续上升，土地指标、环境容量等瓶颈的制约更加趋紧，金融效率提升缓慢，企业经营困难增多，投资欲望下降。博兴产业结构是以石化和金属板材等为主的重型工业结构，第二产业占比较大，第三产业占比较小，产业结构有待进一步优化，转型升级任重道远。

乐陵面临发展阶段相对滞后和发展模式亟待转型，内生动力不强、创新动力不足和经济发展要素不足、政府可调控资源缺乏的双重压力。与发达地区相比，乐陵的工业化、城市化水平明显滞后，但同样承受着发展成本上升、市场约束加剧、准入门槛提高等诸多压力，面临着发展阶段的相对滞后性和发展门槛的同一性的历史矛盾，经济社会发展的压力和挑战更大。乐陵经济基础依然相对薄弱，经济总量依然较小，投资、消费和进出口的潜力不足。尽管高度重视科技创新，但研发经费支出占地区生产总值比重依然较低，全社会尚未形成创新创业的热潮。相比发达地区，乐陵对要素资源的依赖性更大，但在经济新常态背景下，政府用于推动经济发展的行政资源、创新资源、要素资源将更加有限，对经济发展形成了强大压力。

阳信未来几年发展要素瓶颈制约问题日益凸显。随着经济发展阶段的深入，阳信经济发展受土地、资金、安全、环保等要素制约问题逐步显现。尽管耕地资源较为丰富，但是淡水资源相对匮乏，土地生态环境相对脆弱，土地供需矛盾相对紧张。企业多为中小企业，参与资本市场进行直接融资的能力较低，总体融资规模偏小、成本偏高。重点产业油气化工、合金铝新材料、肉牛及皮革产业等，对能源需求较大，给生态环境造成一定压力。

第四节 “十三五”期间发展目标和定位

一、发展目标

在中国宏观经济进入中高速增长期后，三县也制定了 “十二五”期间的经济发展目标。博兴 2020 年全县生产总值达到 500 亿以上，年均增长约为 10%，人均生产总值力争达到 10 万元；地方公共财政预算收入约为 44 亿元，预计年均增长 11%；固定资产投资 力争达到近 500 亿元，预估社会消费品零售总额达到 200 亿元，年均增长约为 14 %；经济结构调整优化，三次产业比例约调整为 8 ∶ 49 ∶ 43。

到2020年，乐陵全市生产总值将力争达到391.35亿元，年均增长约为10%，人均生产总值达到1万美元左右；地方公共财政预算收入争取将达到24亿元以上，年均增长约为17%；五年累计完成固定资产投资约1700亿元，年均增长20 %左右；进出口总额力争实现11亿美元，年均增长约为20 %；争取五年累计实际利用外资达到6亿美元，年均增长约为20 %；2020年社会消费品零售总额将达到250亿元左右，年均增长18 %左右；三产比例调整约为8 ： 52 ： 40；形成现代产业体系，争取高新技术产业产值占规模以上工业总产值比重每年提高1个百分点，达到35%。

阳信由于经济基数小，经济发展速度预计要高于其他两县。2020年全县生产总值力争达到250亿以上，年均增长保持在10%以上，人均生产总值力争超过5万元；一般公共财政预算收入将达到15亿元左右，年均增长约为15%；固定资产投资达到200233.6亿元以上，年均增长约为13%左右；社会消费品零售总额力争达到115亿元，年均增长10%左右；经济结构调整优化，三次产业比例调整约为12.6:41.6:45.6。

二、发展定位

未来几年博兴、乐陵、阳信致力于发展龙头企业，培养行业领导者，带动产业转型升级；强化基础性设施建设，增加居民的可支配收入，缩小城乡差距，加速城镇化进程。博兴县将全力推动撤县设市，充分擦亮“董永故里、吕剧之乡、中国厨都、中国金属板材之乡”名片；乐陵将大力发展制造业、农业、物流业，充分擦亮“枣乡、味都、体育城”名片；阳信县将大力发展新型精细化工、合金铝新材料和肉牛加工及养殖三大产业，充分擦亮“鸭梨之乡、中国第一牛县”名片。

博兴在坚持培育产业龙头、引导转型升级，深化改革创新、增强内生动力，突出绿色发展、保护生态环境，着重包容公平、保障改善民生的原则下，坚持产业发展和新型城镇化建设比翼齐飞，努力将博兴建成黄河三角洲腹地产业发达、生态宜居、仁孝文化浓郁的新兴精品城市，早日建成美丽幸福新博兴。

乐陵计划“十三五”期间建设成为先进制造业高地、优质农产品供应基地、现代化物流基地、新型城镇化典范和生态和谐幸福城市，成为对接京津冀的门户枢纽、鲁冀边界的区域性中心城市。

阳信县在坚持跨越发展、创新发展、协调发展、绿色发展、共享发展的原则下，将“五化同步”建设“一园四基地”，重点培育新型精细化工、合金铝新材料和肉牛加工及养殖三大产业集群，力争到2020年与全省、全市同步实现全面小康，经济总量跃居全省中游行列，建成“水韵梨乡”新阳信。

城镇化是全面实现小康的重要方面，三县都明确了城镇化的目标和进程。博兴计划城镇化水平年均提高1.5个百分点左右，2020年城镇化率力争达到60 %。人口规模适度增长，2020年县域总人口控制在53万人以内，中心城区人口规模将达到25万人。城乡居民收入差距明显缩小，其中农民人均纯收入年均增长不低于12 %，城镇居民收入年均增长不低于11 %。

乐陵人口基数大，城镇化任务更为艰巨。2020年市域总人口控制在75.5万人以内，中心城区人口规模达到28万人，城镇化水平年均提高2个百分点左右，2020年城镇化率将达到52%。

阳信促进形成城乡统筹新格局。城镇化水平年均提高1.5个百分点左右，2020年城镇化率力争达到48%。人口规模适度增长，2020年县域总人口控制在48万人以内，中心城区常驻人口规模将突破18万人，全县城镇常住人口将超过23万人。城乡居民收入差距明显缩小。

第五节 “十三五”期间发展重点

一、构建现代化产业体系

未来博兴、乐陵和阳信都需要加快构建以先进制造业为引领、以现代服务业为支撑、以现代农业为基础的现代化新型产业体系。但是由于发展阶段差异，三县产业发展侧重点差异明显。总体上，博兴以高端、新兴、生态为主攻方向，以产业功能区为依托，以培育行业龙头、集群化发展为重点，培强壮大主导产业，加快构建战略性新兴产业，目标是“十三五”末博兴经济进入全省前30强。乐陵市将推动一二三产业融合发展，打造先进制造业高地、优质农产品供应基地和现代化物流基地。阳信县按照“扩量提质、跨越发展”的思路，坚持绿色、高效的原则，促进三大主导产业扩量提质，特色产业跨越发展，基础支撑产业优质高效，其他产业齐头并进。

具体而言，博兴由于工业基础好、产业发展高，主要侧重加快产业调整步伐和加快制造业转型升级。一是调“高”产业层次，提升产业核心竞争力。二是调“轻”产业质态，增强产业整体协调性。三是调“优”产业布局，拓展产业内外发展新空间。四是调“强”产业实力，着力形成稳健增长新优势。力争到“十三五”末全县规模以上工业企业达到380家，高新技术产业产值占规模以上工业总产值比重达30%以上。重点培育15家百亿元企业和包括化工、粮油食品加工、新型金属材料、厨具、物流在内的五大千亿集群。

加快制造业转型升级主要围绕石油化工和金属板材两个板块。坚持壮大优势产业和培育新兴产业并重，推进信息化与工业化深度融合，加快产业发展转型。推进石油化工产业精细化发展，重点实施京博重质油综合利用等项目建设，争取五年后形成石油精细化工产业体系，到“十三五”末实现年销售收入突破一千亿元。推进金属板材产业集约化发展，重点推动鲁丰、科瑞、远大、万事达、华兴钢构等龙头企业做强做大，实现产业由低端分散向高效集约转型，进一步巩固博兴金属板材产业在全国的优势地位。推进商用厨具产业品牌化发展，加快抢占国内外中高端市场。

乐陵制造业主要工作是做优做强五金机械装备制造和推动农副产品加工业精深化，并推动绿色（循环）化工产业链条化。重点发展汽车零部件、五金制品和机械装备制造等行业，强力推进新能源汽车基地建设，以明堂集团、鲁北石油机械、信诺医疗器械等骨干企业为依托发展新兴装备机械制造业。着力推动形成以飞达、庞大豪德等为龙头的调味品和蔬菜加工集群。力争到2020年全市农产品综合加工率达到50%以上，实现销售收入400亿元。重点发展高端石油化工和精细化工两个产品集群，形成特色显著的循环化工产业链，到2020年，石油化工产业总产值将达到200亿元左右。

阳信“十三五”期间全力推进新材料产业、新型石化产业、肉牛皮革三大主导产业集群。新材料产业大力开发合金新材料、化工新材料、电子新材料、纺织新材料产品，把新材料产业作为新经济增长点和支撑点，到2020年，力争形成以新材料为引领的600亿级战略新兴产业集群。新石化产业重点实施滨阳燃化、京阳科技、北京路桥集团以及科宇能源产能提升等一批大型石化项目，积极引进2–3个大型京津石化转移项目，到2020年，力争新型石化产业集群形成600亿元的产业规模。肉牛皮鞋产业贯通从肉牛繁育、饲草基地、绿色养殖项目和肉牛饲料加工，到肉牛精深加工、高档皮革和餐饮连锁的全产业链，打造中国北方绿色牛皮产业基地。到2020年，全县肉牛存栏量28万头，年屠宰肉牛65万头，加工皮革1000万张，实现肉牛皮革产业产值500亿元。

阳信特色产业重点发展电子信息、高端装备制造、循环经济、木器制造和不锈钢产品制造产业化。电子信息产业方面，大力发展电子元件生产设备制造、集成电子芯片、智能终端、汽车电子制造。高端装备制造方面，推进泰和科技轨道交通铝材及车体部件制造项目、山东坤钰高性能纤维材料项目以及大地精密高端装备部件制造项目，加快引进1–2个石化装备、大型特种构件生产项目。循环经济方面，重点推进风电、生活垃圾焚烧发电和生物柴油项目。木器制造方面，重点扶持欧亚木器集团、鲁木匠、水落坡古典家具企业群的发展，联合南京林业大学等高校，在木结构建筑和古木建筑修复等方面抢占行业制高点。

“十三五”期间，博兴、乐陵和阳信都面临全面提升现代服务业的任务，在物流、金融、商贸和旅游等方面提高产业水平。三县围绕主导产业都需要做强现代物流产业。博兴发展壮大本地京博物流、香驰物流、华兴金属物流、鑫辉物流、千里马物流等物流企业，增强对本地经济推动力。乐陵着眼于打造辐射京津冀及四大经济区的山东省商贸物流中心，建设鲁西北冀东南商贸名城和山东省电商物流集散中心，到“十三五”末，规模以上物流企业达到40家，年货运量达到3500万吨。阳信以德大铁路阳信站为依托，重点推进黄河三角洲（阳信）公铁物流园区建设，打造大宗物资分拨分销和中转集散基地。

博兴在电子商务方面已经抢占先机，未来会继续大力推进电子商务产业平台建设，大力实施“千县万村”试点工程，积极培育新的“淘宝镇”、淘宝村”，到2020年完成200个村级服务站建设。乐陵也提出网络商贸快速发展的目标，争取到“十三五”末利用电子商务开展各类营销行为的网商和企业超过2000家，全市培育规模以上企业300家。阳信提出推动现代流通方式和循环经济理念在商贸流通领域的广泛应用，发展特许经营、电子商务、网络营销等现代经营方式。

三县依托自身特色文化资源，着力做精文化与旅游业。博兴计划构建“两区六板块两线”的旅游发展新格局，依托打渔张灌区国家水利风景区和生态乔庄农业观光资源，创建国家4A级旅游景区。乐陵从“枣文化”入手，打造“福寿枣乡”品牌，争取利用1–2年建成枣林中心景区；打造“乡村休闲旅游”品牌，建设休闲度假旅游目的地。争取到2020年建成国家级4A级旅游景区3个，实现旅游收入约15亿元；阳信依托3A级旅游景区水落坡民俗文化旅游区，充分发挥“中国鸭梨之乡”的品牌优势，构建“一区三点”特色梨文化旅游格局，并重点实施“伊斯兰风情旅游小镇”综合开发项目。

博兴加大金融机构的引入力度，持续推进博兴“阳光信贷”工程，加快推进企业上市工作，力争“十三五”期间新增上市企业3家、“新三板”挂牌企业8家；到2020年，力争市内银行贷款余额突破700亿元，银行业金融机构达到18家以上；保险业金融机构年保费收入争取突破12亿元。乐陵侧重发展科技金融业，到2020年，力争市内银行贷款余额突破260亿元，银行业金融机构达到15家以上；保险业金融机构年保费收入力争突破10亿元，探索开展枣树保险以及“政保贷”业务。阳信计划在新城区适时规划建设功能齐全的金融服务区，重点发展面向中小企业和创新型企业多层次资本市场体系，把优化“三农”和“小微企业”的金融服务，作为县域金融创新发展的出发点和立足点，支持金融机构开发针对农业农村新型生产经营方式的金融产品和服务。

农业方面，三县在立足传统粮棉作物的同时，也提出发展蔬菜和畜牧养殖等产业。博兴县推进建设“粮棉稳定高产、蔬菜绿色高效、畜牧规模增产、水产特色鲜明”的绿色农产品生产示范区。按照“一带、三片、多园”进行功能分区和产业部署，形成“北核、南特、中优化”的总体布局。“十三五”期间，新建设高标准粮田，着力改善中低产田，到2020年全县优质小麦生产面积稳定在45万亩以上，棉花生产面积稳定在10万亩左右，蔬菜总种植面积稳定在20万亩左右，其中设施蔬菜播种面积达到10万亩以上。

乐陵全力打造绿色农产品供给基地，形成金丝小枣产业、优质粮食产业、高效蔬菜产业、生态畜牧产业四大优势农业产业体系。实施5万亩金丝小枣标准化种植核心示范基地项目。积极培育新型经营主体，鼓励土地承包经营权向专业大户、家庭农场、农民合作社、农业企业有序流转，创新家庭经营、集体经营、合作经营、企业经营等共同发展的农业经营方式。争取到2020年，拥有国家级农业产业化龙头企业5家、省级10家，全市注册农民合作社达到3000家左右，家庭农场达到500家左右。

阳信着力发展畜牧业、鸭梨开发、优质面粉和生态观光蔬菜园产业。着力做好以河流鑫源、水落坡鸿安为龙头的优质牧草生产与草地开发利用，以河流镇生态肉牛、劳店镇肉羊为重点的生态养殖基地建设，培育大型饲料加工企业。切实推动鸭梨产业由以种植为主向鸭梨产品深加工为主的转变，积极与大型农业企业集团合作，开发鸭梨新产品。到2020年，面粉产业在京津及省内主要城市市场占有率明显提升，地方特色产品品牌知名度明显提高。实施以翟王镇蔬菜基地为中心的高标准、绿色、无公害“菜篮子”工程，建设蔬菜标准示范园12000亩左右。

二、统筹推进新型城镇化

三县城镇化布局都已经形成基本发展框架，“十三五”期间要以提高城镇化水平和质量为目标，努力走出一条产城融合、高效生态、城乡一体、文化传承、特色彰显的新型城镇化道路。博兴优化城镇化空间布局，以县域主体功能区划为指导，构建 “一个中心（中心城区）、一条轴线（新博路发展轴）、一个圈层（中心城区及周边乡镇集聚圈层）”的“极化圈层式”城镇化空间布局。大力提升中心城区功能，提升中心城区对人口和产业发展的吸引集聚水平，加强城中村和临近城区的农村改造。

“十三五”期间，乐陵市城镇化水平年均提高2个百分点左右，城镇人口规模达到40万人左右，形成“一心、两轴、三区”的市域城镇化空间布局。“一心”指文昌路－枣城大街－阜盛路－云红大街围合的城市中心区，建成全市的商业服务中心、行政办公中心、文化娱乐中心。“两轴”分别指依托S248省道形成“西段—郭家—郑店”南北向发展主轴，以及依托S314—S315省道（东段）形成“丁坞—乐陵市区—庆云”东西向发展次轴。前者贯穿西段乡、中心城区、杨安镇、郑店镇，并向北延伸至盐山，向南延伸至商河，建设以商贸物流、先进制造业和农副产品加工为主要功能的城镇和产业发展带；后者贯穿中心城区、朱集镇，向西延伸至宁津，向东延伸至庆云，建设以生态保障、休闲旅游、特色农产品生产为主要功能的产业集聚带。“三区”包括以中心城区、朱集镇、西段乡、铁营镇、杨安镇、寨头堡乡形成中部经济区，建设全市工业制造业和服务业的经济重心。以大孙乡、黄夹镇、丁坞镇、孔镇形成西部经济区，以郑店镇、花园镇、化楼镇建设南部经济区。

阳信继续完善“一核两心两轴三片区”的城镇化发展格局。“一核”指包含主城区和河流、翟王、劳店三镇；“两心”指商店镇、温店镇东西两个副中心；“两轴”是指纵贯经济开发区、中心城区、翟王镇、河流镇联系惠民及无棣的南北向城镇综合发展轴和联系西部、中部及东部各乡镇的东西向城镇综合发展轴；“三片区” 为由中心城区、劳店、河流、翟王三镇组成的中部片区，由水落坡、商店、劳店组成的东部片区，由温店、流坡坞、洋湖组成的西部片区。完善城镇化层级体系，到2020年，全县形成一个主城区、两个重点镇、四个一般镇和28个农村新型社区的三级城镇化层级体系。

三县都以县域主体功能区划为空间管控框架，以人的城镇化为核心。博兴积极改造城中村和棚户区，提高建设用地单位产出效率。依据各乡镇不同类型空间构成特征，结合博兴城镇化发展思路和总体布局，对各乡镇进行分类管理。乐陵以建设区域性中心城市为目标，打造中心城区－重点镇－一般镇和农村新型社区三级城乡居民点体系，加大城乡统筹发展力度，实现城乡公共服务设施均等化，全面提升宜居水平。阳信县以提高城镇化的质量和效益为主线，坚持生态引领、全域统筹，优化城镇化空间布局，构建产城融合、设施完善、生态环境卓越、地域特色突出的城镇化格局。

三、完善基础设施支撑

博兴工作重点是完善城区道路交通网络，改造提升城区至重点乡镇的道路等级，提升县域交通服务能力和水平，优化完善县域供电网络、供气网络和供热网，深入推进水利工程建设。乐陵以交通、能源、水利、信息化和生态等作为重点，坚持基础性、战略性、先导性方向，在统筹谋划和科学布局的基础上，构建适度超前、功能完善、安全高效、保障有力的综合支撑体系。阳信在坚持能源设施建设的同时，重点建设鲁北物流基地，完善城乡交通路网，加强综合交通衔接，全面提高交通基础设施供给能力，加快构建畅通、高效、安全、绿色的交通运输体系，为发展现代交通提供强有力的支撑和保障。

博兴继续加强交通网络建设，形成以中心城区为县域主交通中心，以陈户镇和兴福镇为次交通中心，建设均衡一体的县域客货运交通组织节点。改造提升城区至重点乡镇的道路等级，优化完善道路连通性差、彼此不成系统等问题，提升县域交通服务能力和水平。建成高效的路网体系，以 G25 长深高速高青至广饶段、S323 潍高线博兴柳桥至滨州淄博界段、G205 山深线辅线黄河大桥公路至陈户段、S233 博临线博兴湖滨至滨州淄博界段、新博线陈户镇南至滨莱高速联结线等道路建设为重点，至 2020 年末建成“九横、三纵、一环”的公路网体系。构建三级城乡公交网络线路，争取 2020 年末农村通班车率达到 100%。

乐陵以中心城区为市域主交通中心，建设均衡一体的城乡客货运交通网络。至 2020 年，将人均道路面积提升至 15 平方米，全市公路总里程将达到1800公里，其中高速公路通车里程将达到73公里，一级公路约100公里，二级公路约300公里，基本实现公共交通城乡全覆盖。加快完成德滨高速循环经济产业园出入口连接线建设。力争在“十三五”内启动乐滨高等级公路建设。在原有乡镇客运站基础上，在胡家、丁坞、化楼各新建1处乡镇客运站，按三级客运站标准进行建设。

阳信完善交通网络建设，至2020年在全县范围内形成“一铁、两高、四横、四纵”的路网框架和以农村骨干路网规划为基础的“两中心、十二线路、五百站点”的城乡公交一体化布局。十三五期间，开通运行的城乡公交线路将达到12条，增设站点267个。合理规划行人过街设施，加快建设城市停车场，加强无障碍环境建设。

博兴增强能源网络建设。加大对农村地区的电源点的规划布局，2020年实现全域供气、供热全覆盖，以管道煤气建设为主体、以煤气罐装站为辅助、以发展太阳能、生物质能、地热能、沼气等新能源为补充，稳步建设和完善全市燃气供应体系。“十三五”末期，全县要建成A类电气化县，达到全域供气、供热。

“十三五”末，乐陵建成与社会经济发展及环境协调一致的供电网架，供热和供气网络实现全域覆盖。“十三五”期间计划在主要乡镇变电站主变增容。以管道煤气建设为主体、以煤气罐装站为辅助实现全覆盖。同时大力发展太阳能、生物质能、地热能、沼气等新能源供热和供气设施，作为补充供热和供气方式。

阳信在“十三五”期间重点推进城乡一体化的电网建设，至2020年，配电网供电可靠性不低于99.98%，综合电压合格率不低于99.8%，10kV及以下线损率不高于4%，一户一表率达到100%。“十三五”期间要加快燃气管网铺设，实现全县工业园区和10个乡镇（街道）燃气管网全覆盖。坚持以风能、太阳能、生物质能利用为重点，大力发展可再生能源。围绕河岸、林场等风力资源丰富区域规划建设风电场，力争2020年装机容量达到100MW。加快太阳能多元化利用，力争到2020年装机容量达到120MW。

三县都需要从以下方面加强信息化网络建设。推动村村通光缆、户户通宽带进程，建设示范信息村，建设覆盖全县城乡范围内的4G通信网络。建立包含城市大数据运营管理中心、指挥大厅、城市公共信息管理平台、城市公共信息服务平台、智慧城管系统、统一民生热线平台、地下管网信息管理系统等“智慧城市”建设的基础性项目。运用大数据运营管理和“互联网+”促进重要基础设施精准管理和高效运行。

博兴促进生态保护设施建设。城区生态保护的重点应放在治理生活污水、生活垃圾、空气和噪声污染上。将博兴县分为三个排水片区：中心城（含庞家）及周边片区；南部兴福、湖滨和店子片区；北部陈户、纯化、吕艺和京博工业园片区。力争实现一镇一厂的目标。全县生活垃圾处理采取“村（小区）交投—镇转运—县统一处理”的模式。十三五期间需要新建一座垃圾填埋场或者采取替代方案，以实现对生活垃圾实行无害化填埋处理。

乐陵以创建省级生态市、京津冀南部重要生态屏障为契机，打造生态宜居、环境优美、人与自然相和谐的生态枣乡。大力发展低碳产业，加快淘汰落后产能，引导企业实施节能降耗升级改造和循环式生产。统筹推进小流域治理，优化全河道水质，修复改善农村水系生态环境。

阳信充分发挥循环经济产业优势，以优化资源利用方式为核心，促进原料和能源的循环利用。重点治理一批水系河道，建设一批生态保护带，打造集防汛、产业、景观、休闲等于一体的绿色生态长廊。围绕皮革加工等较高污染特征产业，加快污水处理设施建设。

四、以改革开放打开新局面

博兴未来改革开放重点放在加大市场开拓力度、注重品牌建设、优化投资环境、转变利用外资方式。乐陵以“科学发展、对外开放、深入合作”的理念，营造“大开放、大流通、大商贸”的发展新格局，形成整体联动、差异竞争、合作共赢的新局面。阳信深入实施科技创新和对外合作战略，以基地、园区合作建设为切入点，构建多层次合作机制。

三县加快改革步伐，牢抓区域叠加战略机遇。深化经济体制改革，着力清除市场壁垒，提高资源配置效率和公平性。深化政府职能改革，加大预防和治理腐败力度，健全惩治和预防腐败体系，深化行政审批改革，压减审批事项和环节，优化审批流程，完善行政执法体系，稳步推进行政管理体制改革，积极推进财税制度改革，完善重点工作推进平台机制。深化农村综合改革，加快推进户籍制度改革。完善行政复议体制，改革信访工作制度，推进重点领域改革。

博兴扩大对内对外开放水平，至2020年，力争外贸进出口达125亿美元，实现出口60亿美元，实现进口65亿美元。以招商引资为抓手，大力推进“引进来”战略，至2020年，力争完成合同利用外资2.5亿美元；实际利用外资2亿美元，新批外资项目15个。以电子商务引领带动地区多元化开放合作，至2020年，突出建设一批在全省有较大影响力的电子商务产业园，培育十个以上较大规模的电子商务平台，发展百家以上跨境电商企业，每年增加千个以上网商（户），带动万人以上新增就业，全面实现电子商务交易额约530亿元。

乐陵加强区域经济合作。深度融入京津冀都市圈、省会城市群经济圈和黄河三角洲高效生态经济区，全面推进与山东半岛蓝色经济区、天津滨海新区、环渤海经济圈等重大战略的对接。抓住德州进入京津冀协同发展协作区的重大契机，以“一区四基地”定位积极参与京津冀协同发展，强化与周边区域的开放与合作。重点搞好与蓝色经济区港口和临港产业园区的合作，推进青岛保税港区（德州）功能园区升级成为综合保税区。继续推进以星光糖业保税物流项目等为重点的保税园区建设，积极进行保税仓库、保税物流中心和综合保税区项目申报，提升对外贸易开放度。

阳信推进对内对外开放，紧抓区域战略叠加机遇，积极参与京津冀协同发展，推进黄河三角洲高效生态经济区开发建设。重点扶持一批出口骨干企业，2020年全县进出口额将达7.8亿美元。加强与大型劳务外派公司合作，积极培育境外劳务输出、培训中介机构，扩大境外劳务规模。支持欧亚家具、东进餐具以及家纺行业中的几家优势企业深化国际化经营，加快培育跨国公司和国际知名品牌。

五、全面改善民生

“十三五期间”，全面实现小康需要社会服务和社会保障进一步完善。博兴、乐陵、阳信未来重点发展公共教育事业、健全社会保障体系、积极建设就业增收体系、大力发展医疗卫生事业、繁荣文化体育事业、完善社会治理体系建设。

到 2020 年，博兴基本实现教育现代化，全县所有中小学全面实现“校校通”、“班班通”和“人人通”。逐步形成“9064”养老格局（90% 的老人在家养老，6% 在社区养老，4% 在机构养老）。到 2020 年，比较充分就业社区 (村) 达到 80% 以上。力争到 2020 年，卫生强县建设水平进一步提高，逐步实现人人享有基本医疗卫生服务。

力争到“十三五”末，乐陵市城镇新增就业岗位 30000 个，转移农村劳动力 45000 人，城镇登记失业率控制在 3% 以内。到 2020 年完成全部中小学标准化、现代化建设，基本实现义务教育的均衡发展，力争全市医疗床位数达到 2488 个。到 2020 年，阳信实现人人享有基本社会保障，保证就业困难人员就业率达 90% 以上，实现无贫困人口的目标，完成“全面改薄”工程，完成校舍改造建设。争取“十三五”末，博兴、乐陵、阳信县民生发展得到进一步改善，人民生活水平有较大提升；医疗卫生事业得到较大完善，公共教育事业、文化体育事业得到全面发展；构建更为完善的社会保障体系和就业增收体系。

/第六章/

新常态下黄河三角洲地区上市公司发展报告

万俊斌 陈志*

2014年11月9日，在亚太经合组织（APEC）工商领导人峰会上，习近平主席首次系统阐述了“新常态”这一概念，认为中国经济在增长速度上从高速增长转为中高速增长，经济结构上不断优化升级，增长动力上从要素驱动、投资驱动转向创新驱动，中国经济呈现出新常态。上市公司是指其股票在证券交易所上市交易的股份有限公司。①上市公司需要满足严格的上市条件，具有一定的规模和实力，上市后具有较强的融资能力。在新常态下，上市公司是通过创新驱动，优化升级区域经济结构，带动区域经济中高速增长的主导力量。黄河三角洲地区上市公司的发展状况是“黄三角”区域经济发展的重要组成，需要对它们的发展持续关注。本章将使用上市公司的年报数据②，对新常态下黄河三角洲地区上市公司2014年的发展情况进行年度总结，指出了这一年“黄三角”上市公司发展中存在的问题，提出了对策性建议。③

---

* 万俊斌，山东大学山东发展研究院，博士、讲师；陈志，山东大学经济研究院研究生。

① 《中华人民共和国公司法》第一百二十条，http://www.npc.gov.cn/wxzl/gongbao/2014-03/21/content_1867695.htm.

② 本章上市公司数据均来自相关上市公司的年报。

③ 本章研究的上市公司是注册地址在黄河三角洲高效生态经济区区域内，并且在上海和深圳证券交易所上市的公司，共18家。

第一节 山东省境内上市公司总体情况

根据中国证券监察委员会官方网站[①]公布的数据，截止 2014 年年底，山东省境内注册的上市公司共有 154 家，与 2013 年年底的 153 家相比，新增两家，减少一家。2014 年新增上市公司的简称分别为龙大肉食和康跃科技，注册地分别在烟台莱阳市和潍坊寿光市，发行股票类型均为 A 股。龙大肉食在深圳证券交易所中小板市场，康跃科技在创业板市场上市。2014 年减少的山东省上市公司是济南轻骑摩托车股份有限公司，该公司名称于 2014 年年初变更为湖南天雁机械股份有限公司，注册地址由济南市变更为湖南衡阳市，股票代码不变。表 6-1 和图 6-1 是 2014 年山东上市公司在各地级市的具体分布情况。济南市由原先的 24 家减少为 23 家，烟台由 27 家增加为 28 家，潍坊由 19 家增加到 20 家，其他城市上市公司数目与 2013 年相比没有变化。其中，泰安有 5 家，淄博有 21 家，济宁有 6 家，聊城有 4 家，德州有 5 家，临沂有 4 家，威海有 7 家，滨州有 7 家，东营有 4 家，日照有 1 家，青岛市有 19 家，而枣庄、菏泽、莱芜三个市区域内还没有上市公司。

表 6-1　　山东省各地级市上市公司数目的分布情况

地级市名称	2014 年年底境内上市公司数目（家）
济南	23
淄博	21
枣庄	0
东营	4
烟台	28
潍坊	20
济宁	6
泰安	5
威海	7
日照	1

① 中国证券监察委员会官方网站，http://www.csrc.gov.cn/pub/shandong/.

续前表

地级市名称	2014 年年底境内上市公司数目（家）
滨州	7
德州	5
聊城	4
临沂	4
菏泽	0
莱芜	0
青岛	19
合计	154

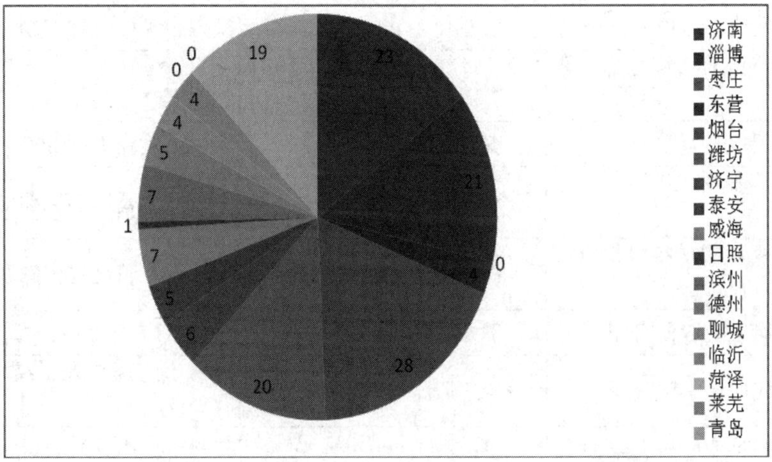

图 6-1　山东省上市公司在各地级市的分布情况

第二节 黄河三角洲高效生态经济区境内上市公司总体状况

一、黄河三角洲地区上市公司总体情况

黄河三角洲高效生态经济区规划主体区包括东营市、滨州市、烟台的莱州市、淄博市的高青县、德州的乐陵市、庆云县和潍坊市的寒亭区、寿光市、昌邑市。如表 6-2 和图 6-2 所示，截止到 2014 年年底，规划主体

区内共有上市公司18家，占山东上市公司数量的11.69%。其中，滨州市数量最多，达到7家；潍坊寒亭区、寿光市、昌邑市共6家；东营市4家，烟台莱州市1家；德州乐陵市、庆云县和淄博高青县还没有上市公司。

表6-2 2014年规划主体区各地上市公司

上市公司全称	证券简称与代码	注册地
山东西王食品有限公司	西王食品（000639.SZ）	滨州市邹平县西王工业园
山东齐星铁塔科技股份有限公司	齐星铁塔 (002359.SZ)	滨州市邹平县开发区会仙二路
鲁丰环保科技股份有限公司	鲁丰环保 (002379.SZ)	滨州市博兴县滨博大街1568号
华纺股份有限公司	华纺股份 (600448.SH)	滨州市黄河二路819号
山东鲁北化工股份有限公司	鲁北化工 (600727.SH)	滨州市无棣县埕口镇
山东滨州渤海活塞股份有限公司	渤海活塞 (600960.SH)	滨州市
滨化集团股份有限公司	滨化股份 (601678.SH)	滨州市黄河五路869号
山东宝莫生物化工股份有限公司	宝莫股份 (002476.SZ)	东营市东营区西四路892号
山东国瓷功能材料股份有限公司	国瓷材料 (300285.SZ)	东营市东营区辽河路24号
山东华泰纸业股份有限公司	华泰股份 (600308.SH)	东营市广饶县大王镇
科达集团股份有限公司	科达股份 (600986.SH)	东营市广饶县大王经济技术开发区
山东登海种业股份有限公司	登海种业 (002041.SZ)	莱州市城山路农科院南邻
山东晨鸣纸业集团股份有限公司	晨鸣纸业 (000488.SZ)	寿光市圣城街595号
山东墨龙石油机械股份有限公司	山东墨龙 (002490.SZ)	寿光市文圣街999号
康跃科技股份有限公司	康跃科技 (300391.SZ)	寿光市开发区（原北洛镇政府驻地）
山东同大海岛新材料股份有限公司	同大股份 (300321.SZ)	潍坊市昌邑市同大街522号
恒天海龙股份有限公司	*ST海龙 (000677.SZ)	潍坊市寒亭区海龙路555号
潍坊亚星化学股份有限公司	亚星化学 (600319.SH)	潍坊市寒亭区民主街529号

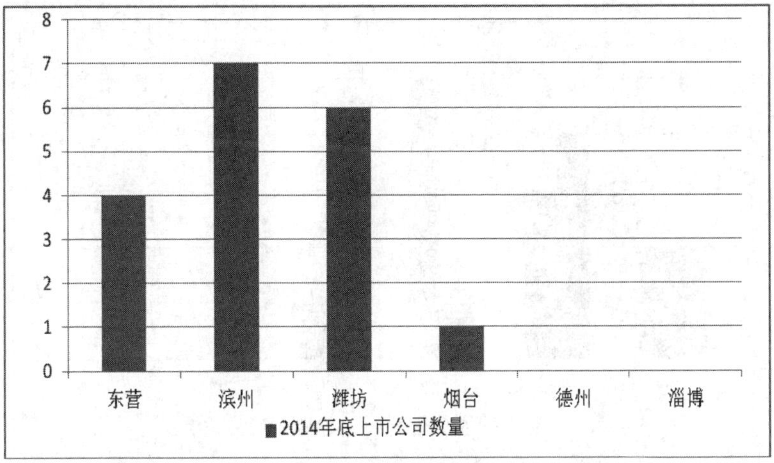

注：表中潍坊市只包括寒亭区、寿光市、昌邑市三个区县，烟台市只包括莱州市，淄博市只包括高青县（还没有上市公司），德州只包括乐陵市和庆云县（还没有上市公司）.

图 6-2 “黄三角”规划主体区 2014 年各地上市公司数量

二、上市公司股票上市交易场所分布

根据对黄河三角洲高效生态经济区规划主体区内 18 家公司的统计，如表 6-3 和图 6-3 所示，在上海证券交易所上市的公司有 7 家，在深圳证券交易所上市的公司有 11 家，其中主板市场 3 家，中小板市场 5 家，创业板上市公司 3 家。18 家公司中，晨鸣纸业发行了 A 股、B 股（晨鸣 B 200488）和 H 股（晨鸣纸业 01812），另 17 家公司只发行了 A 股。

表 6-3 “黄三角”上市公司股票上市交易场所分布

地区	上海证券交易所	深圳证券交易所				合计
		主板	创业板	中小板	小计	
东营	2	0	1	1	2	4
滨州	4	1	0	2	3	7
潍坊寒亭区、寿光市、昌邑市	1	2	2	1	5	6
烟台莱州市	0	0	0	1	1	1
德州乐陵市、庆云县	0	0	0	0	0	0
淄博高青县	0	0	0	0	0	0
合计	7	3	3	5	11	18

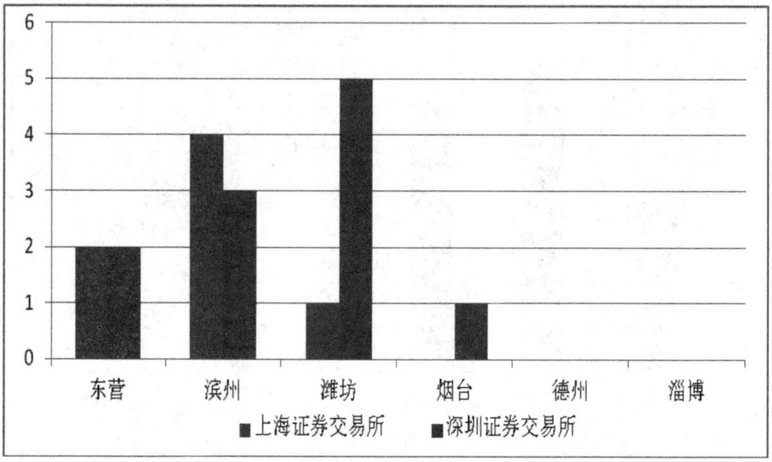

注：表中潍坊市只包括寒亭区、寿光市、昌邑市三个区县，烟台市只包括莱州市，淄博市只包括高青县（还没有上市公司），德州只包括乐陵市和庆云县（还没有上市公司）.

图 6-3 “黄三角”上市公司股票上市交易场所分布

三、上市公司所在行业分布

1. 所有上市公司所在行业总体分布。

中国证券监督管理委员会(CSRC)2012 年修订的行业分类指引对所有行业分列了 19 个大类。①如表 6-4 和图 6-4 所示，“黄三角”区域内 18 家上市公司分属 19 类当中的三大类。其中，农林牧渔业上市公司 1 家，为登海种业；建筑业上市公司 1 家，是科达股份；其余 16 家上市公司均属于制造业行业。“黄三角”上市公司没有涵盖的 16 个行业是采矿业 (B)，电力、热力、燃气及水生产和供应业 (D)，批发和零售业 (F)，交通运输、仓储和邮政业 (G)，住宿和餐饮业 (H)，信息传输、软件和信息技术服务业 (I)，金融业 (J)，房地产业 (K)，租赁和商务服务业 (L)，科学研究和技术服务业 (M)，水利、环境和公共设施管理业 (N)，教育 (P)，卫生和社会工作 (Q)，文化、体育和娱乐业 (R) 以及综合 (S)。

① 上市公司行业分类指引（2012 年修订）[EB/OL]. http://www.csrc.gov.cn/pub/newsite/flb/flfg/bmgf/zh/gfxwjtj/201310/t20131016_236281.html.

表 6-4 “黄三角”上市公司行业分类

证券代码	证券简称	所属行业名称 [行业标准]中国证券监督管理委员会行业分类	城市
000639.SZ	西王食品	C 制造业	滨州市邹平县西王工业园
002359.SZ	齐星铁塔	C 制造业	滨州市邹平县开发区会仙二路
002379.SZ	鲁丰环保	C 制造业	滨州市博兴县滨博大街 1568 号
600448.SH	华纺股份	C 制造业	滨州市黄河二路 819 号
600727.SH	鲁北化工	C 制造业	滨州市无棣县埕口镇
600960.SH	渤海活塞	C 制造业	滨州市
601678.SH	滨化股份	C 制造业	滨州市黄河五路 869 号
002476.SZ	宝莫股份	C 制造业	东营市东营区西四路 892 号
300285.SZ	国瓷材料	C 制造业	东营市东营区辽河路 24 号
600308.SH	华泰股份	C 制造业	东营市广饶县大王镇
600986.SH	科达股份	E 建筑业	东营市广饶县大王经济技术开发区
002041.SZ	登海种业	A 农林牧渔	莱州市城山路农科院南邻
000488.SZ	晨鸣纸业	C 制造业	寿光市圣城街 595 号
002490.SZ	山东墨龙	C 制造业	寿光市文圣街 999 号
300391.SZ	康跃科技	C 制造业	寿光市开发区（原北洛镇政府驻地）
300321.SZ	同大股份	C 制造业	潍坊市昌邑市同大街 522 号
000677.SZ	*ST 海龙	C 制造业	潍坊市寒亭区海龙路 555 号
600319.SH	亚星化学	C 制造业	潍坊市寒亭区民主街 529 号

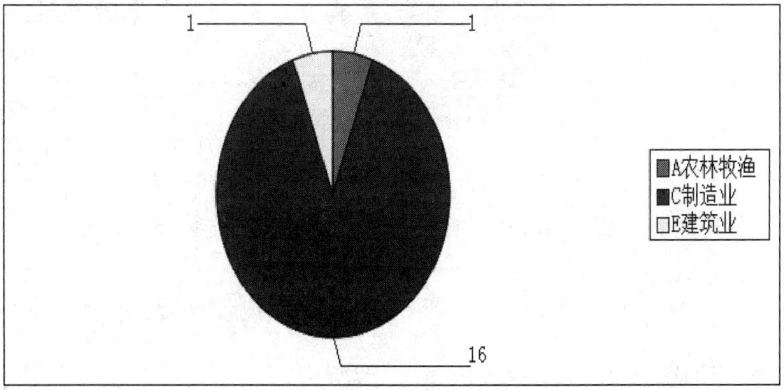

图 6-4 “黄三角”上市公司行业分类分布情况

2. 在上海证券交易所上市交易的上市公司的行业分布。

在上海证券交易所上市交易的7家上市公司，按照行业分类指引，如表6-5和图6-5所示，“黄三角”上市公司在行业分类上只属于其中的2大类。“黄三角”7家在上海证券交易所上市的公司当中，建筑业有1家，制造业有6家。

表6-5 “黄三角”在上海证券交易所上市交易的上市公司的行业分布情况

证券简称	所属行业代码	所属行业名称	上市公司数目（家）
科达股份	E	建筑业	1
华纺股份	C	制造业	6
华泰股份			
渤海活塞			
滨化股份			
鲁北化工			
亚星化学			

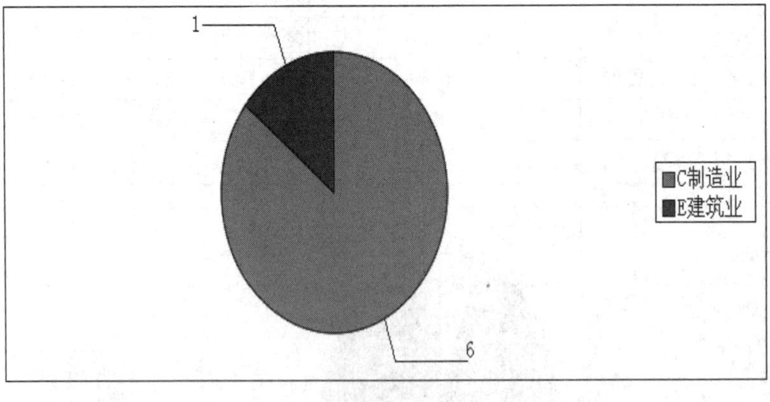

图6-5 “黄三角”在上海证券交易所上市交易的上市公司的行业分布情况

3.“黄三角”在深圳证券交易所上市交易的上市公司的行业分布。

表6-6和图6-6是在深圳证券交易所上市交易的11家“黄三角”上市公司的行业分布情况。从图表中看到，11家中，属于农林牧渔行业的有

1 家，属于制造业的有 10 家。表 6–7 到表 6–9 以及图 6–9 是“黄三角”上市公司在深交所主板市场、中小板市场和创业板市场上市的行业分布情况。11 家公司中，主板市场有 3 家，属于制造业行业，分别是西王食品（C 制造业）、*ST 海龙（C 制造业）、晨鸣纸业（C 制造业）；中小板市场有 5 家，分属于农林牧渔和制造业两大行业，登海种业（A 农林牧渔）是农林牧渔业，齐星铁塔（C 制造业）、山东墨龙（C 制造业）、鲁丰环保（C 制造业）、宝莫股份（C 制造业）是制造业；创业板市场有 3 家，分别为国瓷材料（C 制造业）、康跃科技（C 制造业）、同大股份（C 制造业）。

表 6–6 “黄三角”在深圳证券交易所上市交易上市公司的行业分布情况

证券简称	所属行业代码	所属行业名称	上市公司数目（家）
登海种业	A	农林牧渔	1
西王食品	C	制造业	10
鲁丰环保			
宝莫股份			
国瓷材料			
同大股份			
*ST 海龙			
齐星铁塔			
晨鸣纸业			
山东墨龙			
康跃科技			

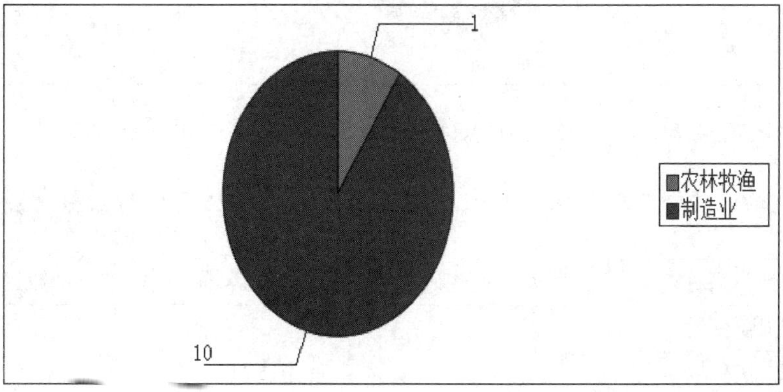

图 6–6 “黄三角”在深圳证券交易所上市交易上市公司的行业分布情况

表 6-7 “黄三角”在主板市场上市交易上市公司的行业分布情况

证券简称	所属行业代码	所属行业名称	上市公司数目（家）
西王食品	A	制造业	3
*ST 海龙			
晨鸣纸业			

表 6-8 “黄三角”在中小板市场上市交易上市公司的行业分布情况

证券简称	所属行业代码	所属行业名称	上市公司数目（家）
登海种业	A	农林牧渔	1
齐星铁塔	C	制造业	4
山东墨龙			
鲁丰环保			
宝莫股份			

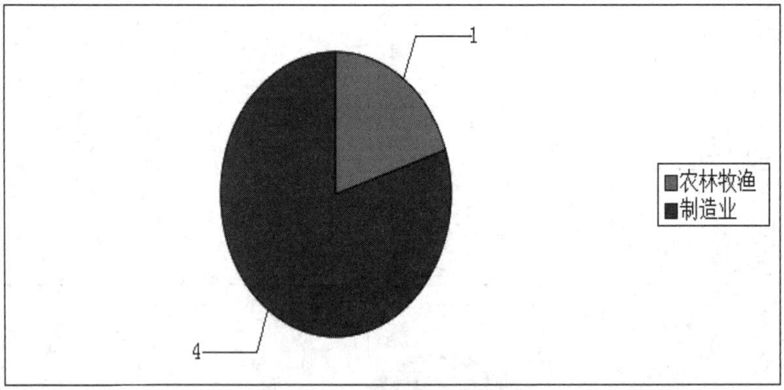

图 6-7 “黄三角”在中小板市场上市交易上市公司的行业分布情况

表 6-9 “黄三角”在创业板市场上市交易上市公司的行业分布情况

证券简称	所属行业代码	所属行业名称	上市公司数目（家）
国瓷材料	A	制造业	3
康跃科技			
同大股份			

四、各地市上市公司的上市场所和行业分布

1. 各地市上市公司的上市场所分布。

表 6–10 是各地市上市公司上市交易场所分布情况。如表所示，东营市的 4 家上市公司中，在上海证券交易所上市 2 家，在深圳证券交易所上市 2 家，其中创业板市场和中小板市场各 1 家，无主板市场上市公司；滨州市在上海证券交易所上市 4 家，在深圳证券交易所上市 3 家，其中主板市场 1 家，中小板市场 2 家，无创业板市场上市公司；潍坊寒亭区、寿光市、昌邑市在上海证券交易所上市 1 家，在深圳证券交易所上市 5 家，其中中小板市场 1 家，主板、创业板市场各 2 家；烟台莱州市没有公司在上海证券交易所上市，在深圳证券交易所也只有 1 家公司在中小板市场上市；淄博市的高青县和德州乐陵市、庆云县由于没有上市公司，因此在文章以后部分将不予讨论，特此说明。

表 6–10 “黄三角”各地市上市公司上市交易场所分布

地区名称	上海证券交易所	深圳证券交易所			合计（家）
		主板	创业板	中小板	
东营	华泰股份、科达股份		宝莫股份	国瓷材料	4
滨州	华纺股份、鲁北化工、渤海活塞、滨化股份	西王食品		齐星铁塔、鲁丰环保	7
潍坊寒亭区、寿光市、昌邑市	亚星化学	晨鸣纸业、*ST 海龙	康跃科技、同大股份	山东墨龙	6
烟台莱州市				登海种业	1
合计（家）	7	3	3	5	18

2. 各地市上市公司的行业分布。

表 6–11 总结了黄河三角洲高效生态经济区规划主体区内各地市上市公司的行业分布情况。表 6–11 显示，滨州市、烟台莱州市以及潍坊市寒亭区、寿光市、昌邑市的上市公司均只涵盖一个行业大类，覆盖面狭窄。其中，滨州市的 7 家上市公司均属于制造业，表明滨州传统制造业比较发达，

其他行业发展欠缺。烟台莱州市是一个县级市，仅有的一家上市公司属于农林牧渔行业。潍坊寒亭区、寿光市、昌邑市三个县级区市有 6 家上市公司，都属于制造业。另外，在东营市整个地级市区域内的 4 家上市公司中，3 家属于制造业，1 家属于建筑业。

表 6-11 “黄三角”规划主体区内各地市上市公司的行业分布情况

所属行业代码	所属行业名称	上市公司名称				
		滨州市	东营市	烟台莱州市	潍坊寒亭区、寿光市、昌邑市	合计（家）
A	农林牧渔			登海种业		1
C	制造业	鲁丰环保、齐星铁塔、华纺股份、渤海活塞、西王食品、滨化股份、鲁北化工	华泰股份、宝莫股份、国瓷材料		山东墨龙、康跃科技、晨鸣纸业、同大股份、*ST 海龙、亚星化学	16
E	建筑业		科达股份			1
合计（家）		7	4	1	6	18

第三节 各上市公司经营情况分析

一、营业收入

1. 总体情况。

表 6-12 和图 6-8、6-9 为黄河三角洲高效生态经济区规划主体区上市公司的营业收入统计情况。图表显示，区域内所有上市公司 2014 年的营业收入均过亿元，其中 6 家公司的营业收入在 1-10 亿元之间，6 家公司的营业收入在 10-20 亿元之间，均占公司总数的 33.33%。3 家公司的营业收入在 20-30 亿元之间，占公司总数的 16.67%。1 家公司的营业收入在 40-50 亿元之间，1 家公司的营业收入在 90-100 亿元之间，1 家公司的营

业收入在100亿元之上，均占公司总数的5.56%。营业收入最多的公司是晨鸣纸业，营业收入总计191亿元左右，接近200亿元。而营业收入最少的公司是于2014年上市的康跃科技，营业收入有2.43亿元左右。

表6-12 “黄三角”所有上市公司的营业收入统计情况

营业收入(亿元)	公司简称	数量（家）	占比（%）
1–10	康跃科技、国瓷材料、同大股份、鲁北化工、齐星铁塔、宝莫股份	6	33.33
10–20	科达股份、渤海活塞、登海种业、亚星化学、*ST海龙、西王食品	6	33.33
20–30	鲁丰环保、华纺股份、山东墨龙	3	16.67
40–50	滨化股份	1	5.56
90–100	华泰股份	1	5.56
100以上	晨鸣纸业	1	5.56
总数		18	100

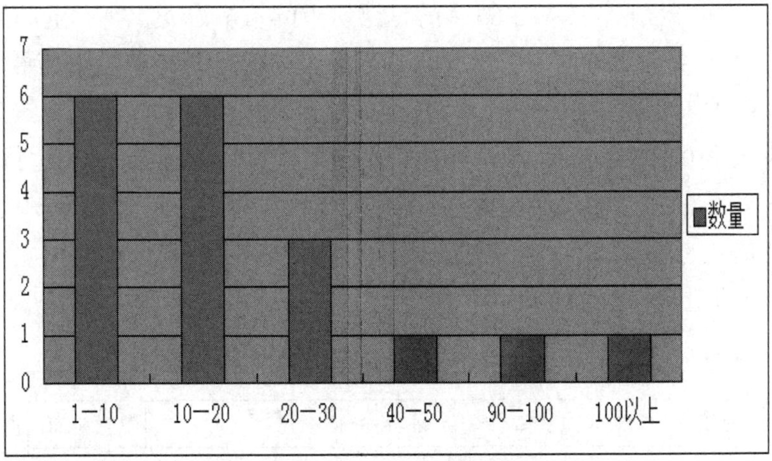

注：营业收入在30–40和50–90区间段的公司数目为零，在图中不予显示。

图6–8 “黄三角”所有上市公司的营业收入区间数量分布(单位：亿元)

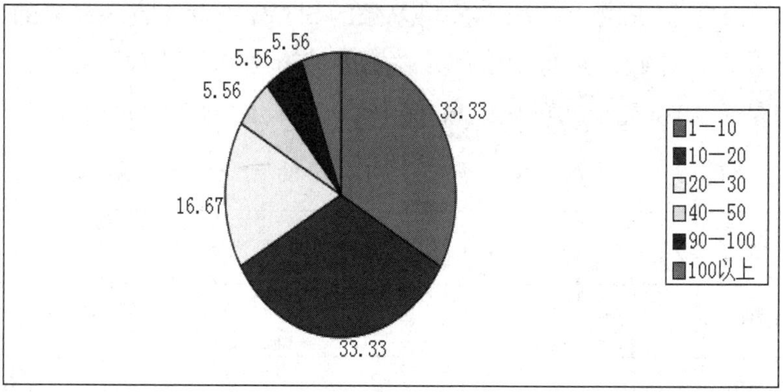

注：营业收入在 30–40 和 50–90 区间段的公司数目为零，在图中不予显示

图 6–9 “黄三角”所有上市公司的营业收入区间数量比例分布(%)

表 6–13 和图 6–10、6–11 为“黄三角”18 家上市公司营业收入变化率的统计情况。从营业收入变化率上看，有 11 家上市公司的营业收入变化率为负数（即 2014 年营业收入比 2013 年的营业收入少），占公司总数的 61.11%。其中营业收入减少最多的是潍坊市的 *ST 海龙，其营业收入变化率为负 23.56%。另外 7 家上市公司的营业收入变化率为正值，其中 2 家公司的营业收入变化率在 1%–10% 之间，占公司总数的 11.11%；3 家公司的营业收入变化率在 10%–20% 之间，占公司总数的 16.67%；1 家公司的营业收入变化率在 20%–30% 之间，1 家公司的营业收入变化率大于 30%，均占公司总数的 5.56%。营业收入增加最多的公司是东营市的国瓷材料，营业收入比 2013 年增加了 40.71%。

表 6–13 “黄三角”各上市公司的营业收入变化率情况

营业收入变化率(%)	证券简称	数量（家）	占比(%)
负数	西王食品、亚星化学、渤海活塞、华泰股份、*ST 海龙、鲁丰环保、齐星铁塔、晨鸣纸业、康跃科技、宝莫股份、登海种业	11	61.11
1–10	鲁北化工、华纺股份	2	11.11
10–20	山东墨龙、同大股份、滨化股份	3	16.67
20–30	科达股份	1	5.56
30 以上	国瓷材料	1	5.56

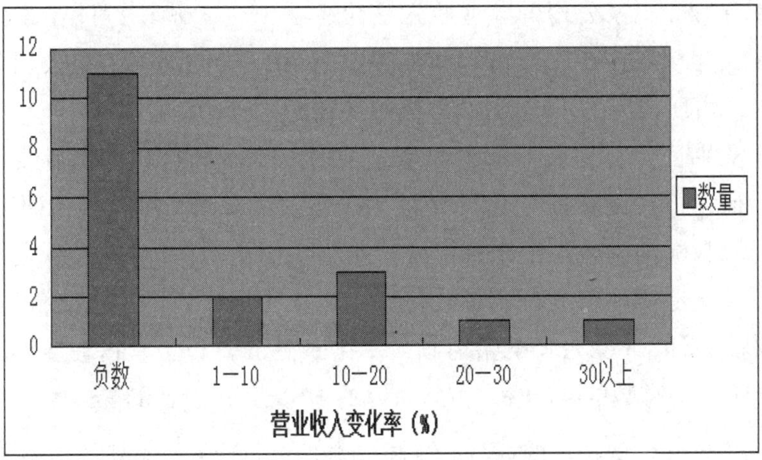

图 6-10 “黄三角”各上市公司的营业收入变化率区间数量分布

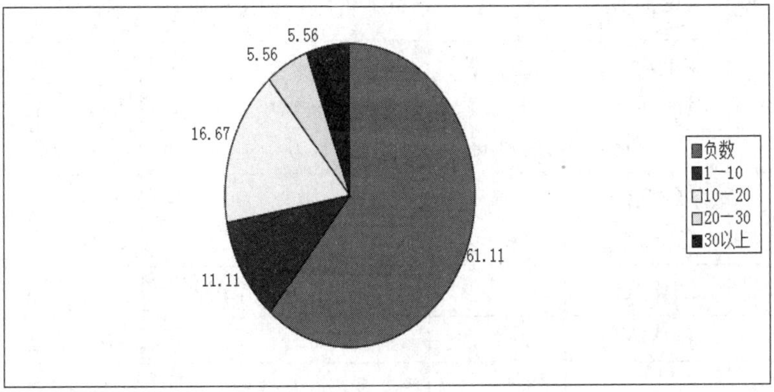

图6-11 “黄三角”各上市公司的营业收入变化率区间比例分布(%)

2. 按上市公司上市交易场所分析营业收入变化率。

根据上市公司上市交易场所，表 6-14 和表 6-15 所示，“黄三角”地区在上海证券交易所上市的 7 家公司中，其中 3 家公司的营业收入变化率为负值，占上海证券交易所上市的公司总数的 42.86%，占所研究的 18 家公司总数的 16.67%。2 家公司的营业收入变化率在 1%-10% 之间，占在上海证券交易所上市公司总数的 28.57%，占所研究的 18 家公司总数的 11.11%。1 家公司的营业收入变化率在 10%–20% 之间，1 家公司的营业收入变化率在 20%–30% 之间，均占上海证券交易所上市公司总数的 14.29%，占所研究的 18 家公司总数的 5.56%。

在深圳证券交易所上市的 11 家公司中，其 8 家公司的营业收入变化率为负值，占在深圳证券交易所上市公司总数的 72.73%，占所研究的 18 家公司总数的 44.44%。2 家公司的营业收入变化率在 10%–20% 之间，占深圳证券交易所上市的公司总数的 18.18%，占所研究的 18 家公司总数的 11.11%。另外，1 家公司的营业收入变化率在 30% 以上，占在深圳证券交易所上市公司总数的 9.09%，占所研究的 18 家公司总数的 5.56%。

表 6–14 按上市交易场所分析营业收入变化率的“黄三角”上市公司分布

营业收入变化率（%）	上海证券交易所	深圳证券交易所				家数	占比（%）
		主板	创业板	中小板	小计		
负数	亚星化学、渤海活塞、华泰股份	西王食品、*ST 海龙、晨鸣纸业	康跃科技	鲁丰环保、齐星铁塔、宝莫股份、登海种业	8	11	61.11
1—10	华纺股份、鲁北化工				0	2	11.11
10—20	滨化股份		同大股份	山东墨龙	2	3	16.67
20—30	科达股份				0	1	5.56
30 以上			国瓷材料		1	1	5.56

表 6–15 按上市交易场所分析营业收入变化率的“黄三角”上市公司比例分布

营业收入变化率（%）	上海证券交易所		深圳证券交易所							
			主板		创业板		中小板		小计	
	家数	上交所占比（%）	家数	主板市场占比（%）	家数	创业板市场占比（%）	家数	中小板市场占比（%）	家数	深交所占比（%）
负数	3	42.86	3	100	1	33.33	4	80	8	72.73
1—10	2	28.57	0	0	0	0	0	0	0	0

续前表

营业收入变化率（%）	上海证券交易所		深圳证券交易所							
			主板		创业板		中小板		小计	
	家数	上交所占比（%）	家数	主板市场占比（%）	家数	创业板市场占比（%）	家数	中小板市场占比（%）	家数	深交所占比（%）
10—20	1	14.29	0	0	1	33.33	1	20	2	18.18
20—30	1	14.29	0	0	0	0	0	0	0	0
30 以上	0	0	0	0	1	33.33	0	0	1	9.09

3. 按所在行业分析营业收入变化率。

如表 6–16 所示，在“黄三角”规划主体区内的 18 家上市公司中，1 家公司属于农林牧渔行业，营业收入变化率为负 1.68%；1 家公司属于建筑业行业，营业收入变化率为 22.85%；剩余的 16 家公司均属于制造业行业。制造业的 16 家公司中有 10 家上市公司的营业收入变化率为负数，2 家公司的营业收入变化率在 1%–10% 之间，3 家公司的营业收入变化率在 10%–20% 之间，1 家公司的营业收入变化率大于 30%。

表 6–16 按行业分析的“黄三角”上市公司的营业收入变化率的分布情况

营业收入变化率（%）	行业名称		
	农林牧渔	制造业	建筑业
负数	登海种业	西王食品、亚星化学、渤海活塞、华泰股份、*ST 海龙、鲁丰环保、齐星铁塔、晨鸣纸业、康跃科技、宝莫股份	–
1–10	–	鲁北化工、华纺股份	–
10–20	–	山东墨龙、同大股份、滨化股份	–
20–30	–	–	科达股份
30 以上	–	国瓷材料	–
家数	1	16	1
占比（%）	5.56	88.89	5.56

4. 按公司所在地分析营业收入变化率。

表 6–17 和表 6–18 列出了按公司所在地分析营业收入变化率的有关数据。据表看出，在滨州市的 7 家上市公司中有 4 家公司的营业收入变化率为负值，有 2 家公司的营业收入变化率在 1%–10% 之间，有 1 家公司的营业收入变化率在 10%–20% 之间。在东营市的 4 家上市公司中有 2 家公司的营业收入变化率为负值，有 1 家公司的营业收入变化率在 20%–30% 之间，有 1 家公司的营业收入变化率大于 30%。在潍坊市三个区县的 6 家上市公司中有 4 家公司的营业收入变化率为负值，有 2 家公司的营业收入变化率在 10%–20% 之间。烟台莱州市唯一一家上市公司的营业收入变化率是负值。

表 6–17 按公司所在地分析营业收入变化率的“黄三角”上市公司分布

营业收入变化率（%）	公司所在地				合计
	滨州市	东营市	烟台莱州市	潍坊寒亭区、寿光市、昌邑市	
负数	西王食品、渤海活塞、鲁丰环保、齐星铁塔	华泰股份、宝莫股份	登海种业	晨鸣纸业、康跃科技、亚星化学、*ST 海龙	11
1–10	鲁北化工、华纺股份	–	–	–	2
10–20	滨化股份	–	–	山东墨龙、同大股份	3
20–30	–	科达股份	–	–	1
30 以上	–	国瓷材料	–	–	1
家数	7	4	1	6	18

表 6–18 按公司所在地分析营业收入变化率的“黄三角”上市公司比例分布

营业收入变化率（%）	公司所在地							
	滨州市		东营市		烟台莱州市		潍坊寒亭区、寿光市、昌邑市	
	家数	占比（%）	家数	占比（%）	家数	占比（%）	家数	占比（%）
负数	4	57.14	2	50	1	100	4	66.67
1—10	2	28.57	0	0	0	0	0	0
10—20	1	14.29	0	0	0	0	2	33.33

续前表

营业收入变化率（%）	公司所在地							
	滨州市		东营市		烟台莱州市		潍坊寒亭区、寿光市、昌邑市	
	家数	占比(%)	家数	占比（%）	家数	占比（%）	家数	占比（%）
20—30	0		1	25	0	0	0	0
30 以上	0	0	1	25	0	0	0	0

注：占比为各区间上市公司占本地上市公司总数的比重。

二、营业利润

1. 营业利润的总体情况。

根据黄河三角洲上市公司营业利润变化率数据，如表 6–19，与 2013 年相比较，2014 年区域内 18 家上市公司有 10 家公司的营业利润下降(即营业利润变化率为负值)，占所研究公司总数的 55.56%。其中 6 家公司的营业利润均为正数，只是盈利减少；有 1 家公司的营业利润由盈利转为亏损；有 3 家公司的营业利润亏损增加。剩余 8 家公司的营业利润变化率为正值，占所研究公司总数的 44.44%。其中 1 家公司的营业利润仍处于亏损状态，但是亏损减少；2 家公司的营业利润由亏损状态转为盈利状态；5 家公司的营业利润处于盈利增加状态。

表 6–19 “黄三角”各上市公司营业利润变化率的总体分布

营业利润变化率（%）		证券简称	数量	占比(%)
为负数	亏损增加	华泰股份、*ST 海龙、齐星铁塔	3	16.67
	由盈转亏	鲁丰环保	1	5.56
	盈利减少	鲁北化工、晨鸣纸业、康跃科技、渤海活塞、西王食品、登海种业	6	33.33

续前表

营业利润变化率（%）		证券简称	数量	占比（%）
为正数	亏损减少	亚星化学	1	5.56
	由亏转盈	山东墨龙、科达股份	2	11.11
	盈利增加	国瓷材料、同大股份、宝莫股份、滨化股份、华纺股份	5	27.78

注：营业利润亏损增加指两个会计年度的营业利润均为负值，本年度的利润比上一年度的利润亏损更大；由盈转亏是指上一年度的营业利润为正值，今年的营业利润减少为负值；盈利减少是指两个会计年度的营业利润均为正值，本年度的营业利润比上一年度的少；营业利润亏损减少，指两个会计年度的营业利润均为负值，但本年度的利润比上一年度的利润要多；由亏转盈指上一年度的营业利润为负值，今年的营业利润增加为正值；盈利增加指两个会计年度的营业利润均为正值，本年度利润更多。本文下同。

2. 按上市公司上市交易场所分析营业利润变化率。

表 6–20 是“黄三角”地区按上市公司上市交易场所分类的营业利润变化率统计情况。根据表 6–20，在上海证券交易所上市的 7 家公司中，有 3 家公司的营业利润变化率为负数，其中 1 家公司的营业利润是亏损增加，2 家公司的营业利润是盈利减少；另外 4 家公司的营业利润变化率为正数，其中 1 家公司的营业利润是亏损减少，1 家公司的营业利润是由亏转盈，2 家公司的营业利润是盈利增加。在深圳证券交易所上市的 11 家公司中，7 家公司的营业利润变化率为负数，4 家公司的营业利润变化率为正数。其中主板市场的 3 家公司的营业利润变化率均为负数，1 家公司的营业利润是亏损增加，2 家公司的营业利润是盈利减少。创业板市场的 3 家公司中，1 家公司的营业利润是盈利减少，2 家公司的营业利润是盈利增加。中小板市场的 5 家公司中，3 家的营业利润变化率为负数，其中 1 家营业利润亏损增加，1 家的营业利润由盈转亏，还有 1 家的营业利润盈利减少；剩余 2 家公司营业利润变化率为正数，其中 1 家营业利润由亏转盈，1 家则是盈利增加。

表 6-20 按上市公司上市交易场所分析营业利润变化率的“黄三角”上市公司分布

营业利润变化率（%）		上海证券交易所	深圳证券交易所				家数	占比（%）
			主板	创业板	中小板	小计		
为负数	亏损增加	华泰股份	*ST 海龙、	–	齐星铁塔	2	3	16.67
	由盈转亏	–	–	–	鲁丰环保	1	1	5.56
	盈利减少	渤海活塞、鲁北化工	西王食品、晨鸣纸业	康跃科技	登海种业	4	6	33.33
为正数	亏损减少	亚星化学	–	–	–	0	1	5.56
	由亏转盈	科达股份	–	–	山东墨龙	1	2	11.11
	盈利增加	华纺股份、滨化股份	–	同大股份、国瓷材料	宝莫股份	3	5	27,78

3. 按上市公司所在行业分析营业利润变化率。

表 6–21 列出了“黄三角”地区按上市公司所在行业分类的营业利润变化情况。16 家制造业上市公司中，有 9 家公司的营业利润变化率为负值，其中，5 家公司的营业利润均为正数，只是盈利减少；1 家公司的营业利润由盈利转为亏损；3 家公司的营业利润亏损增加。剩余 7 家制造业上市公司的营业利润变化率为正值，其中 1 家公司的营业利润仍处于亏损状态，但是亏损减少；1 家公司的营业利润由亏损状态转为盈利状态；5 家公司的营业利润处于盈利增加状态。

属于农林牧渔行业的 1 家上市公司的营业利润变化率为负值，营业利润是盈利减少状态。属于建筑业的 1 家上市公司的营业利润处于由亏转盈状态。

表 6-21　　按所属行业分析营业利润变化率的上市公司的总体分布

营业收入变化率（%）		行业名称		
		农林牧渔	制造业	建筑业
为负数	亏损增加	–	华泰股份、*ST 海龙、齐星铁塔	–
	由盈转亏	–	鲁丰环保	–
	盈利减少	登海种业	鲁北化工、晨鸣纸业、康跃科技、渤海活塞、西王食品	–
为正数	亏损减少	–	亚星化学	
	由亏转盈	–	山东墨龙	科达股份
	盈利增加	–	国瓷材料、同大股份、宝莫股份、滨化股份、华纺股份	–

4. 按公司所在地分析营业利润变化率。

根据表 6-22，按公司所在地分析“黄三角”上市公司营业利润变化率，滨州市的 7 家上市公司中，5 家公司的营业利润变化率为负值，其中 1 家公司营业利润亏损增加，1 家公司营业利润由盈转亏，3 家公司营业利润盈利减少；剩余 2 家上市公司的营业利润变化率为正值，均为营业利润盈利增加。东营市的 4 家上市公司中，1 家公司营业利润变化率为负值，营业利润亏损增加；剩余 3 家营业利润变化率为正值，其中 1 家公司营业利润由亏转盈，2 家公司营业利润盈利增加。烟台莱州市的 1 家上市公司营业利润变化率为负值，营业利润盈利减少。潍坊寒亭区、寿光市、昌邑市三县区的 6 家上市公司中，3 家公司的营业利润变化率为负值，其中 1 家营业利润亏损增加，2 家营业利润盈利减少；剩余 3 家公司的营业利润变化率为正值，其中 1 家营业利润亏损减少，1 家营业利润由亏转盈，1 家营业利润盈利增加。

表 6-22 按公司所在地分析营业利润变化率的“黄三角”上市公司分布

<table>
<tr><th colspan="2" rowspan="2">营业收入变化率（%）</th><th colspan="4">公司所在地</th><th rowspan="2">合计</th></tr>
<tr><th>滨州市</th><th>东营市</th><th>烟台莱州市</th><th>潍坊寒亭区、寿光市、昌邑市</th></tr>
<tr><td rowspan="3">为负数</td><td>亏损增加</td><td>齐星铁塔</td><td>华泰股份</td><td>–</td><td>*ST 海龙</td><td>3</td></tr>
<tr><td>由盈转亏</td><td>鲁丰环保、</td><td>–</td><td>–</td><td>–</td><td>1</td></tr>
<tr><td>盈利减少</td><td>鲁北化工、西王食品、渤海活塞</td><td>–</td><td>登海种业</td><td>康跃科技、晨鸣纸业</td><td>6</td></tr>
<tr><td rowspan="3">为正数</td><td>亏损减少</td><td>–</td><td>–</td><td>–</td><td>亚星化学</td><td>1</td></tr>
<tr><td>由亏转盈</td><td>–</td><td>科达股份</td><td>–</td><td>山东墨龙</td><td>2</td></tr>
<tr><td>盈利增加</td><td>华纺股份、滨化股份</td><td>国瓷材料、宝莫股份</td><td>–</td><td>同大股份</td><td>5</td></tr>
<tr><td colspan="2">家数</td><td>7</td><td>4</td><td>1</td><td>6</td><td>18</td></tr>
</table>

三、利润总额

1. 总体情况。

根据表 6–23 中“黄三角”地区各上市公司利润总额变化率的分布情况，2014 年黄河三角洲地区 18 家上市公司中，有 4 家公司的利润总额为负，表明公司利润出现亏损。与 2013 年相比较，有 12 家公司的利润总额变化率为负值，占所研究公司总数的 66.67%。其中 8 家公司的利润总额为正数，只是盈利减少；有 2 家公司的利润总额由盈利转为亏损；有 2 家公司的利润总额亏损增加。剩余 6 家公司的利润总额变化率为正值，占所研究公司总数的 33.33%。其中 1 家公司的利润总额由亏损状态转为盈利状态；5 家公司的利润总额处于盈利增加状态。

表 6-23 “黄三角”地区各上市公司利润总额变化率的分布

利润总额变化率(%)		证券简称	数量	占比(%)
为负数	亏损增加	亚星化学、*ST 海龙	2	11.11
	由盈转亏	鲁丰环保、齐星铁塔	2	11.11
	盈利减少	国瓷材料、华泰股份、鲁北化工、晨鸣纸业、康跃科技、西王食品、登海种业、科达股份	8	44.44
为正数	亏损减少	—	0	0
	由亏转盈	山东墨龙	1	5.56
	盈利增加	渤海活塞、同大股份、宝莫股份、滨化股份、华纺股份	5	27.78

2. 按上市公司上市交易场所分析利润总额。

按上市公司上市交易场所分析“黄三角”地区上市公司利润总额，如表 6-24，在上海证券交易所上市的 7 家公司中，有 4 家公司的利润总额变化率为负数，其中 1 家公司的营业利润是亏损增加，3 家公司的利润总额是盈利减少；剩余 3 家公司的利润总额变化率为正数，均为盈利增加。在深圳证券交易所上市的 11 家公司中，8 家公司的利润总额变化率为负数，3 家公司的利润总额变化率为正数。其中主板市场 3 家公司的利润总额变化率均为负数，1 家公司的利润总额是亏损增加，2 家公司的利润总额是盈利减少。创业板市场的 3 家公司中，2 家公司的利润总额是盈利减少，1 家公司的利润总额是盈利增加。中小板市场的 5 家公司中，3 家公司的利润总额变化率为负数，分别有 2 家公司利润总额由盈转亏，1 家公司利润总额盈利减少；剩余 2 家公司的利润总额变化率为正数，其中 1 家利润总额由亏转盈，1 家利润总额盈利增加。

表 6-24 按上市交易场所分析利润总额变化率的“黄三角”上市公司分布

利润总额变化率（%）		上海证券交易所	深圳证券交易所				家数	占比（%）
			主板	创业板	中小板	小计		
为负数	亏损增加	亚星化学	*ST 海龙、	–	–	1	2	11.11
	由盈转亏	–	–	–	齐星铁塔、鲁丰环保	2	2	11.11
	盈利减少	科达股份、华泰股份、鲁北化工	西王食品、晨鸣纸业	康跃科技、国瓷材料	登海种业	5	8	44.44
为正数	亏损减少	–	–	–	–	0	0	0
	由亏转盈	–	–	–	山东墨龙	1	1	5.56
	盈利增加	渤海活塞、华纺股份、滨化股份	–	同大股份	宝莫股份	2	5	27.78

3. 按上市公司所在行业分析利润总额。

表 6-25 是按上市公司所在行业分析的“黄三角”上市公司营业利润变化率情况，如表所示，黄河三角洲地区 16 家制造业上市公司中，有 10 家公司的营业利润变化率为负值，其中 6 家的营业利润均为正数，只是盈利减少；2 家公司的营业利润由盈利转为亏损；有 2 家公司的营业利润亏损增加。16 家制造业上市公司中剩余 6 家公司的营业利润变化率为正值，其中 1 家的营业利润由亏损状态转为盈利状态；5 家公司的营业利润处于盈利增加状态。黄河三角洲地区唯一一家农林牧渔行业上市公司的营业利润变化率为负值，处于盈利减少状态。唯一一家建筑业上市公司的营业利润也处于盈利减少状态。

表 6–25 按所属行业分析利润总额变化率的“黄三角”上市公司的分布

利润总额变化率（%）		行业名称		
		农林牧渔	制造业	建筑业
为负数	亏损增加	–	亚星化学、*ST 海龙	–
	由盈转亏	–	鲁丰环保、齐星铁塔	–
	盈利减少	登海种业	国瓷材料、华泰股份、鲁北化工、晨鸣纸业、康跃科技、西王食品	科达股份
为正数	亏损减少	–	–	–
	由亏转盈	–	山东墨龙	–
	盈利增加	–	渤海活塞、同大股份、宝莫股份、滨化股份、华纺股份	–

4. 按公司所在地分析利润总额变化率。

按公司所在地分析“黄三角”上市公司利润总额变化率，如表6–26所示，滨州市的 7 家上市公司中，4 家公司利润总额变化率为负值，其中 2 家公司利润总额由盈转亏，2 家公司利润总额盈利减少；滨州另外 3 家上市公司利润总额变化率为正值，均为利润总额盈利增加。东营市的 4 家上市公司中，3 家公司利润总额变化率为负值，利润总额盈利减少；剩余 1 家公司营业利润变化率为正值，其利润总额盈利增加。烟台莱州市唯一一家上市公司的利润总额变化率为负值，利润总额盈利减少。潍坊寒亭区、寿光市、昌邑市三县区的 6 家上市公司中，4 家公司的利润总额变化率为负值，其中 2 家公司利润总额亏损增加，2 家公司利润总额盈利减少；6 家公司中剩余 2 家公司的利润总额变化率为正值，其中 1 家公司利润总额由亏转盈，1 家公司利润总额盈利增加。

表 6-26 按公司所在地分析利润总额变化率的“黄三角”上市公司分布

<table>
<tr><th colspan="2" rowspan="2">营业收入变化率（%）</th><th colspan="4">公司所在地</th><th rowspan="2">合计</th></tr>
<tr><th>滨州市</th><th>东营市、烟台莱州市</th><th>烟台莱州市</th><th>潍坊寒亭区、寿光市、昌邑市</th></tr>
<tr><td rowspan="3">为负数</td><td>亏损增加</td><td>–</td><td>–</td><td>–</td><td>*ST 海龙、亚星化学</td><td>2</td></tr>
<tr><td>由盈转亏</td><td>鲁丰环保、齐星铁塔</td><td>–</td><td>–</td><td>–</td><td>2</td></tr>
<tr><td>盈利减少</td><td>鲁北化工、西王食品</td><td>国瓷材料、华泰股份、科达股份</td><td>登海种业</td><td>康跃科技、晨鸣纸业</td><td>8</td></tr>
<tr><td rowspan="3">为正数</td><td>亏损减少</td><td>–</td><td>–</td><td>–</td><td>–</td><td>0</td></tr>
<tr><td>由亏转盈</td><td>–</td><td>–</td><td>–</td><td>山东墨龙</td><td>1</td></tr>
<tr><td>盈利增加</td><td>渤海活塞、华纺股份、滨化股份</td><td>宝莫股份</td><td>–</td><td>同大股份</td><td>5</td></tr>
<tr><td colspan="2">数目</td><td>7</td><td>4</td><td>1</td><td>6</td><td>18</td></tr>
</table>

四、归属于上市公司股东的净利润

1. 股东净利润的总体情况。

从归属于上市公司股东的净利润（以下简称“净利润”）看，根据表 6–27，“黄三角”18 家上市公司中有 9 家公司的净利润下降，即净利润变化率为负值，占所研究公司总数的 50%。其中有 5 家公司的净利润盈利减少，有 3 家公司的净利润由盈利转为亏损，1 家公司的净利润亏损增加。剩余 9 家公司的净利润变化率为正值，占所研究公司总数的 50%。其中 1 家公司的净利润由亏损状态转为盈利状态，8 家公司的净利润处于盈利增加状态。

表 6-27 “黄三角”地区各上市公司净利润变化率的总体分布

净利润变化率(%)		证券简称	数量	占比(%)
为负数	亏损增加	*ST 海龙	1	5.56
	由盈转亏	鲁丰环保、齐星铁塔、亚星化学	3	16.67
	盈利减少	鲁北化工、国瓷材料、晨鸣纸业、康跃科技、西王食品	5	27.78
为正数	亏损减少	—	0	0
	由亏转盈	山东墨龙	1	5.56
	盈利增加	科达股份、同大股份、宝莫股份、滨化股份、华纺股份、渤海活塞、登海种业、华泰股份	8	44.44

2. 按上市公司上市交易场所分析净利润变化率。

表 6-28 是按上市公司上市交易场所分析的“黄三角”上市公司净利润变化率相关情况。该表显示，在上海证券交易所上市的 7 家公司中，有 2 家公司的净利润变化率为负数，其中 1 家公司的净利润盈利减少，1 家公司的净利润由盈转亏；另外 5 家公司的净利润变化率为正数，且 5 家公司的净利润盈利增加。在深圳证券交易所上市的 11 家公司中，7 家公司的净利润变化率为负数，4 家公司的净利润变化率为正数。其中主板市场 3 家公司的净利润变化率均为负数，1 家公司的净利润亏损增加，2 家公司的净利润盈利减少。创业板市场的 3 家公司中，2 家公司的净利润盈利减少，1 家公司的净利润盈利增加。中小板市场的 5 家公司中，2 家公司的净利润变化率为负数，均为净利润由盈转亏；剩余 3 家公司净利润变化率为正数，其中 1 家公司净利润由亏转盈，2 家公司净利润盈利增加。

表 6–28 按上市公司上市交易场所分析营业利润变化率的“黄三角”上市公司分布

营业利润变化率（%）		上海证券交易所	深圳证券交易所				家数	占比（%）
			主板	创业板	中小板	小计		
为负数	亏损增加		*ST 海龙	–	–	1	1	5.56
	由盈转亏	亚星化学	–	–	齐星铁塔、鲁丰环保	2	3	16.67
	盈利减少	鲁北化工	西王食品、晨鸣纸业	国瓷材料、康跃科技	–	4	5	27.78
为正数	亏损减少	–	–	–	–	0	0	0
	由亏转盈	–	–	–	山东墨龙	1	1	5.56
	盈利增加	科达股份、渤海活塞、华纺股份、滨化股份、华泰股份	–	同大股份	登海种业、宝莫股份	3	8	44.44
合计		7	3	3	5	11	18	100

3. 按上市公司所在行业分析净利润变化率。

表 6–29 是按上市公司所在行业分析的“黄三角”上市公司净利润变化率，如表所示，属于制造业的 16 家上市公司中，有 9 家公司的净利润变化率为负值。其中 5 家公司的净利润盈利减少，3 家公司的净利润由盈利转为亏损，1 家公司的净利润亏损增加；剩余 7 家公司的净利润变化率为正值，其中 1 家公司的净利润由亏转盈，6 家公司的净利润盈利增加。属于农林牧渔行业的 1 家上市公司的净利润变化率为正值，净利润盈利增加。属于建筑业的 1 家上市公司的净利润处于盈利增加状态。

表 6–29 按所属行业分析净利润变化率的“黄三角”上市公司的分布

净利润变化率（%）		行业名称		
		农林牧渔	制造业	建筑业
为负数	亏损增加	–	*ST 海龙	–
	由盈转亏	–	鲁丰环保、齐星铁塔、亚星化学	–
	盈利减少	–	鲁北化工、国瓷材料、晨鸣纸业、康跃科技、西王食品	–
为正数	亏损减少	–	—	–
	由亏转盈	–	山东墨龙	–
	盈利增加	登海种业	同大股份、宝莫股份、滨化股份、华纺股份、渤海活塞、华泰股份	科达股份

4. 按公司所在地分析净利润变化率。

按公司所在地分析“黄三角”上市公司净利润变化率，如表 6–30，滨州市的 7 家上市公司中，4 家公司的净利润变化率为负值，其中 2 家公司净利润由盈转亏，2 家公司净利润盈利减少；剩余 3 家上市公司的净利润变化率为正值，均为净利润盈利增加。东营市的 4 家上市公司中，1 家公司净利润变化率为负值，净利润盈利减少；剩余 3 家公司净利润变化率为正值，均为净利润盈利增加。烟台莱州市 1 家上市公司的净利润变化率为正值，净利润盈利增加。潍坊寒亭区、寿光市、昌邑市三县区的 6 家上市公司中，4 家公司的净利润变化率为负值，其中 1 家公司净利润亏损增加，1 家公司净利润由盈转亏，2 家公司净利润盈利减少；剩余 2 家公司的净利润变化率为正值，其中 1 家公司净利润由亏转盈，1 家公司净利润盈利增加。

表 6–30 按公司所在地分析净利润变化率的“黄三角”上市公司分布

营业收入变化率（%）		公司所在地				合计
		滨州市	东营市	烟台莱州市	潍坊寒亭区、寿光市、昌邑市	
为负数	亏损增加	–	–	–	*ST 海龙	1
	由盈转亏	鲁丰环保、齐星铁塔	–	–	亚星化学	3
	盈利减少	鲁北化工、西王食品	国瓷材料	–	康跃科技、晨鸣纸业	5
为正数	亏损减少	–	–	–	–	0
	由亏转盈	–	–	–	山东墨龙	1
	盈利增加	华纺股份、滨化股份、渤海活塞	宝莫股份、华泰股份、科达股份	登海种业	同大股份	8
家数		7	4	1	6	18

五、每股基本收益

1. 总体情况。

表 6–31 是黄河三角洲高效生态经济区规划主体区域内的 18 家上市公司 2014 年的每股基本收益（下文简称“每股收益”）分析表。该表显示，有 4 家公司的每股收益为负值，占所有公司的 22.22%。有 5 家公司的每股收益在 0–0.1 元之间，1 家公司的每股收益在 0.1–0.2 元之间，2 家公司的每股收益在 0.2–0.3 元之间，1 家公司的每股收益在 0.3–0.4 元之间，2 家公司的每股收益在 0.5–0.6 元之间，2 家公司的每股收益在 0.6–0.7 元之间，还有 1 家公司的每股收益在 0.7 元之上。

表 6-31 “黄三角”所有上市公司的每股收益分布

每股收益（元）	公司简称	数量	占比（%）
负值	*ST 海龙、亚星化学、鲁丰环保、齐星铁塔	4	22.22
0–0.1	宝莫股份、鲁北化工、华纺股份、山东墨龙、华泰股份	5	27.78
0.1–0.2	科达股份	1	5.56
0.2–0.3	国瓷材料、晨鸣纸业	2	11.11
0.3–0.4	渤海活塞	1	5.56
0.4–0.5		0	5.56
0.5–0.6	滨化股份、康跃科技	2	11.11
0.6–0.7	同大股份、西王食品	2	11.11
0.7 以上	登海种业	1	5.56

表 6–32 则是“黄三角”各上市公司每股收益变化率的总体分布情况。从上市公司的每股收益变化率上看，18 家公司中，有 9 家公司的每股收益变化率为负值，占所研究公司总数的 50%；其中有 5 家公司的每股收益收益减少，3 家公司的每股收益由正转负，1 家公司的每股收益亏损增加。剩余 9 家公司的每股收益变化率为正值，占所研究公司总数的 50%；其中 1 家公司的每股收益由负转正，8 家公司的每股收益处于收益增加状态。

表 6-32 “黄三角”各上市公司每股收益变化率的总体分布

每股收益变化率（%）		证券简称	数量	占比（%）
为负数	亏损增加	*ST 海龙	1	5.56
	由正转负	鲁丰环保、齐星铁塔、亚星化学	3	16.67
	收益减少	鲁北化工、国瓷材料、晨鸣纸业、康跃科技、西王食品	5	27.78
为正数	亏损减少	—	0	0
	由负转正	山东墨龙	1	5.56
	收益增加	科达股份、同大股份、宝莫股份、滨化股份、华纺股份、渤海活塞、登海种业、华泰股份	8	44.44

注：每股收益亏损增加指两个会计年度的每股收益均为负值，本年度比上一年度亏损更大；由正

转负是指上一年度的每股收益为正值，今年的每股收益减少为负值；收益减少是指两个会计年度的每股收益均为正值，本年度比上一年度的少；每股收益亏损减少，指两个会计年度的每股收益均为负值，但本年度比上一年度的要多；由负转正指上一年度的每股收益为负值，今年的每股收益增加为正值；收益增加指两个会计年度的每股收益均为正值，本年度每股收益更多。本文下同。

2. 按上市公司上市交易场所分析每股收益变化率。

表 6-33 是按上市公司上市交易场所分析的“黄三角”上市公司每股收益变化率的具体情况。根据表 6-33，在上海证券交易所上市的 7 家公司中，有 2 家公司的每股收益变化率为负数，其中 1 家公司的每股收益收益减少，1 家公司的每股收益由正转负；另外 5 家公司的每股收益变化率为正数，且 5 家公司的每股收益是收益增加。在深圳证券交易所上市的 11 家公司中，7 家公司的每股收益变化率为负数，4 家公司的每股收益变化率为正数。其中主板市场的 3 家公司的每股收益变化率均为负数，1 家公司的每股收益亏损增加，2 家公司的每股收益是收益减少。创业板市场的 3 家公司中，2 家公司的每股收益收益减少，1 家公司的每股收益是收益增加。中小板市场的 5 家公司中，2 家公司的每股收益变化率为负数，均为每股收益由正转负；剩余 3 家公司每股收益变化率为正数，分别有 1 家公司每股收益由负转正，2 家公司每股收益收益增加。

表 6-33　按上市公司上市交易场所分析每股收益变化率的“黄三角”上市公司分布

<table>
<tr><th colspan="2" rowspan="2">每股收益变化率（%）</th><th rowspan="2">上海证券交易所</th><th colspan="4">深圳证券交易所</th><th rowspan="2">家数</th><th rowspan="2">占比（%）</th></tr>
<tr><th>主板</th><th>创业板</th><th>中小板</th><th>小计</th></tr>
<tr><td rowspan="3">为负数</td><td>亏损增加</td><td>–</td><td>*ST 海龙</td><td>–</td><td>–</td><td>1</td><td>1</td><td>5.56</td></tr>
<tr><td>由正转负</td><td>亚星化学</td><td>–</td><td>–</td><td>齐星铁塔、鲁丰环保</td><td>2</td><td>3</td><td>16.67</td></tr>
<tr><td>收益减少</td><td>鲁北化工</td><td>西王食品、晨鸣纸业</td><td>国瓷材料、康跃科技</td><td>–</td><td>4</td><td>5</td><td>27.78</td></tr>
</table>

续前表

每股收益变化率（%）		上海证券交易所	深圳证券交易所				家数	占比（%）
			主板	创业板	中小板	小计		
为正数	亏损减少	–	–	–	–	0	0	0
	由负转正	–	–	–	山东墨龙	1	1	5.56
	收益增加	科达股份、渤海活塞、华纺股份、滨化股份、华泰股份	–	同大股份	登海种业、宝莫股份	3	8	44.44
合计		7	3	3	5	11	18	100

3. 按上市公司所在行业分析每股收益变化率。

按上市公司所在行业分析“黄三角”上市公司每股收益变化率，如表6–34，16家制造业上市公司中，有10家公司的每股收益变化率为负值，其中6家公司的每股收益是收益减少，2家公司的每股收益由正转负，2家公司的每股收益亏损增加；剩余6家公司的每股收益变化率为正值，其中1家公司的每股收益由负转正，5家公司的每股收益是收益增加。农林牧渔行业的1家上市公司每股收益变化率为正值，每股收益是收益增加。建筑业的1家上市公司每股收益处于收益增加状态。

表6–34 按所属行业分析每股收益变化率的“黄三角”上市公司的分布

每股收益变化率（%）		行业名称		
		农林牧渔	制造业	建筑业
为负数	亏损增加	–	亚星化学、*ST 海龙	–
	由正转负	–	鲁丰环保、齐星铁塔	–
	收益减少	登海种业	国瓷材料、华泰股份、鲁北化工、晨鸣纸业、康跃科技、西王食品	科达股份

续前表

每股收益变化率（%）		行业名称		
			制造业	建筑业
为正数	亏损减少	–	–	–
	由负转正	–	山东墨龙	–
	收益增加	–	渤海活塞、同大股份、宝莫股份、滨化股份、华纺股份	–

4. 按公司所在地分析每股收益变化率。

表 6–35 反映了按公司所在地分析的“黄三角”上市公司每股收益变化率相关情况。根据此表，滨州市的 7 家上市公司中，4 家公司的每股收益变化率为负值，其中 2 家公司每股收益由正转负，2 家公司每股收益是收益减少；剩余 3 家上市公司的每股收益变化率为正值，均为每股收益收益增加。东营市的 4 家上市公司中，1 家公司每股收益变化率为负值，每股收益收益减少；剩余 3 家公司每股收益变化率为正值，均为每股收益收益增加。烟台莱州市的 1 家上市公司的每股收益变化率为正值，每股收益收益增加。潍坊寒亭区、寿光市、昌邑市三县区的 6 家上市公司中，4 家公司的每股收益变化率为负值，其中 1 家公司每股收益亏损增加，1 家公司每股收益由正转负，2 家公司每股收益收益减少；剩余 2 家公司的每股收益变化率为正值，其中 1 家公司每股收益由负转正，1 家公司每股收益收益增加。

表 6–35 按公司所在地分析每股收益变化率的“黄三角”上市公司分布

每股收益变化率（%）		公司所在地				合计
		滨州市	东营市	烟台莱州市	潍坊寒亭区、寿光市、昌邑市	
为负数	亏损增加	–	–	–	*ST 海龙	1
	由正转负	鲁丰环保、齐星铁塔	–	–	亚星化学	3
	收益减少	鲁北化工、西王食品	国瓷材料	–	康跃科技、晨鸣纸业	5

续前表

每股收益变化率（%）		公司所在地				合计
		滨州市	东营市	烟台莱州市	潍坊寒亭区、寿光市、昌邑市	
为正数	亏损减少	–	–	–	–	0
	由负转正	–	–	–	山东墨龙	1
	收益增加	华纺股份 滨化股份 渤海活塞	宝莫股份 华泰股份 科达股份	登海种业	同大股份	8
家数		7	4	1	6	18

六、归属于上市公司股东的净资产

1. 总体情况。

表6–36显示了黄河三角洲地区各上市公司净资产变化率的总体情况。该表显示，18家上市公司中，有5家上市公司的净资产变化率为负值，占所研究公司总数的27.78%。有13家上市公司的净资产变化率为正值，占所研究公司总数的72.22%，其中有8家公司的净资产变化率在0–10%之间，1家公司的净资产变化率在10%–20%之间，1家公司的净资产变化率在20%–30%之间，1家公司的净资产变化率在80%–90%之间，1家公司的净资产变化率在90%–100%之间，1家公司的净资产变化率在100%–110%之间。

表6–36 “黄三角”各上市公司净资产变化率的总体分布

净资产变化率（%）	公司简称	数量	占比（%）
负数	*ST海龙、亚星化学、鲁丰环保、齐星铁塔、晨鸣纸业	5	27.78
0–10	西王食品、宝莫股份、鲁北化工、滨化股份、山东墨龙、华泰股份、科达股份、同大股份	8	44.44

续前表

净资产变化率(%)	公司简称	数量	占比(%)
10–20	国瓷材料	1	5.56
20–30	登海种业	1	5.56
30–80	—	0	0
80–90	康跃科技	1	5.56
90–100	华纺股份	1	5.56
100–110	渤海活塞	1	5.56

2. 按上市公司的上市交易场所分析净资产变化率。

按上市公司上市交易场所分析的“黄三角”上市公司净资产变化率，如表 6–37 所示，在上海证券交易所上市的 7 家公司中，有 1 家公司的净资产变化率为负数，4 家公司的净资产变化率在 0–10% 之间，1 家公司的净资产变化率在 90%–100% 之间，1 家公司的净资产变化率在 100%–110% 之间，其他变化率区间公司数目为零。在深圳证券交易所上市的 11 家公司中，4 家公司的净资产变化率为负数，其中主板市场有 2 家公司的净资产变化率为负数，1 家公司的净资产变化率在 0–10% 之间；创业板市场的 3 家公司中，有 1 家公司的净资产变化率在 0–10% 之间，1 家公司的净资产变化率在 10%–20% 之间，1 家公司的净资产变化率在 80%–90% 之间；中小板市场的 5 家公司中，有 2 家公司的净资产变化率为负数，有 2 家公司的净资产变化率在 0–10% 之间，有 1 家公司的净资产变化率在 20%–30% 之间。

表 6–37 按上市公司上市交易场所分析净资产变化率的“黄三角”上市公司分布

净资产变化率（%）	上海证券交易所	深圳证券交易所				家数	占比（%）
		主板	创业板	中小板	小计		
负数	亚星化学	*ST 海龙、晨鸣纸业	–	齐星铁塔、鲁丰环保	4	5	27.78
0–10	鲁北化工、滨化股份、华泰股份、科达股份	西王食品	同大股份	宝莫股份、山东墨龙	4	8	44.44

续前表

净资产变化率（%）	上海证券交易所	深圳证券交易所				家数	占比（%）
		主板	创业板	中小板	小计		
10–20	–	–	国瓷材料	–	1	1	5.56
20–30	–	–	–	登海种业	1	1	5.56
30–80	–	–	–	–	0	0	0
80–90	–	–	康跃科技	–	1	1	5.56
90–100	华纺股份	–	–	–	1	1	5.56
100–110	渤海活塞	–	–	–	1	1	5.56

3. 按所在行业分析净资产变化率。

在按上市公司所在行业分析“黄三角”净资产变化率，根据表 6–38，属于制造业的 16 家上市公司中，有 5 家上市公司的净资产变化率为负值，11 家上市公司的净资产变化率为正值。11 家变化率为正值的公司中有 7 家公司的净资产变化率在 0–10% 之间，1 家公司的净资产变化率在 10%–20% 之间，1 家公司的净资产变化率在 80%–90% 之间，1 家公司的净资产变化率在 90%–100% 之间，1 家公司的净资产变化率在 100%–110% 之间。属于农林牧渔行业的 1 家上市公司的净资产变化率在 20%–30% 之间。属于建筑业的 1 家上市公司的净资产变化率在 0–10% 之间。

表 6–38 按所属行业分析净资产变化率的“黄三角”上市公司的总体分布

净资产变化率（%）	行业名称		
	农林牧渔	制造业	建筑业
负数	–	*ST 海龙、亚星化学、鲁丰环保、齐星铁塔、晨鸣纸业	–
0–10	–	西王食品、宝莫股份、鲁北化工、滨化股份、山东墨龙、华泰股份、同大股份	科达股份
10–20	–	国瓷材料	–

续前表

净资产变化率（%）	行业名称		
	农林牧渔	制造业	建筑业
20–30	登海种业	–	–
30–80	–	–	–
80–90	–	康跃科技	–
90–100	–	华纺股份	–
100–110	–	渤海活塞	–

4. 按公司所在地分析净资产变化率。

按公司所在地分析“黄三角”上市公司净资产变化率，根据表 6–39，滨州市的 7 家上市公司中，有 2 家公司的净资产变化率为负数，3 家公司的净资产变化率在 0–10% 之间，1 家公司的净资产变化率在 90%–100% 之间，1 家公司的净资产变化率在 100%–110% 之间。东营市的 4 家上市公司中，有 3 家公司的净资产变化率在 0–10% 之间，1 家公司的净资产变化率在 10%–20% 之间。烟台莱州市的 1 家上市公司的净资产变化率在 20%–30% 之间。潍坊寒亭区、寿光市、昌邑市三县区的 6 家上市公司中，有 3 家公司的净资产变化率为负数，有 2 家公司的净资产变化率在 0–10% 之间，1 家公司的净资产变化率在 80%–90% 之间。

表 6–39 按公司所在地分析净资产变化率的“黄三角”上市公司分布

净资产变化率（%）	公司所在地				合计
	滨州市	东营市	烟台莱州市	潍坊寒亭区、寿光市、昌邑市	
负数	鲁丰环保、齐星铁塔	–	–	*ST 海龙、亚星化学、晨鸣纸业	5
0–10	鲁北化工、西王食品、滨化股份	宝莫股份、华泰股份、科达股份	–	同大股份、山东墨龙	8
10–20	–	国瓷材料	–	–	1
20–30	–	–	登海种业	–	1

续前表

净资产变化率（%）	公司所在地				合计
	滨州市	东营市	烟台莱州市	潍坊寒亭区、寿光市、昌邑市	
30–80	–	–	–	–	0
80–90	–	–	–	康跃科技	1
90–100	华纺股份	–	–	–	1
100–110	渤海活塞	–	–	–	1
数目	7	4	1	6	18

七、总资产周转率

1. 总体情况。

表 6–40 是黄河三角洲地区各上市公司总资产周转率变化率的具体情况。从上市公司的总资产周转率变化率上看，有 13 家上市公司的总资产周转率变化率为负值，占所研究公司总数的 72.22%。有 5 家上市公司的总资产周转率变化率为正值，占所研究公司总数的 27.78%，其中 3 家公司的总资产周转率变化率在 0–10% 之间，2 家公司的总资产周转率变化率在 10%–20% 之间。

表 6–40 “黄三角”各上市公司总资产周转率变化率的总体分布

总资产周转率变化率（%）	公司简称	数量	占比（%）
负数	*ST 海龙、华泰股份、科达股份、西王食品、登海种业、宝莫股份、亚星化学、鲁丰环保、齐星铁塔、晨鸣纸业、康跃科技、华纺股份、渤海活塞	13	72.22
0–10	鲁北化工、滨化股份、山东墨龙、	3	16.67
10–20	国瓷材料、同大股份	2	11.11

2. 按上市公司的上市交易场所分析总资产周转率变化率。

表 6–41 为按上市公司上市交易场所分析的“黄三角”上市公司净资产周转率变化率相关情况。在上海证券交易所上市的 7 家公司中，有 5 家公司的总资产周转率变化率为负数，有 2 家公司的总资产周转率变化率在 0–10% 之间。在深圳证券交易所上市的 11 家公司中，8 家公司的总资产周转率变化率为负数。其中主板市场有 3 家公司的总资产周转率变化率为负数。创业板市场的 3 家公司中，有 1 家公司的总资产周转率变化率为负数，2 家公司的总资产周转率变化率在 10%–20% 之间。中小板市场的 5 家公司中，有 4 家公司的总资产周转率变化率为负数，1 家公司的总资产周转率变化率在 0–10% 之间。

表 6–41 按上市公司上市交易场所分析总资产周转率变化率的“黄三角”上市公司分布

总资产周转率变化率（%）	上海证券交易所	深圳证券交易所				家数	占比（%）
		主板	创业板	中小板	小计		
负数	亚星化学、华泰股份、科达股份、华纺股份、渤海活塞	*ST 海龙、晨鸣纸业、西王食品	康跃科技	宝莫股份、齐星铁塔、鲁丰环保、登海种业	8	13	72.22
0–10	鲁北化工、滨化股份			山东墨龙	1	3	16.67
10–20	–	–	同大股份、国瓷材料	–	2	2	11.11

3. 按所在行业分析总资产周转率变化率。

按上市公司所在行业分析的“黄三角”上市公司总资产周转率变化率，表 6–42 显示，属于制造业的 16 家上市公司中，有 11 家上市公司的总资产周转率变化率为负值，3 家公司的总资产周转率变化率在 0–10% 之间，2 家公司的总资产周转率变化率在 10%–20% 之间。属于农林牧渔行业的 1 家上市公司和属于建筑业的 1 家上市公司的总资产周转率变化率均为负数。

表 6-42 按所属行业分析总资产周转率变化率的“黄三角”上市公司的总体分布

总资产周转率变化率（%）	行业名称		
	农林牧渔	制造业	建筑业
负数	登海种业	*ST 海龙、西王食品、宝莫股份、亚星化学、鲁丰环保、齐星铁塔、晨鸣纸业、康跃科技、华纺股份、渤海活塞、华泰股份	科达股份
0–10	–	鲁北化工、滨化股份、山东墨龙	–
10–20	–	国瓷材料、同大股份	–

4. 按公司所在地分析总资产周转率变化率。

表 6-43 是按公司所在地分析的“黄三角”总资产周转率的变化率情况。如表所示，滨州市的 7 家上市公司中，有 5 家公司的总资产周转率变化率为负数，2 家公司的总资产周转率变化率在 0–10% 之间。东营市的 4 家上市公司中，有 3 家公司的总资产周转率变化率为负数，1 家公司的总资产周转率变化率在 10%–20% 之间。烟台莱州市的 1 家上市公司的总资产周转率变化率为负数。潍坊寒亭区、寿光市、昌邑市三县区的 6 家上市公司中，有 4 家公司的总资产周转率变化率为负数，有 1 家公司的总资产周转率变化率在 0–10% 之间，1 家公司的总资产周转率变化率在 10%–20% 之间。

表 6-43 按公司所在地分析总资产周转率变化率的“黄三角”上市公司分布

总资产周转率变化率（%）	公司所在地				合计
	滨州市	东营市	烟台莱州市	潍坊寒亭区、寿光市、昌邑市	
负数	鲁丰环保、齐星铁塔、西王食品、华纺股份、渤海活塞	宝莫股份、华泰股份、科达股份	登海种业	*ST 海龙、亚星化学、晨鸣纸业、康跃科技	13
0–10	鲁北化工、滨化股份	–	–	山东墨龙	3
10–20	–	国瓷材料	–	同大股份	2
家数	7	4	1	6	18

第四节 黄河三角洲高效生态经济区上市公司存在的问题及建议

一、规划主体区内上市公司存在的问题

1. 经济总体欠发达和地区发展不平衡。

黄河三角洲高效生态经济区所属区域是山东省一直以来的经济欠发达地区。从上市公司角度观察，规划主体区域的 2 市 7 区县，占全省总面积的 1/6 左右，上市公司仅有 18 家（山东省内上市公司数目超过 18 家的地级市就有 5 个），占全省总数的 11.69%，数量相对偏少，并且在创业板、中小板市场上市的较多，总体来看规模也相对偏小。另外，规划主体区内的县市经济发展不平衡。滨州市和潍坊寒亭区、寿光市、昌邑市相对较多，共有 13 家上市公司，占总数的 72.22%，东营市有 4 家，莱州市有 1 家，而淄博市的高青县和德州乐陵市、庆云县没有上市公司。

2. 上市公司所属行业相对集中，覆盖面狭窄。

根据中国证券监督管理委员会 (CSRC) 于 2012 年修订的行业分类指引所列出的 19 个大类分类，黄河三角洲高效生态经济区规划主体区内的 18 家上市公司仅仅覆盖其中的农林牧渔、制造业和建筑业 3 个大类，有 16 个大类没有。而且这 18 家公司中有 16 家属于制造业行业，占上市公司总数的 88.89%，农林牧渔和建筑业各只有一家上市公司，对经济拉动较大的房地产业和金融业没有上市公司。这些都说明黄河三角洲高效生态经济区的上市公司行业覆盖面狭窄。

3. 经营情况总体表现不景气。

黄河三角洲高效生态经济区规划主体区内的 18 家上市公司，从 2014 年的营业收入变化率、营业利润变化率、利润总额变化率、净利润变化率这些盈利指标方面考察，虽然有个别公司的经营情况良好，盈利较多，但基本上有一半或者超过一半的公司上述数据指标为负数，表明半数多的公司 2014 年公司经营收入状况或者成本控制方面与 2013 年相比，情况没有

好转甚至更差。最终18家公司中有9家公司的每股股东收益变化率为负数，影响所有者的收益。股东净资产方面，只有5家公司的股东净资产变化率为负数，表明多数公司资产有所增长。观察各个公司的总资产周转率，有13家公司的总资产周转率的变化率为负值，表明多数公司的销售情况不乐观，资产没有充分利用，闲置资产较多。总体看来，受2014年国家宏观经济增速下滑的影响，黄色三角洲高效生态经济区规划主体区内的18家上市公司，经营情况表现差强人意。这也从企业的经营情况和增长情况方面反映了我国经济进入新常态。

二、对策建议

根据黄河三角洲地区上市公司的发展情况，针对上文提到的主要问题，在中国经济进入新常态的背景下，黄三角地区的政府部门需要出台相关政策发挥资本市场对经济转型升级、发展方式转变、拓宽融资渠道和聚集创新驱动增长动力上的作用，大力推动本地企业改制上市，完善现代企业制度；并帮助现有上市与非上市企业家提高经营管理能力，建议采取以下具体措施：

第一，围绕公司上市经营加强企业管理人员的培训工作。要以企业上市、创业与企业经营管理、企业转型升级发展等为重点内容，采取政府直接组织、教育培训服务外包等多种组织方式，采用线上线下课堂学习、座谈会以及去优秀企业考察等多种学习方式，加强对本地企业家、企业管理人员、创业者的企业经营能力培训工作，提高其现代化和全球化的创业、经营能力及企业家精神，帮助它们更好适应经济发展新常态。

第二，按照法律法规严格规范设立股份公司。要根据《中华人民共和国公司法》等法律法规，做好新的股份公司设立工作；鼓励现有企业向股份公司转制发展，为公司将来的上市做好准备。

第三，在本地各优势发展行业，动态性选取重点培育上市企业。结合黄河三角洲发展具有优势的制造业、农林牧渔、建筑业等行业，根据企业发展经营情况、本地产业政策和中国证券会对公司首次公开发行股票并上市的条件要求，动态性选取上市重点培育企业，大力推动其上市经营。

第四，对确定为重点培育上市的企业，提供相关的政策支持。利用现有财政建立企业上市补助金和奖励金，对企业因上市规范、资产重组、调整账务等方面形成的新增税收及发生的其他费用，给予一定的补助；根据企业上市过程，分阶段给予企业及贡献突出的个人以奖励资金；鼓励企业通过买壳、购并等方式上市，对将上市公司注册地迁入本地的企业给予奖励。在不违犯国家相关政策的前提下，优先保障上市重点培育企业的用电、用地等资源供给。积极支持这些企业在“黄三角”区域内跨区域重组。政府要开辟企业上市相关审批的“快速通道”，建立企业上市定期报告和重大事项报告制度，支持建立企业上市支撑伴随系统，从企业选定为重点培育上市公司开始，到公司最终上市，全程提供专业咨询和相关服务；政府要加强与上海证券交易所、深圳证券交易所等相关机构与行业专家的合作，共同推进本地区企业上市工作。

第五，鼓励支撑企业上市的相关机构、人才到本地发展，建立企业上市支撑伴随系统。要鼓励具有证券从业资格的会计事务所、律师事务所、券商、创投等机构到本地区发展或开展业务，大力培育和引进证券高级人才。

第六，鼓励企业在新三板及区域股权交易市场上市。要拓宽融资渠道，鼓励一些具有发展活力的中小企业积极在新三板及区域股权交易市场上市，并对照以上相关支持措施，为企业提供相应服务。

第七，支持现有上市公司兼并重组，在本地区发挥更大作用，做大做强。要促进现有上市公司利用证券市场的融资机能，拉长产业链发展或者多元化发展，通过兼并重组，做大做强，发挥龙头企业的作用，带动本地产业集聚、集群发展，提高经营效率。

第五节 小结

在我国经济进入新常态的背景下，本章使用上市公司的年报数据，对黄河三角洲地区上市公司 2014 年的发展情况进行年度总结汇报。从年度总结中发现，黄河三角洲地区经济总体欠发达，地区发展不平衡；上市公司所属行业相对集中，覆盖面狭窄；经营情况总体表现不景气。针对这些问题，本研究认为黄河三角洲地区的政府部门需要大力推动本地企业改制上市，帮助现有上市与非上市企业家提高经营管理能力，建议采取以下具体措施：围绕公司上市经营加强企业管理人员的培训工作；按照法律法规严格规范股份公司设立；在本地各优势发展行业，动态性选取重点培育的上市企业；对确定为重点培育上市的企业，提供相关的政策支持；鼓励支撑企业上市的相关机构、人才到本地发展，建立企业上市支撑伴随系统；鼓励企业在新三板及区域股权交易市场上市；支持现有上市公司兼并重组，在本地区发挥更大作用。

/ 第七章 /

新常态下黄河三角洲地区企业家能力提升研究

万俊斌 陈志*

在我国进入经济中高速增长、经济结构不断优化升级、增长动力转向创新驱动的经济发展新常态的背景下，企业作为构成国家经济的基本细胞，只有实现了自己的转型升级才能保障国家经济形成创新驱动、实现经济结构优化升级、支撑经济中高速增长。而企业家作为企业的领导者，在领导企业转型升级过程中，需要首先实现自身能力的提升。因此，本研究以新常态下黄河三角洲地区企业家能力提升为中心，分析了企业转型升级、企业家能力的内涵及提升方式的相关理论，然后以“黄三角”地区魏桥集团和国强集团的转型升级发展为案例，回顾了它们转型升级发展的历程，分析了企业家能力在两家企业转型升级中发挥的作用，总结出在企业转型升级中，政府应该协助企业家提升哪些方面的能力，并具体提出了在协助提升这些企业家能力上，政府应该采取的相关措施。

第一节 绪论

近年来，由于我国环保意识和相关要求的提高、土地与劳动力等生产要素综合成本的上涨、总体投资效率的下降，以及部分行业产能过剩问题突出、欧美国家经贸复苏艰难、投资保护主义抬头，我国经济发展环境发

* 万俊斌，山东大学山东发展研究院，博士、讲师；陈志，山东大学经济研究院研究生。

生了重大变化，经济发展进入新常态。为了解决经济环境中的突出矛盾，实现经济可持续发展，我国必须转变经济的发展方式。[①]因而，从中央到地方，各级政府开始以经济的主体领域——工业领域为重点，推行产业转型与升级，领导中国经济转型发展。2011 年 12 月，国务院发布《关于印发工业转型升级规划（2011–2015 年）的通知》[②]，从国家层面规划我国工业的转型升级；2015 年 5 月公布《中国制造 2025》，提出中国建设制造强国三个十年的“三步走”战略。在地方层面，2013 年以来，山东省陆续发布《山东省六大传统产业转型升级指导计划》[③]《山东省推进工业转型升级行动计划（2015–2020 年）》[④]以及山东省 22 个重点行业转型升级实施方案。黄三角地区，滨州市 2014 年出台了《关于加快推进工业转型升级的若干意见》[⑤]、《滨州市五大传统产业转型升级行动计划》[⑥]；东营市 2015 年出台了《关于推动工业转型升级的指导意见》[⑦]。

为了落实以上产业转型升级相关政策，实现经济可持续发展，必须要不断提升企业家能力，实现企业家能力的转型升级。企业是产业的具体构成，是国家经济的微观基础。国家推动经济、产业的转型升级，最终是要推动企业的转型升级。企业家作为企业发展的领导者，在企业转型升级发展中发挥领导作用，企业家能力的强弱将直接影响到企业转型升级发展的全过程，是决定企业转型升级成功与否的关键因素之一。根据许爱玉（2010）[⑧]的观点，我国社会环境的变化、企业发展阶段的变化，要求企业家能力发生相应的转型和提升，特别是还有很多企业家文化程度相对较低，思想观念相对落后，对企业家的角色认识不够清晰，人文精神相对薄弱，企业家能力转型升级的需求非常迫切。因此，要实现产业和经济转型升级，必须推动企业的转型升级，要实现企业的转型升级，必须提升企业家能力。《山东省推进工业转型升

① 赵昌文，许召元．国际金融危机以来中国企业转型升级的调查研究[J]. 管理世界，2013(4):8.
② 国务院《工业转型升级规划（2011—2015 年）》（国发〔2011〕47 号）.
③ 山东省人民政府办公厅《山东省六大传统产业转型升级指导计划》（鲁政办发〔2013〕37 号）.
④ 山东省人民政府办公厅《山东省推进工业转型升级行动计划(2015–2020 年）》(鲁政办发〔2015〕13 号).
⑤ 滨州市委、市政府《关于加快推进工业转型升级的若干意见》(滨发〔2014〕17 号).
⑥ 滨州市政府《滨州市五大传统产业转型升级行动计划》（滨政办发[2014]24 号）.
⑦ 东营市委、市政府《关于推动工业转型升级的指导意见》（东发〔2015〕5 号).
⑧ 许爱玉．企业家能力转型研究——以浙商为例[J]. 商业经济与管理，2010(7):31.

级行动计划 (2015-2020 年)》提出要“加快建立完善符合市场经济要求的企业家培养、选拔、激励、监督和服务机制，打造一支掌握现代经营理念，具有全球视野和国际竞争力的现代企业家队伍”。《滨州市五大传统产业转型升级行动计划》提出“以培养职业经理人为重点，造就全球视野、管理创新能力和社会责任素质的优秀企业家及经营管理者”。东营市《关于推动工业转型升级的指导意见》提出要“制定企业家培训计划，对全市规模以上工业企业负责人开展分行业、分梯次、长期系统培训”。可以发现，在转型升级中，政府也注意到企业家能力提升的重要性，把培育优秀企业家作为重要目标。因而，新常态下，在企业转型升级的过程中，如何提升企业家能力成为各级政府面临的重要课题，“黄三角”地区也不例外。

本章将从理论上分析企业转型升级、企业家能力的内涵，以“黄三角”地区代表性企业转型升级发展为案例，分析其转型发展过程中企业家能力发挥的作用，提出在企业转型升级发展中需要依托的企业家能力，以及在这些企业家能力的培育上黄河三角洲地区相关政府可以制定的政策性措施。

第二节 企业转型升级与企业家能力的理论分析

一、企业转型升级的内涵

目前相关文献分别定义过企业转型、企业升级、企业转型升级的概念。从转型层面看，Hammer & Champy(1993) [①]认为，企业转型是指企业为了生存或者更好地发展，在重新思考和检讨传统的功能式组织结构的基础上，通过企业的管理改革，从而使组织在成本、质量及服务等绩效指标上，获得跳跃式改进的过程。Blumenthal &

① Hammer, M. & Champy, J., Reengineering the Corporation: A Manifesto for Business Revolution, London: Nicholas Brealey Publishing Limited. 1993.

Haspeslagh(1994)[①]把企业转型理解为组织变革和企业再造，强调企业转型是组织在认知上、思考上以及行为上的全新改变。吴家曦等(2009)[②]认为企业的转型就是一种状态向另一种状态的转变，包括企业在不同产业之间的转换和不同发展模式之间的转变。从升级层面看，Gereffi(1999)[③]认为，企业升级是一个企业或经济体提高迈向更具获利能力的资本和技术密集型经济领域的能力的过程。Kaplinsky(2001)[④]把企业升级看作是企业制造更好的产品、更有效地制造产品或者是从事需要更多技能的活动。Poon(2004)[⑤]把企业升级定义为制造商成功地从生产劳动密集型低价值产品向生产更高价值的资本或技术密集型产品这样一种经济角色转移过程。除此以外，还有些学者直接对企业转型升级进行定义，赵昌文和许召元（2013）[⑥]就提出企业转型升级是指企业通过组织重构、管理变革和发展模式的转变，实现由低技术水平、低附加价值状态向高技术水平、高附加价值状态演变的过程。毛蕴诗等（2015）[⑦]认为企业转型升级是企业为提高持续竞争能力以及产品、服务的附加价值，寻找新的经营方向而不断变革的过程，是产业转型升级的微观层面和最终落脚点。

综合以上定义，可以认为，企业转型升级一般包括两个方面。一个方面是企业转型，让企业在组织结构、管理、发展模式、经营的产业等方面发生转变；还有一方面是升级，让企业减少生产劳动密集型低价值产品，生产更多更高价值的资本或技术密集型产品，实现企业在产业链和价值链位置的提升，企业转型升级的目的是为了更好地生存和发展。

---

① Blumenthal B, Haspeslagh P., Toward a Definition of Corporate Transformation, Sloan Management Review, 1994, 35(3):101-106.
② 吴家曦，李华燊．浙江省中小企业转型升级调查报告 [J]．管理世界，2009(8): 1.
③ Gereffi G., International Trade and Industrial Upgrading in the Apparel Commodity Chain, Journal of International Economics, 1999, 48(1):37-70.
④ Kaplinsky R, Morris M., A Handbook for Value Chain Research, Ottawa: IDRC, 2001.
⑤ Poon T S C., Beyond the Global Production Networks: a Case of Further Upgrading of Taiwan's Information Technology Industry, International Journal of Technology and Globalisation, 2004, 1(1):130-144.
⑥ 赵昌文，许召元．国际金融危机以来中国企业转型升级的调查研究 [J]．管理世界，2013(4):9.
⑦ 毛蕴诗，张伟涛，魏姝羽．企业转型升级：中国管理研究的前沿领域——基于 SSCI 和 CSSCI(2002—2013 年）的文献研究 [J]．学术研究，2015(1):75.

二、企业家能力及企业转型升级时期企业家能力的提升

企业家是具有领导才能、战略眼光、理性思维、社会资本、组织能力、市场意识，敢于承担风险并对企业负长期责任的企业所有者。①企业家能力是指企业家在创业、守业、展业过程中所独自拥有的个人主观条件。②在企业家能力的具体表现上，研究者的观点比较多样。比如，程博等（2010）③认为企业家能力的因子维度包括管理能力、决策能力、创新能力、关系能力、学习能力这几大方面。于东平等（2012）④通过文献分析，提出企业家能力应该包括机会能力、关系能力、概念能力、组织能力、战略能力、承诺能力、学习能力、技术能力、个人素质九个维度。刘芳等（2014）⑤把企业家能力分为发现机会能力、组建关系网络能力、整合资源（管理）能力、创新能力、战略能力、学习能力以及压力承受能力等等。代吉林等（2015）⑥认为企业家能力并不是某一种能力，而是多种能力的集合，是一能力束，不同企业家在这种能力构架或能力束上又会表现出一定差异性，但一般包括战略能力、组织管理能力、创新能力、学习能力、关系能力等几大维度。

在企业转型升级时期，企业家的能力也需要相应的转型或提升。企业的转型升级由企业家来领导，其核心动力来自于创新。如图 7-1 所示，企业家基于自己的能力，通过创新性思考和战略决策等行为形成企业的创新能力以及领导企业的创新行动，让企业通过创新实现转型升级。所以，企业要转型升级，就必然要求企业家能力实现提升。根据许爱玉（2010），在企业转型升级的特定时期，企业家能力主要体现在认清宏观形势，把握发展大局，创新企业的产权、组织结构，建立和完善现代企业制度，加快产品升级换代，创造新的市场需求，确定企业的发展方向和目标，对企业注入思想、灵魂，建立有效的计划、组织、指挥、控制机制，团结和带领

① 杨鹏鹏，万迪昉．企业家的涵义探析 [J]. 生产力研究，2005(3):9.
② 许爱玉．企业家能力转型研究——以浙商为例 [J]. 商业经济与管理，2010(7):31.
③ 程博，李秉祥．基于解释结构模型方法的企业家能力因子分析 [J]. 西安理工大学学报，2010,26(2):240.
④ 于东平，段万春．企业家能力概念及维度研究述评 [J]. 技术经济，2012(6):57.
⑤ 刘芳，梁耀明，王浩．企业家能力、关键资源获取与新创企业成长关系研究 [J]. 科技进步与对策，2014,31(8): 86.
⑥ 代吉林，高雯，张敏．科技型企业家能力特征研究——基于 147 份企业家调查问卷的比较分析 [J]. 科技进步与对策，2015,32(2):146.

员工应对各种市场风险，推动企业发展壮大等方面。许爱玉（2010）认为，企业转型升级中，最需要的企业家能力结构是创新能力、战略能力和管理能力。创新能力引领企业实现创业转型，战略能力引领企业实现战略转型，管理能力引领企业实现管理转型。因此，企业转型升级时期，需要以创新能力、战略能力和管理能力为重点，推进企业家能力的转变和提升，以此引领企业的转型升级。在这一过程中，企业家自己要从模仿型、战术型、个众型向创新型、战略型、合众型转变，也需要社会、政府、企业在完善制度、健全机制、加强培训、营造氛围等方面的共同努力。

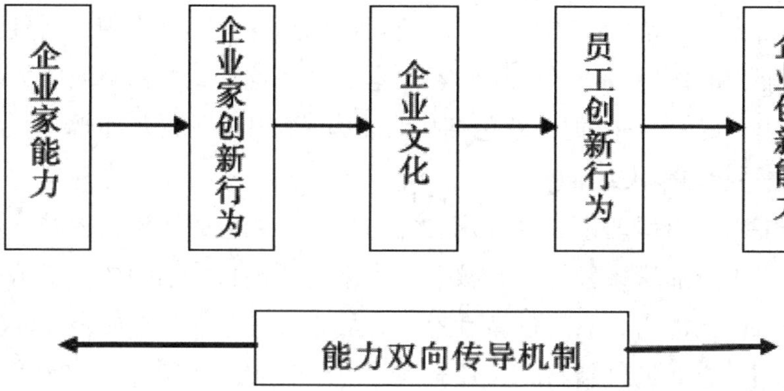

来源：赵炜．基于企业创新能力的企业家能力研究——一个理论分析框架[J]. 现代经济信息,2011,(24).

图 7-1　企业家能力与企业创新能力双向传导机制

三、提升企业家能力的方式

对于企业家的能力提升方式，根据现有文献，苗青等(2003)[①]提出培育、选拔、竞争、激励与分配制度相关联是提升企业家能力的主要方式。郑勇军等（2010）[②]认为地方政府的政策支持、集群环境、文化传统是影响企

① 苗青，王重鸣．企业家能力：理论、结构与实践[J]. 重庆大学学报：社会科学版,2003(1):131.
② 郑勇军，孙宁．浙江商业集群中企业家能力提升机制研究[J]. 江苏商论,2010(4):95.

业家学习的因素，企业家要通过参加学校、政府、商会等组织的学习与培训、通过企业日常经营活动，模仿成功者，基于关键实践提升个人能力。欧雪银（2010）①提出企业家能力提高的渠道是创业者在干中学，通过组织行业协会培养人才，加强创业管理培训。于斌斌等（2014）②提出要建立和健全企业家培训制度，注重企业家的合作创新能力，完善和规范职业经理人市场。

第三节 “黄三角”区域企业转型升级与企业家能力的案例分析

一、魏桥创业集团有限公司的转型升级与企业家能力

魏桥创业集团有限公司位于鲁北平原南端，紧靠济南空港、青岛海港和胶济铁路、济青高速公路，濒临黄河，前身为一个只有60多名职工的小型油棉加工厂。自1981年开始，经历34年的创新与发展，目前已发展成为一家拥有控股子公司魏桥纺织和关联上市公司中国宏桥的企业集团。魏桥集团现在有邹平、魏桥、滨州、惠民、阳信、沾化、北海、威海、印尼、几内亚10个生产基地，16万名员工，1500亿元总资产，集“纺织－染整－服装、家纺”产业链及“热电－氧化铝－原铝－高精铝板带、新材料”产业链于一体，是世界上最大的棉纺织企业和铝业生产企业。2014年实现营业收入457.57亿美元、净利润11.50亿美元。自2012年开始连续4年入选世界500强，2015年跃居第234位，比首次上榜提升了206个位次；2015年还分别位列中国企业500强第41位、中国制造业企业500强第12位、中国民营企业500强第4位、山东省百强企业第1位。“魏桥”品牌连续12年入选《中国500最具价值品牌》排行榜，2015年以高达390.26亿元的品牌价值名列第66位。③

① 欧雪银．企业家能力对企业绩效的影响[J].湖南师范大学社会科学学报,2010(6):113-115.
② 于斌斌，胡汉辉．企业家能力与集群竞争优势：基于越商群体的实质研究[J].科技进步与对策，2014,31(8):145-151.
③ 魏桥创业集团官网，http://www.weiqiaocy.com/cn/about.aspx；李劼，张红亮．新晋铝业巨头——魏桥创业集团的创新发展模式[EB/OL]．中国有色网转自《中国有色金属报》，http://www.cnmn.com.cn/ShowNews1.aspx?id=319411,2015-05-27/2015-11-10；黄平义．“魏桥”品牌价值列《中国500最具价值品牌》第66位[EB/OL]．中国有色网转自《中国有色金属报》，http://www.cnmn.com.cn/ShowNews1.aspx?id=321550,2015-06-23/2015-11-12.

表 7-1　　魏桥集团的转型发展历程

时间	转型发展行动
1981 年后	棉油厂在棉花加工行业第一个走出去收购大豆、花生、棉籽加工油料
1986 年	建立毛巾厂，该厂当年实现利润 25 万元
1989 年	建成万吨纱锭的纺纱厂，之后又筹资 6000 万元成 3 万多枚纱锭的棉纺厂和 336 台织机的织布厂
1994 年	创建邹平县魏桥棉纺织厂
1994 年	成立山东宏桥，主要从事生产及分销坚固尼及色织布
1993—1997 年	先后投资 3.3 亿元，使棉纺织能力扩大到 28 万锭
1998 年	收购巨亏的国企滨州一棉，能力扩大到 33 万锭；魏桥棉纺织厂改组为魏桥纺织集团
1999 年	成立电厂，形成热电联产模式，解决了电力供应，进入了电力行业，大大减低企业运营成本
2001 年	进入铝业领域
2002 年	铝电成立，其业务范围包括生产热电
2003 年	魏桥纺织集团更名为魏桥创业集团；9 月魏桥股票在香港成功上市；次年 5 月在港首次配售成功，两次总计募集资金 30 亿港币
1998—2003 年	5 年内投入 170 亿元，将纱锭从 33 万枚增加到 500 万枚，织机从 4000 台发展到 42000 台
2005 年	投入 70 亿元巨资，扩建纺织印染服装系列项目；进入氧化铝领域
2011 年	3 月 24 日，中国宏桥集团有限公司 (01378.HK) 在香港联交所挂牌上市，进入高精铝板带箔、新材料领域
2014 年	进入采矿领域，建成铝产业形成了上下游业务配套平衡的完整产业链

来源：魏桥创业集团官网， http://www.weiqiaocy.com/cn/about.aspx; 中国宏桥集团有限公司， http://www.hongqiaochina.com/；新浪财经《财经面对面》，对话张士平 [EB/OL].http://video.sina.com.cn/p/finance/o/20140416/174663749767.html ,2014-04-16/2015-09-07;MBA 智库百科 ,http://wiki.mbalib.com/wiki/ 山东魏桥创业集团有限公司 ; 鲁北晚报 , 援建滨州青岛人 - 魏桥起步一棉功不可没 , http://lbwb.bzcm.net/content/2014-07/14/content_1529807.htm,2014-0714/2015-09-25; 毕亚军 , 他如何在一个小县城，把企业做到比万达、阿里还要大 [EB/OL]. 华商韬略 , http://www.jiemian.com/article/369269.html,2015-09-02/2015-10-10; 作者整理 .

表 7-1 是魏桥集团转型发展的历程，从表中可以看到，自 1981 年以来，魏桥集团从邹平县第五油棉厂发展成现在的魏桥创业集团及其关联公司中国宏桥集团，企业在体制机制上由供销联合社全资拥有的油棉厂转型发展成现在的民营集团有限公司，实现了企业组织结构、管理体制机制等方面的转型升级；在具体业务上由棉花加工业转型升级到棉纺织和铝产品制造业两大产业链板块。在魏桥转型发展的具体行动中，董事长张士平发挥了核心的领导作用。他于 1981 年任邹平县第五油棉厂厂长，1994 年任邹平县魏桥棉纺织厂厂长，1998 年任山东魏桥纺织集团有限责任公司董事长，2003 年至今任山东魏桥创业集团有限公司董事长①。作为企业核心创始人和领导人，他在企业转型升级发展实践中充分展现了优秀的企业家能力和领导作用，主要表现在表 7-1 所示几大方面。

1. 展现出企业家“为国创业、为民造福”的理想信念和“实业报国”的崇高追求。

企业转型升级的根本动力来源于企业家兴办企业的精神追求，企业在发展中展现出来的企业责任和核心价值观来源于企业家的社会责任感和核心价值观。企业家张士平是中共党员，当过全国劳动模范和人大代表，他认为其不停地发展企业的目的是“为国创业、为民造福”，即，为社会创造财富，安排社会就业，向国家多交税收；他认为做企业要让职工平均性的都富裕起来②。他提出要做强实体经济，第一点就要有实业报国的追求，他强调，“这些年来，为国创业，为民造福，始终是我们坚定不移的理想信念，始终是我们矢志不渝的价值追求，始终是我们前进发展的强大动力。这种强烈的爱国主义情怀给了我们坚定的信念、顽强的毅力和不屈的性格。正是因为有了这种力量，我们才能在保持棉花行业优势的同时，加强纺织等产业，进一步夯实了魏桥创业在全国乃至全球发展当中的领先地位，为建设现代化纺织强国

① 对话张士平 [EB/OL]. 新浪财经《财经面对面》,http://video.sina.com.cn/p/finance/o/20140416/174663749767.html ,2014-04-16/2015-09-07.
② 同上。

贡献力量。正是有了这种力量，我们才能构筑起热电、氧化铝等新材料的产业链，为国内产品供给，提升民族产业不懈努力”。[①]可以看出，企业家“为国创业、为民造福”的理想信念、“实业报国”的崇高追求是魏桥不停转型发展中的动力来源。

2. 展现出拼搏进取，求实创新，快速高效，勇争一流的企业家精神。

魏桥集团企业提出的企业精神是“拼搏进取，求实创新，快速高效，勇争一流”。[②]这一企业精神也反映了其核心领导人张士平的企业家精神。在魏桥集团三十多年的转型升级发展中，张士平不断提高发展目标，争取竞争发展主动权，领导企业一路拼搏进取，勇争第一。1981 年，升任邹平县第五油棉厂厂长后，企业在管理上最早推行干部能上能下，工人能进能出，工资能高能低的试点；在行业转型上，最早从棉花加工拓展到油料加工，1984 年成为全国供销工业利润第一名；[③]张士平带领魏桥集团在 2005 年发展成为全球最大的棉纺织企业，2015 年成为世界最大的铝生产商。[④]在企业转型升级中，张士平领导的企业求实创新，快速高效。1985 年，棉花销售困难，张士平领导企业建立毛巾厂，逐步进入毛纤、纺纱和织布领域；[⑤]上世纪 90 年代末，魏桥集团为了避免电力供应紧张对企业的影响，开始自建电厂；在生意布局上，他专注于实业，规定上市所募集的资金必须用于扩大生产，发展经济。在企业效率上，邹平工业园在装机容量 18 万千瓦的热电厂时，不到 10 个月就运行发电，与国内同规模热电厂相比，建设速度加快了 1 倍；与国家电力部同等规模机组投资概算定额相比，投资减少了 1 倍；氧化铝一期工程从建设到投产，仅用了 8 个月时间，创造了全国氧化铝建设史上的奇迹，并且产品当年

① 张士平. 转型升级是企业头等大事 [EB/OL]. 新浪财经，http://finance.sina.com.cn/hy/20140818/120420042813.shtml, 2014-08-18/2015-09-11.

② 魏桥创业集团有限公司的企业文化，http://www.weiqiaocy.com/cn/culture.aspx.

③ 对话张士平 [EB/OL]. 新浪财经《财经面对面》,http://video.sina.com.cn/p/finance/o/20140416/174663749767.html ,2014-04-16/2015-09-07.

④ 李卓，刘京青. 另眼看魏桥：不一样的“铝市”春秋 [EB/OL], http://www.cnmn.com.cn/ShowNews1.aspx?id=329701, 2015-10-20/2015-11-20.

⑤ 毕亚军，他如何在一个小县城，把企业做到比万达、阿里还要大 [EB/OL]. 华商韬略，http://www.jiemian.com/article/369269.html, 2015-09-02/2015-10-10.

打开市场，当年实现产销平衡。[①]

3. 展现出企业家高超的全球化市场研判和国家政策把握能力。

市场在资源配置中发挥重要作用，企业生产需要围绕市场进行，企业家需要有高超的市场研判能力。魏桥集团提出“销售围绕市场转，生产围绕销售干，供应围绕生产办，计划围绕效益变”的企业经营方针，[②]将市场作为销售、生产、供应的出发点。1993 年到 1997 年棉纺织市场两次跌入低谷，全行业连续亏损 6 年，国家在这时期开始在纺织业实行限产压锭政策，但魏桥集团张士平却判断当时中国面纱出口还小于进口，国内市场并没有饱和，关键是要发挥自身优势，把来自国外的面纱挤出去，所以，他决定收购破产企业出卖的设备和厂房，继续产业扩张。后来，又抓住国家棉花生产发展和加入 WTO 的机会，加快纺织规模扩张，到 2006 年已经成为世界上最大的棉纺织企业。在进入铝产业时，张士平也准确分析出中国重工业化和城市化会带来对电解铝的强劲需求。

国家政策对产业发展有重大的影响，魏桥的转型升级体现了张士平对政策精准的把握能力。上世纪 80 年代初，张士平准确了解了农副产品购销调整政策，带领棉油厂从棉花加工行业第一个走出去收购大豆、花生、棉籽加工油料；90 年代，抓住经济体制转轨和国企改革的机遇，将原来由政府主导的油棉厂改制成民营的魏桥创业集团；[③]还有魏桥巧妙避开了国家在棉纺业限产压锭政策的影响，逆势推行企业扩张；并根据用电量达到一定规模的企业可以自建电厂的有关政策建立了自己的电厂，大大节省了企业生产成本。近几年来，又在国家产业转型升级相关政策的指导下，推行企业的转型与升级发展。

---

① 屠雯，薛璇，黄平义．魏桥少帅——访中国有色金属工业协会副会长、魏桥铝电公司董事长张波 [EB/OL]. 中铝网转载自中国有色金属网 ,http://news.cnal.com/enterprise/2015/06-25/1435204345408649.shtml,2015-06-25/2015-09-11.

② 魏桥创业集团有限公司企业文化，http://www.weiqiaocy.com/cn/culture.aspx.

③ 毕亚军，他如何在一个小县城，把企业做到比万达、阿里还要大 [EB/OL]. 华商韬略，http://www.jiemian.com/article/369269.html，2015-09-02/2015-10-10.

4. 展现出企业家强烈的竞争意识和创新性的竞争战略选择决断能力。

魏桥集团以全球战略眼光，瞄准国内外市场开展竞争。在国内外竞争中，张士平带领魏桥集团转型发展，逆势而上，全产业链竞争，实施科技兴企战略，取得了巨大的竞争优势。首先是转型发展战略。1981 年，张士平领导棉油厂走出去收购大豆、花生、棉籽加工油料，1985 年筹建毛巾厂，从原来的收棉花、加工棉花、卖棉花转向做棉织品，创新地实施了企业转型发展战略。

在企业扩张发展时期，魏桥集团又实行了逆势而上的战略。90 年代开始，全国棉纺织业产能相对过剩，国家开始压锭限产，但魏桥却逆势推行扩张，兼并亏损巨大的滨州一棉；2005 年，实行了 40 年之久的全球纺织品配额制度寿终正寝，面对动荡的国际市场，魏桥创业集团出人意料地投入 70 亿元巨资，扩建纺织印染服装系列项目。①

在企业的国内外竞争中，魏桥推行了全产业链竞争战略。几十年来，魏桥集团逐步建立了“纺织－染整－服装、家纺”“热电－氧化铝－原铝－高精铝板带、新材料”两大产业链，并且自建电厂，为两大产业链提供电力，降低了整个企业的运营成本，推行全产业链竞争战略，获得了成本、品质、效率等方面的竞争优势。

多年来，魏桥创业大力实施科技兴企战略，坚持把技术创新作为转型升级的核心动力和中心环节，不断加大科技投入，加强创新平台建设和产学研合作，着力增强技术研发能力，持续推动产业产品结构优化升级，使企业步入了创新驱动、内生增长的良性发展轨道。集团与东北大学设计研究院、中南大学等大学院校、科研院所保持长期的战略合作关系，加强产学研全方位合作。2014 年 12 月投产的全球首条全系列 600 千安特大型阳极预焙铝电解槽，就是产学研合作的重要成果，2015 年 6 月 5 日通过了中国有色金属工业协会科技成果评价，整体技术达到了国际领先水平。集团投资 200 亿元建设的年产 76 万吨高精铝板带生产线，采用国际先进的

① 孟杰，李文友．独家揭秘魏桥帝国 [EB/OL]. 英才，http://www.talentsmag.com/article.aspx/5560/1,2013-07-02/2015-09-02.

铝液直接熔炼铸锭－热连轧－冷轧－精整生产工艺，全部引进世界上最先进的高精度、高自动化轧机，工艺技术和自动化控制均达到了国际领先水平。[①]

魏桥集团采取的以上竞争战略，展现了集团领导者张士平强烈的竞争意识和创新性的竞争战略选择决断能力。张士平自己也强调“要有加快发展的竞争意识”“市场经济的发展，有了竞争才能不断的进步，才能更好的优胜劣汰。要想在竞争当中取胜，要坚决的克服困难。”[②]

5. 展现出企业家的资金融通能力。

魏桥集团从1981年就开始了转型发展，在这个过程中，资金是实现转型发展的推动力量。当时，推行榨油项目时，厂里的职工集资10万元买了两套榨油设备，1985年开始筹建毛巾厂时，职工又集资89万买了52台织机。1992年下半年，国家财政金融政策适度从紧，魏桥集团兴办了8家合资企业，直接利用了外资，提高了技术，开拓了国际市场，并将魏桥创业的产业链条延伸到色织、印染、服装等深加工领域。[③] 2003年9月，魏桥股票在香港上市，到次年上半年，融到外资5.15亿美元。2011年3月24日，中国宏桥集团有限公司在香港联交所挂牌上市，该年度，中国宏桥进入高精铝板带箔、新材料领域。[④]

上文提到的魏桥集团集资、合资、上市的三种融资方式，展现魏桥企业家的资金融通意识、能力和胆识。

6. 展现出企业家的企业管理能力。

魏桥集团的企业治厂方针是“管理从严，生产抓紧，质量从优，经营

① 2015中国铝加工产业技术创新交流大会在滨州召开[EB/OL]. 山东魏桥创业集团有限公司公司新闻,http://www.weiqiaocy.com/cn/newsShow.aspx?id=2301,2015-09-21/2015-09-23.

②张士平. 转型升级是企业头等大事[EB/OL]. 新浪财经,http://finance.sina.com.cn/hy/20140818/120420042813.shtml,2014-08-18/2015-09-13.

③ 周夫荣，严凯. 解密斗胆从“电老虎”口中夺食的山东首富张士平[EB/OL]. 网易财经转载自中国企业家（北京）,http://money.163.com/15/0903/12/B2JBEJS500253G87.html,2015-09-03/2015-10-01.

④ 山东魏桥创业集团有限公司,MBA智库百科，http://wiki.mbalib.com/wiki/山东魏桥创业集团有限公司.

搞活，生活关心”。[①]这一治厂方针，从企业管理、生产组织、产品质量、经营思路、职工生活五个方面提出了明确要求，比较全面地反映了企业家企业管理上的思路。另一方面，30多年来，魏桥集团从一个供销社所属的棉油厂发展成包含上市公司在内的集团有限公司，实现了企业管理制度的变革，企业管理更加现代化，这一过程也是企业家管理思维自我革新的过程，不但体现了企业家先进的企业管理思想，也进一步提升了企业家管理企业的能力。

张士平也认为，管理是企业发展的永恒主题，魏桥始终把科学管理和风险管控作为发展的重要抓手，逐步建立了一整套完善的科学管理和风险管控体系，有利地支撑并推动了企业的快速、高质量、健康、安全发展。在战略规划、项目决策、能源供应、物资采购、市场营销、生产计划、人力资源、财务信息化建设等十大方面实行了高度统一的管理体制，加强了集团总部的控制力。依托有效的组织控制，形成了一系列的经营管理模式。在保持和发扬自身管理特征的同时，注重学习借鉴国内外先进管理经验，查找差距，不断使生产管理水平迈上新台阶，促进了增产、增收和增效。所以，魏桥的铝业交流电荷1660度，制造成本在全国同行业始终保持最低水平，这是企业在激烈的市场竞争中立于不败之地的重要法宝之一。[②]

7. 展现了企业家对转型升级的认识。

如前文所述，魏桥的发展史中，转型升级贯彻始终，反映了企业家张士平的企业转型升级发展的意识。张士平认为，无论是从资源有效利用、产业链延伸、产品附加值提高、新产业配备上，还是从企业效率和效益的统一来看，转型升级都是事关企业创新的头等大事。这些年来，魏桥集团加快转变发展方式，注重加大资金投入，不断推进先进技术装备和新型技术持续利用，优化产业产品结构，使企业始终保持着强大的竞争实力。在技术装备方面，全面引进国际先进技术，自动化、连续化、智能化水平不

① 魏桥创业集团有限公司企业文化[EB/OL].http://www.weiqiaocy.com/cn/culture.aspx.
② 张士平.转型升级是企业头等大事[EB/OL]. 新浪财经,http://finance.sina.com.cn/hy/20140818/120420042813.shtml,2014-08-18/2015-09-13.

断提高，三位一体的比例远远高于国内同行业的平均水平。棉花的生产采用世界上先进的工艺，新材料的生产采用国际先进的生产工艺，全部引进世界上最先进的高精度、高自动化设备。在工艺基础和自动化控制上，全部达到了国际先进水平。在产业链延伸方面，形成了纺织、铝业两条完整的产业链，构筑起了适应性和竞争力强、技术附加值高的产业链和产品结构，达到了综合竞争优势，在各地形成了独具特色的纺织、铝业产业集群。在技术创新方面，不断加大技术研发投入，研发投入占销售收入的比重连续多年超过3%，2013年达到了3.64%。每年自行设计开发各类高技术含量、高档次的产品4千多个，纺织产品涵盖了1万多个品种。近几年，共有95项创新成果获得了国家专利，自主研发的防病毒、功能性面料和永久免烫面料填补了国内的空白。铝加工方面，相继完成了很多产品的开发和生产，开发的产品广泛用于航空、航天及特殊高档铝合金钢等高档产品当中。①

面对未来，张士平对魏桥的转型发展方向也有清晰的认识。魏桥集团目前正在积极调整产业结构，进一步拉长镦粗纺织、铝深加工产业链，积极向棉纺深加工、铝深加工、新材料等领域拓展，持续提升产品附加值；在环境保护上，以严于国家标准的标准排放。

二、乐陵国强投资控股集团有限公司的转型升级与企业家能力

乐陵国强投资控股集团有限公司（下称“国强集团”）成立于1998年8月，原名国强五金集团有限公司，是国内建筑五金行业领军企业。2012年，亚萨合莱集团收购国强集团五金产业，国强集团出租厂房、土地、办公等基础设施给亚萨合莱，真正实现了强强合作共同发展。目前集团公司旗下还拥有以高科技无机高效热管技术、节能科技产品为主业的山东博源热能科技有限公司，以高科技、绿色有机农业为主业的乐陵市源生态农业生物科技有限公司，以改善人类居住环境为主业的山东国强博源置业有限公司，还有集住宿娱乐于一体的三星级国强大酒店及驻外贸易公司等等。②

① 张士平，转型升级是企业头等大事[EB/OL]. 新浪财经,http://finance.sina.com.cn/hy/20140818/120420042813.shtml,2014-08-18/2015-09-13.
② 乐陵国强投资控股集团有限公司[EB/OL].http://www.guoqianggroup.cn/About.asp.

表 7–2 是国强集团的发展历程。

表 7–2 国强集团的发展历程

1998	8 月 2 日，乐陵市木器制造厂、宋国强等几位股东发起设立乐陵市国强五金制品有限公司，注册资本 266 万元，主营箱包五金、建筑五金、手袋五金等各类五金制品
1999	五金产品通过 ISO9001:1994 国际标准质量管理体系认证
2000	乐陵市国强五金制品有限公司注册资本由 266 万元增加到 580 万元；通过 ISO9001:2000 国际标准质量管理体系认证，实现产品结构调整，成为建筑五金“百强企业”
2001	乐陵市国强五金制品有限公司名称变更为乐陵市国强五金制品集团有限公司，公司注册资本由 580 万元增加至 8250 万元；同时在德州市注册成立“德州国强五金制品有限公司”，五金产业开始快速发展
2002	公司名称变更为“山东省国强五金制品集团有限公司”
2003	集团公司开始扩展投资范围，投资筹建国际先进的无机高效热管技术项目，从事高科技产业开发
2004	公司经营范围随产业扩展而增加，集团呈多元化发展
2005	公司产品门类不断增加，霸主地位不断巩固，家电类五金产品成为海尔集团 A 级供应商
2006	无机高效热管新型热管太阳能项目被科技部列入“国家火炬计划”，并获得山东省政府“山东省节能奖”；国强五金被认定为“中国驰名商标”
2007	公司规模扩大，名称经国家工商总局批准变更为“国强五金集团有限公司”
2008	集团投资高科技农业微生物肥产业，并成立以旅游观光农庄、源生态粮食蔬菜生产基地、德州乌驴繁殖基地、美国亚联微生物肥生产为主营的高科技农业产业
2009	在青岛成立国强五金制造基地“国强五金（青岛）公司”
2010	集团进行产业整合，将五金产业统一划归德州国强五金制品有限公司。整合后，集团公司不再从事五金业务。原集团五金业务与相关资产全部由德州国强五金制品有限公司承继
2011	德州国强五金制品有限公司整体改制为股份有限公司，名称变更为山东国强五金科技股份有限公司，注册资本 7000 万元，开始动工筹建目前国内最大的五金制造基地——国强五金工业园
2012	山东国强五金科技股份有限公司成功引进外资，变更为中外合作企业，完成国际化战略，公司名称变更为山东国强五金科技有限公司，公司资本与技术实力进一步增加；国内最大的五金制造基地——国强五金工业园建成投产

续前表

2013	山东国强五金科技有限公司全员动员，努力拼搏，超额完成了亚萨合莱集团为公司设定的经营指标，于6月份完成股份交割，变更为外商独资企业，完全共享了集团的优势资源，步入了国际化发展轨道

来源：乐陵国强投资控股集团有限公司 ,http://www.guoqianggroup.cn/About.asp; 国强五金 ,http://www.guoqiang.cn/cnwj/About.asp?–599.html; 作者整理。

在国强集团的发展历程当中，企业体制机制和主要业务转型升级贯穿企业发展全过程。从表 7–2 中和图 7–2 中可以看到，国强集团起源于乐陵木器制造厂，1998 年由乐陵市木器制造厂、宋国强等几位股东发起设立乐陵市国强五金制品有限公司，之后发展到投资控股集团有限公司。其在 2001 年设立乐陵市国强五金制品集团有限公司时注册成立的德州国强五金制品有限公司，十几年来也从有限公司转型发展到股份有限公司、中外合作企业和外商独资企业，走上了国际化经营轨道。在企业体制机制上，国强集团所属企业经历了多次转变。

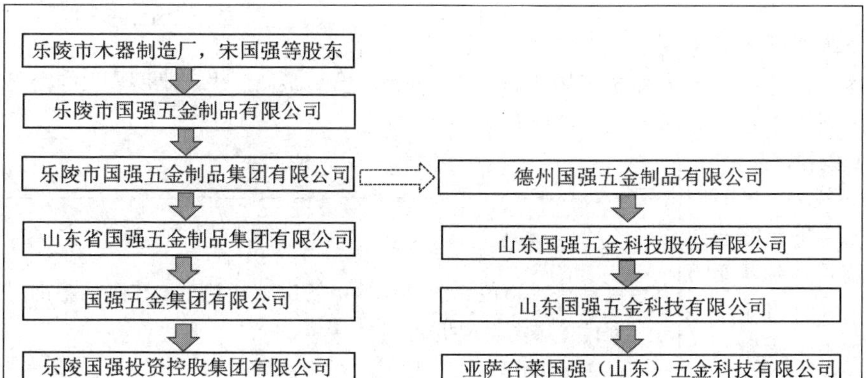

来源：乐陵国强投资控股集团有限公司 ,http://www.guoqianggroup.cn/About.asp; 国强五金 ,http://www.guoqiang.cn/cnwj/About.asp?–599.html, 作者整理。

图 7–2　国强集团的机制转型升级

在业务转型升级上，如表 7-3 所示，国强集团在成立之前，其源头性企业乐陵市木器制造厂就出现过在木器厂上纤维板生产线，以及从木制家具生意转行生产箱包五金的两次转型升级行动；在国强集团成立后，国强集团由单一的箱包五金延伸到建筑五金、家具五金、电子五金、汽车五金等几个系列，筹建了五金制造基地——国强五金工业园，推动了国强五金走向国际化，并在主攻有机农业、无机高效热管传热配件等行业相关业务。这个过程中，企业业务由家具制造相关产业转到五金产业再转到有机、生态农业，热传导等相关产业。在业务的转型发展中，企业迅速壮大，成为了一家多元化、国际化、绿色生态和高科技化发展的企业集团。

表 7-3 国强集团的业务转型升级

具体转型升级行动	转型或升级发展的原因
在木器厂上纤维板生产线	乐陵不出产木材，远离大城市，不靠近交通要道，生产木制家具有着诸多先天不足。木质家具技术含量低，行业准入门槛不高，家居木器的市场相对较小，入行的企业多如牛毛，竞争形势十分严峻
从木制家具生意转行生产箱包五金（高档箱包五金的密码锁产品）	纤维板市场利如薄纸，而技术含量最高、生产难度最大的密码锁几乎全部依赖进口
由单一的箱包五金延伸到建筑五金、家具五金、电子五金、汽车五金等几个系列	软包逐渐替代箱包，密码锁的市场也越来越小；在高档塑钢门窗五金配件等市场发现机遇
筹建五金制造基地	使五金产业集群化发展
推动国强五金走向国际化	国强五金与跨国大公司还有差距，需要资金和管理、技术上的支持。亚萨合莱能够在资金、生产技术与方法、研发、管理经验、销售渠道、品牌、人员培训等方面给予国强五金强大支持

续前表

具体转型升级行动	转型或升级发展的原因
主攻有机农业，无机高效热管传热配件等行业	有机农业方面：当地农业县的地域特点，有利于发展有机农业；中国在生产安全、高品质食品上有急切需要；国务院通过了《黄河三角洲高效生态经济区发展规划》，乐陵处于规划中的高效生态农业区，为发展有机农业带来机遇 无机高效热管传热配件方面：无机高效热管技术成果衍生的系列产品，应用领域广泛（如：太阳能、石油、化工、冶金、电力、电子、建材、冻土防治、道路溶雪及地板采暖等领域），技术先进

来源：赵志国,"农夫"宋国强：五金大王的 B 面 [EB/OL]. 中华建筑报 ,http://news.idoican.com.cn/zhjzb/html/2012-08/21/content_4298359.htm?div=-1,2012-08-21/2015-09-15; 王少华 , 魅力国强为国争光 [EB/OL]. 腾讯财经 ,http://finance.qq.com/a/20120612/007724.htm,2012-06-12/2015-09-16; 杨阳 . 隐形整合者：亚萨合莱 [EB/OL]. 经济观察网 ,http://www.eeo.com.cn/2012/0907/233207.shtml,2012-09-07/2015-09-09; 作者整理。

多年来，国强集团的每一次转型升级都是企业家能力发生作用的结果，在以下几大方面体现了企业家能力：

1. 显示了企业家积极进取，勇于创新的企业家精神。

1987 年，28 岁的宋国强被组织部委派到原乐陵县木器厂当厂长兼支部书记，当时的木器厂欠外债 87 万元，连续多年亏损。宋国强当上厂长后，领导企业在木器厂上纤维板生产线，从木制家具生意转行生产箱包五金，然后由单一的箱包五金延伸到建筑五金、家具五金、电子五金、汽车五金等领域，筹建了五金制造基地——国强五金工业园，推动国强五金走向国际化，现在又主攻有机农业，无机高效热管传热配件等行业。通过这些转型、升级发展行动，他将一个常年亏损的企业发展成德州地区的先进企业集团。这些行动，不仅反映了企业家积极进取的精神，还包含其持续创新的勇气和智慧。

2. 显示了企业家对企业成功与否所持有的独特观念。

国强集团从生产木制家具到生产纤维板，从生产箱包五金、建筑五金到主攻有机农业，无机高效热管传热配件等行业，实现了一次次的产业转型与升级，其中包含着发展道路的多次自我修正甚至否定，而引导这些企业行为的是企业家宋国强对企业成功与否所持有的独特观念。他认为，衡量一个企业成功与否的标准不是每年能挣多少个亿，而是看它能以健康的常态生存多少年；生产什么并不重要，重要的是如何扩大自己的生存空间。①宋国强的这种观念，包含着经营企业的危机意识，更加展现了他对企业可持续发展的积极探索，可以说是其企业不断转型发展的内在动力。正是因为如此，他才会领导企业在多次看似生意做得风生水起之时，思考企业下一步的发展方向，开拓新的发展领域。

3. 显示了企业家独到的产品选择理念。

在国强集团转型发展的过程中，国强集团所生产的产品虽然发生多次转变，但不管是纤维板、箱包五金、建筑五金、汽车五金还是现在的有机农业，无机高效热管传热配件等产品，都是材料、配件等为其他产品提供配套的产品。宋国强认为，他们的企业是藏在大品牌背后，为市场主角们供货、做配套产品的所谓“配角”企业，所以，他们要用心做好“配角”，要做其他企业都离不开的最佳配角，当国内外企业争相向国强集团购买产品的时候，国强就成了最佳配角。②甘做“配角”，成为国强集团不断转型发展进行产品选择时的一种理念，成为国强集团的一种生存之道。

4. 显示了对国家政策的把握能力和企业家的社会责任感。

2009 年 12 月 1 日，中华人民共和国国务院通过了《黄河三角洲高效生态经济区发展规划》，黄河三角洲的开发建设正式上升为国家战略。乐陵处于规划中的高效生态农业区，企业家宋国强根据国家对该地区的定位，开始着力发展有机农业，展现了其对国家政策的把握能力；同时，在食品

① 国强五金品牌董事长宋国强访谈 [EB/OL]. 买购网 ,http://www.maigoo.com/fangtan/247311.html.
② 汪潭，宋国强 . 做五金行业的“最佳配角”[N]. 企业家日报，2013-07-07.

安全问题频出的背景下，致力于生产安全放心食品，体现了作为一个企业家的社会责任感。

5. 显示了企业家对市场和产品质量的重视。

国强集团的每一次转型发展，都体现了企业家对市场的重视。创业初期，国强集团只能生产箱包五金配件，基础很差。有客户拿来了两扇铝合金窗户要求配套制作五金配件，为了抓住市场机遇，厂子接受了研制加工的任务，经过 40 天的努力拿出了合格的五金配件，顺利进入了铝合金门窗五金配件领域。后来，随着市场上塑料门窗的热销以及相关政策的支持，以铝合金门窗配件起家的国强集团，又开始逐渐将自己的主流产品向塑料门窗五金配件领域发展，并且很快形成了自己的发展优势，产品适销对路、供不应求，企业步入了快速发展的轨道。在销售模式上，国强集团也紧密围绕市场采用产品直销的方法，建立的销售网络遍及全国 36 个大中城市，销售网点达到 200 多个。国强集团的销售员直接将五金产品介绍给建设工程项目的主管部门和房地产开发商；并直接把五金产品的安装技术传授给门窗加工企业。[①]

在企业经营上，国强集团坚持开展“精品五金”工程，十分重视产品质量，鼓励职工钻研业务技术、学有所成，积极推动全面质量管理，抓好经营成本控制和产品的质量控制，制定了一整套产品加工生产工艺流程和技术规范，并采取承包制或是产品外购配套的方法。

6. 显示了企业家合作发展的先进理念。

国强集团主导建设了国强五金工业园，计划将五金产业做大、做强、做精，成为全国最大的、唯一的集研发、制造、检测、培训于一体的五金产业基地，使五金产业集群化发展。这一五金产业集聚化发展战略，实质上反映了合作发展的重要理念。特别是，2012 年，将国强五金并购给亚萨合莱。通过这一行动，国强集团获得了支持有机农业、热传导等产业发展

① 王少华．魅力国强 为国争光 [EB/OL]. 腾讯财经 ,http://finance.qq.com/a/20120612/007724.htm,2012-06-12/2015-09-16.

所需要的资金，通过前期合作学习了大公司的管理经验；帮助国强五金获得了来自亚萨合莱的资金、技术、管理、市场渠道、品牌等方面的支持，助力国强五金全面走向国际化，实现自身的全面提升。而亚萨合莱通过并购国强五金，使其在中国五金市场的拓展上获得有力的支撑。通过合作发展，实现了双赢的局面。

综合上述两大案例，魏桥集团的转型升级展现了企业转型升级发展中企业家需要的七大方面能力，即，企业家“为国创业、为民造福”的理想信念和“实业报国”的崇高追求；拼搏进取，求实创新，快速高效，勇争一流的企业家精神；高超的全球化市场研判和国家政策把握能力；强烈的竞争意识和创新性的竞争战略选择决断能力；资金融通能力；企业管理能力以及企业家对企业转型发展的深刻认识。国强集团转型升级的案例也同样表明，积极进取，勇于创新的企业家精神，对国家政策的把握能力，企业家的社会责任感，企业家对市场、质量的重视，以及企业家能力对企业转型升级发展十分重要。还特别显示出，企业家对企业成功与否所持有的独特观念，独到的产品选择理念和先进的合作发展理念对企业的转型升级也具有重要作用。

第四节 “黄三角”地区企业家能力提升的政策性建议

在企业转型发展过程中，政府层面要想通过相关政策帮助黄河三角洲地区的企业提升企业家能力，需要明确两个方面的问题：一是要明确以企业家能力的哪些方面为重点内容出台相关政策，二是明确用什么具体的方法去协助企业家提升能力。根据前文的案例分析，本研究认为，政府可以协助企业在以下几大方面实现企业家能力的提升：

一要帮助企业家强化远大的理想信念，提升社会责任感。企业家的理想信念、社会责任感是企业长远发展的根本动力，是企业健康发展的根本保障。政府可以通过组织企业家培训、座谈、讲座、企业间互访与交流、制定企业家社会责任倡议书、模范企业家典型事迹宣传等多种方式帮助企业家强化远大的理想信念，提升社会责任感。

二要帮助企业家提升企业家精神，强化企业家的竞争意识。一流的企业家精神和企业家的竞争意识是企业转型发展的精神动力。政府可以创造条件帮助企业家相互交流，互相学习，帮助企业家了解先进企业的发展历程和成功经验，建立和完善企业的退出机制，激发企业家的竞争意识。

三要帮助企业家更为深刻地理解企业转型发展的必要性。企业转型发展是企业获得新的生存空间的需要。政府可以创造条件让企业家更多的了解企业成功转型发展的案例，在企业转型发展的探索中提供更多的信息支持，严格执行国家产业结构转型、生态环境保护相关的法律法规，帮助企业家探索企业转型发展的方向。

四要帮助企业家提升市场研判能力，提供市场信息、技术分析的相关支撑平台。企业转型发展需要充分收集和分析市场信息，政府可以通过支持企业家参加培训、座谈、参加相关会议等方式帮助企业家获取信息、提高其市场信息分析能力；还可以大力发展企业咨询业，由专业的机构来帮助企业家获取信息、分析市场。

五要帮助企业家深入了解国家政策。国家政策对产业发展具有重要的导向性作用。政府需通过发布政策简报、企业家座谈、培训、专项宣传等方式，让企业家、企业的战略制定部门了解到国家的相关政策。

六要帮助企业家了解现有金融工具。资金是企业转型发展的推动力量。政府要鼓励金融机构为企业，特别是中小企业提供金融支持，组织金融部门梳理现有金融工具，通过培训、宣传品寄送等方式让企业家更多地了解现有金融工具的使用技巧。

七要帮助企业家提升战略决策、经营管理能力。企业家战略决策、经营管理能力是企业家的核心能力，是企业转型发展成功与否的决定性因素。政府可以组织或支持企业家以多种形式参加企业家培训，到先进企业现场参观交流。

根据以上分析，本研究认为，在新常态的背景下，为了成功领导企业转型发展，“黄三角”地区的各级政府可以在以下几个方面采取相关措施，帮助本地区企业家实现能力转型或提升：

首先，要更加尊重企业家，提升为企业家服务的意识。尊重企业家、提升为企业家服务的意识是帮助企业家实现能力提升的前提。政府要在提升服务企业、服务企业家意识的同时，重新梳理相关工作，找出服务中存在的具体问题，不断完善，形成良好的营商环境，让企业家乐于在本地长期兴业。

其次，通过多种渠道为企业家提供培训。为了强化企业家的理想信念、社会责任感，提升企业家精神和竞争意识，提高企业家的市场分析、战略决策、经营管理能力，让企业家充分了解国家政策与金融工具，政府可以通过自己组织、外包、经费支持等方式，定期、不定期地为企业家提供线上、线下培训与讲座。

第三，要为企业家提供多种方式的参观交流机制。现场参观、当面交流是企业家学习的一种很好方式。政府要主动搭桥，帮助“黄三角”企业与区域内外的先进企业建立互相参观、交流学习的平台；政府要组织或者提供一定经费支持区域内企业家（特别是中小企业家）到国内外先进企业去考察学习，开阔企业家的眼界。

第四，要成立服务于本地企业的市场与政策研究中心，并鼓励市场、行业咨询类企业到本地区发展。政府可以通过自己组织或者政府购买的方式成立市场与政策研究中心，通过这个中心，为“黄三角”区域内的企业家提供转型发展相关咨询；在招商引资中，鼓励市场、行业咨询类公司到本区域发展，帮助本地区企业家提升战略决策能力。

第五，积极支持和参与企业家协会、行业协会、工商联、商会的相关活动。企业家协会、行业协会、工商联、商会等是企业家之间相互联系的纽带和相互交流的重要平台，政府要积极支持、参与和引导这些组织的活动，通过这些组织促进企业家相互交流、合作，帮助开展企业家培训、座谈等相关活动。

第六，注重对企业家能力提升的激励。设立相关的评价标准，建立企业家能力提升的激励机制。在企业转型升级中，对实现能力提升的企业家给予荣誉和奖励，激励企业家不断自我开发，提升能力，带领企业转型升级。

第七，建立倒逼企业家提升能力的相关机制。严格执行投资强度、税收水平、生态环保等相关标准，通过这些标准倒逼企业转型发展，倒逼企业家提升个人能力。

第八，要建立、完善和规范职业经理人市场。要鼓励企业实现所有权和经营权相分离，建立、完善和规范职业经理人市场，充实职业经理人人才信息储备，对职业经理人的引进提供相应补贴，帮助企业在市场上精准地选择合适的企业经营管理人员。

第五节 小结

我国已经进入经济中高速增长、经济结构不断优化升级、增长动力转向创新驱动的经济发展新常态，在这一背景下，本研究从理论上分析了企业转型升级、企业家能力的内涵，以“黄三角”地区魏桥集团和国强集团的转型升级发展为案例，总结了它们转型升级发展的历程，分析了这一过程中企业家能力发挥的具体作用，提出在企业转型升级发展中，要帮助企业家强化远大的理想信念，提升社会责任感；帮助企业家提升企业家精神，强化企业家的竞争意识；帮助企业家更为深刻地理解企业转型发展的重要性，提升企业家市场研判能力，提供市场信息、技术分析的相关支撑平台；要协助企业家深入了解国家政策和现有金融工具，提升战略决策、经营管理能力。因此，本研究认为，“黄三角”地区的政府部门要更加尊重企业家，强化服务企业家的意识，通过各种渠道为企业家提供培训和参观交流的机会，成立服务于本地企业的市场与政策研究中心，积极支持和参与企业家协会、行业协会、工商联、商会的相关活动，加强对企业家能力提升的激励，建立倒逼企业家能力提升的相关机制、完善和规范职业经理人市场。

附：黄河三角洲高效生态经济区发展的主要指标数据（2010-2014）

2010-2014 年黄三角经济社会主要统计指标

指标名称	单位	指标值					比上年增长（%）				
		2010	2011	2012	2013	2014	2010	2011	2012	2013	2014
地区生产总值	亿元	5678.5	6522.7	7274	7985.2	8512	13.6	12.3	11.8	10.9	9.3
第一产业	亿元	448.9	502.4	533.5	596.3	628.6	4.5	4.4	5.2	3.8	4.1
第二产业	亿元	3576.3	4051.8	4457	4779.2	5002.7	13.3	13.1	12.6	12	10.3
第三产业	亿元	1653.4	1968.5	2283.5	2609.7	2880.7	17.1	12.7	11.7	10.3	8.4
三产构成											
第一产业	%	7.9	7.7	7.3	7.5	7.3	持平	-0.2	-0.4	0.2	-0.2
第二产业	%	63	62.1	61.3	59.8	58.8	-2.5	-0.9	-0.8	-1.5	持平
第三产业	%	29.1	30.2	31.4	32.7	33.9	2.3	1.1	1.2	1.3	1.2
规模以上工业增加值	亿元	11784.7	13517.0	—	—	—	15.1	14.7	13.1	12.5	10.2
规模以上主营业务收入	亿元	14742.7	18199.7	21897	25361.7	27721.9	34.9	35.9	21.1	14.6	8.7
规模以上工业利税总额	亿元	1949	2481.6	2828.2	2990.6	3025.6	49	37	15.3	5.5	1.6
规模以上工业利润总额	亿元	1253.2	1551	1779.4	—	1923	49.6	34.3	17	7.4	1.3
固定资产投资	亿元	3177.3	3910	4650.4		6030.3	24.9	26.2	23.3	20.6	15.6
社会消费品零售额	亿元	1364.1	—	—	—	—	18.8	17.4	15.1	13.8	12.6

续前表

2010–2014 年黄三角经济社会主要统计指标											
指标名称	单位	指标值					比上年增长（%）				
		2010	2011	2012	2013	2014	2010	2011	2012	2013	2014
进出口总额	亿美元	189.5	233.2	251.9	188.4	290.9	67.3	21.8	10.7	15.3	2.9
出口额	亿美元	98.2	119.3	124.4	145.3	155.8	45.3	20.7	9.1	15.7	6.6
地方财政一般预算收入	亿元	308.1	390.7	463	550.9	614.6	29.3	27	18.1	10.2	11.6
地方财政一般预算支出	亿元	435.8	549.6	644	728.9	771.5	31.6	26.1	15.9	13.2	5.8
金融机构本外币存款	亿元	3890	4569.6	5693.1	6572.6	7420.6	21.8	18.6	——	879.5	847.7
城乡居民储蓄存款	亿元	2070.9	2272.7	2707.7	3047.6	3486.1	11.1	12.4	——	338.8	438.3
金融机构本外币贷款	亿元	2985	3606.1	4419.1	5170.6	5940.5	90.1	24.7	——	737.5	769.9
农民人均纯收入	元	8078	9637	11030	12448	13912	14.8	19.3	14.5	12.9	11.6

附录：　　黄河三角洲上市公司的基本情况（截止 2014 年底，共 18 家）

所在地	证券代码	证券简称	公司全称	所属行业	上市时间	上市交易场所	营业收入变化率	营业利润变化率	利润总额变化率（%）	归属于上市公司的净利润变化率	每股收益	每股收益变化率	归属于上市公司股东的净资产变化率	总资产周转率变化率
潍坊市	000677.SZ	*ST海龙	恒天海龙股份有限公司	C制造业	1996/12/26	深圳证券交易所	-23.56%	-12.07%	-42.47	-64.60%	-0.4973	-64.61%	-59.50%	-15.98%
东营市	002476.SZ	宝莫股份	山东宝莫生物化工股份有限公司	C制造业	2010/9/15	深圳证券交易所	-2.54%	7.31%	6.32	2.08%	0.0783	2.09%	2.13%	-14.81%
滨州市	601678.SH	滨化股份	滨化集团股份有限公司	C制造业	2010/2/23	上海证券交易所	19.23%	64.99%	49.57	43.15%	0.55	44.74%	6.16%	6.30%

续前表

附录：　　黄河三角洲上市公司的基本情况（截止 2014 年底，共 18 家）

滨州市	600960.SH	渤海活塞	山东滨州渤海活塞股份有限公司	C 制造业	2004/4/7	上海证券交易所	−7.89%	−26.56%	51.61	62.51%	0.34	21.43%	107.26%	−24.85%
潍坊市	000488.SZ	晨鸣纸业	山东晨鸣纸业集团股份有限公司	C 制造业	A:2000/11/20; B:1997/5/26; H:2008/6/18	深圳证券交易所 香港联合交易所	−6.31%	−58.85%	−35.24	−28.91%	0.26	−25.71%	−0.87%	−14.48%
烟台市	002041.SZ	登海种业	山东登海种业股份有限公司	A 农林牧渔	2005/4/18	深圳证券交易所	−1.68%	−6.39%	−4.44	12.64%	1.0806	12.64%	20.85%	−14.99%
东营市	300285.SZ	国瓷材料	山东国瓷功能材料股份有限公司	C 制造业	2012/1/13	深圳证券交易所	40.71%	2.05%	−4.63	−19.37%	0.25	−19.35%	11.04%	14.49%
滨州市	600448.SH	华纺股份	华纺股份有限公司	C 制造业	2001/9/3	上海证券交易所	1.28%	202.91%	42.8	43.01%	0.06	20%	96.26%	−17.88%

续前表

附录：　黄河三角洲上市公司的基本情况（截止 2014 年底，共 18 家）

东营市	600308.SH	华泰股份	山东华泰纸业股份有限公司	C 制造业	2000/9/28	上海证券交易所	-4.94%	-127.80%	-17.01	1.10%	0.0515	1.10%	0.52%	-5.13%
潍坊市	300391.SZ	康跃科技	康跃科技股份有限公司	C 制造业	2014/8/1	深圳证券交易所	-4.68%	-43.00%	-20.24	-17.85%	0.5043	-27.87%	84.66%	-25.72%
东营市	600986.SH	科达股份	科达集团股份有限公司	E 建筑业	2004/4/26	上海证券交易所	22.85%	384.11%	-24.51	36.66%	0.16	33.33%	7.54%	-3.01%
滨州市	600727.SH	鲁北化工	山东鲁北化工股份有限公司	C 制造业	1996/7/2	上海证券交易所	6.76%	-64.56%	-68.31	-46.70%	0.02	-50%	0.65%	4.62%
滨州市	002379.SZ	鲁丰环保	鲁丰环保科技股份有限公司	C 制造业	2010/3/31	深圳证券交易所	-15.49%	-5628.02%	-3288.63	-4766.55%	-0.3733	-4766.25%	-21.10%	-14.06%
滨州市	002359.SZ	齐星铁塔	山东齐星铁塔科技股份有限公司	C 制造业	2010/2/10	深圳证券交易所	-14.88%	-2235.95%	-1141.04	-2905.74%	-0.1973	-2840.28%	-8.11%	-19.13%

续前表

附录：　　黄河三角洲上市公司的基本情况（截止 2014 年底，共 18 家）

潍坊市	002490.SZ	山东墨龙	山东墨龙石油机械股份有限公司	C 制造业	A:2010/10/21;H:2004/4/5	深圳证券交易所、香港联合交易所	11.01%	167.27%	178.02	111.51%	0.03	113.64%	0.75%	3.90%
潍坊市	300321.SZ	同大股份	山东同大海岛新材料股份有限公司	C 制造业	2012/5/23	深圳证券交易所	12.35%	3.20%	5.44	6.20%	0.6558	6.20%	4.75%	10.50%
滨州市	000639.SZ	西王食品	山东西王食品有限公司	C 制造业	1996/11/26	深圳证券交易所	-22.95%	-26.33%	-32.27	-35.07%	0.62	-0.35%	5.27%	-32.97%
潍坊市	600319.SH	亚星化学	潍坊亚星化学股份有限公司	C 制造业	2001/3/26	上海证券交易所	-8.55%	9.48%	-550.05	-86.77%	-0.57	-5800%	-50.33%	-1.67%

后 记

经过课题组的不懈努力，《黄河三角洲高效生态经济区发展报告（2015）》顺利完成。在历时一年的研究过程中，课题组得到山东省、黄河三角洲各级地方政府和企事业单位的支持与帮助，在此一并表示衷心感谢！

特别要感谢山东发展研究院理事长兼院长韩寓群同志！他亲自为本书作序并对工作的展开进行了全面指导。感谢山东省区域发展战略推进办公室的各位领导以及各地市县的领导！特别是要感谢乐陵市、阳信县、博兴县三市县政府、发展和改革局以及各走访部门、企事业单位的领导！在实地调研期间他们给予了大力支持和配合，为调研和报告的形成付出了大量心血。

相关研究的顺利进行离不开教育部哲学社会科学发展报告建设（培育）项目的支持与资助，在此表示感谢！感谢山东大学对山东发展研究院的各项支持！感谢山东大学985专项经费的资助！更要感谢广西师范大学出版社各位出版工作者、编辑的耐心帮助！